Rainer Baginski

Wir trinken so viel wir können, den Rest verkaufen wir.

Wir trinken so viel wir können, den Rest verkaufen wir.

Über Werber und Werbung.

Rainer Baginski

Carl Hanser Verlag

Unser gesamtes lieferbares Programm und viele
andere Informationen finden Sie unter
www.hanser.de

Die Schreibweise in diesem Buch entspricht
den Regeln der neuen Rechtschreibung.

1 2 3 4 5   04 03 02 01 00
ISBN 3-446-19829-6
© Carl Hanser Verlag München Wien 2000
Alle Rechte vorbehalten
Typografie und Layout: Hansjoachim Dietrich, Frankfurt/Main
Satz: Produktionsservice Gerd Stroucken, Frankfurt/Main
Druck und Bindung: Appl, Wemding
Printed in Germany

Immer noch besser gut geklaut als schlecht erfunden.

(Walter Lürzer)

Am Anfang war der Apfel, wenn auch nicht der aus der blend-a-med-Werbung

Alles muss ja irgendwie anfangen. Dieses Buch über Werbung zum Beispiel fängt mit einem alten Apple-Computer an. Aber so ganz richtig ist das nicht. Genau gesagt beginnt dieses Buch nämlich mit Dominique und mit ihrer häufig wiederholten Frage: „Was machst du eigentlich in der Werbung und wie komme ich da selber hin?" Und damit alles seinen geordneten Gang nehmen kann, werde ich jetzt erst mal Dominique vorstellen und Ihnen erzählen, wie es zu dieser Frage kam.

Dominique kenne ich seit ihrem zwölften Lebensjahr, denn sie ist die Tochter meiner Freundin. Wenn dieses Buch erscheint, wird sie schon siebzehn sein. Damals als Kind hat sie zum Beispiel gern fremde Leute nachgespielt, in einer ganz persönlichen Mini-Play-back-Show nur für ihre Mutter: Schauspieler, Sänger, Sportler oder Politiker, die sie im Fernsehen beobachtet hatte, auch Lehrer, Freundinnen oder Verwandte, die sie nicht leiden konnte. Und dabei ist sie immer gnadenlos präzise gewesen. Ganz schnell fand sie das Typische solcher Leute heraus und parodierte es dann auf ziemlich komische Weise.

Auf jeden Fall gab es in ihr schon früh den Wunsch, sich eigenständig auszudrücken, und sie hat sich deshalb, solange ich sie kenne – wenn sie nicht gerade in der Schule war –, auf ziemlich ungewöhnliche und nicht unbedingt alterstypische Weise beschäftigt, und damit sind wir wieder bei dem alten Computer.

Als Dominique vierzehn wurde, habe ich ihr zum Geburtstag meinen alten Apple-Laptop geschenkt, ein, wie mir schien, schon etwas antikes Modell. Ich wurde aber schnell eines Besseren belehrt. Ich muss vielleicht noch vorausschicken, dass Dominique nie etwas Überflüssiges tut. Sie ist nicht faul, ganz und gar nicht, aber sie tut wirklich nur das, was nötig ist, um ihre Ziele zu erreichen, das freilich mit fabelhafter Zielstrebigkeit. Ich lernte bei ihr in den nächsten Wochen schnell, was mein angeblich altersschwacher Laptop in Wahrheit alles konnte. Sie hatte sich vorher noch nie auch nur eine Minute mit Computern beschäftigt, aber das änderte sich jetzt vom einen Tag auf den anderen.

Vier Wochen später hatte sie das Gerät durchschaut, sie konnte mit dem alten Computer Sachen produzieren, auf die ich nie gekommen wäre. Sie beherrschte ihn auf völlig selbstverständliche Art; sie hatte sich das Gerät offensichtlich nur mithilfe irgendwelcher Lehrbücher komplett und erschöpfend selbst beigebracht.

Aber das war erst der Anfang dieser neu gewonnenen Beziehung, denn natürlich witterte Dominique den geheimnisvollen Zusammenhang zwischen ihrem neuen Freund, dem Computer, und meinem obskuren Beruf, der Werbung. Von ihm nahm sie wiederum richtigerweise an, dass er etwas sei, das sich eines Tages auch für sie anbieten würde, weil da ihre Fantasie und ihre Einfälle gefragt sein könnten. Also beschloss Dominique, auf diese noch eher unklare, aber spannende Zukunft mit dem Computer zu setzen. Innerhalb nur eines Jahres verdiente sie nebenher mit dem alten Apple-Laptop in schweigsamer Heimarbeit so viel Geld, dass sie sich dafür eine ziemlich leistungsfähige Work Station mit Scanner und Printer kaufen konnte, und die lud sie in kurzer Zeit mit allen möglichen Programmen bis unter die Halskrause voll. Dann ging es erst richtig los.

Sie fing an, sich am Computer grafisch auszubilden. Mehr noch, sie

komponierte, sie musizierte. Sie hatte mit dem Computer einen
Partner und Helfer für ihre kreativen Bedürfnisse gefunden, wie er
spannender, überraschender und leistungsfähiger nicht hätte aus-
fallen können. Und was auch von der ersten Minute an so gut wie
feststand: Sie würde als Kreative in die Werbung gehen. Was sie
da genau machen würde, das war weniger klar. Immerhin, die
Fragen an meine Adresse häuften sich: Was macht man eigentlich
in der Werbung und wie kommt man da rein?

So erfuhr sie immer mehr. Sie, ihre Fantasie und ihr Computer
wussten plötzlich den Weg in die Zukunft, in das Leben nach der
Schule. Vorher war vieles unklar und manchmal auch einfach nur
ungewiss gewesen. Aber das war jetzt vorbei. Plötzlich wusste
Dominique genau, wie sie sich ausdrücken wollte und konnte, und
so wurde das Thema Werbung immer drängender. Wir sprachen
häufiger darüber, und irgendwann sagte sie mir auch, wie blöde es
sei, dass es kein einziges vernünftiges Buch gebe, aus dem sie sich
auf einen solchen Beruf in Ruhe vorbereiten könne. (Sollte in
Wahrheit heißen: Mann, nun schreib doch endlich mal solch ein
Teil, aus dem ich lernen kann, was ich über Werbung wissen muss,
und außerdem, was ich tun muss, um selbst so schnell wie möglich
richtig in die Werbung reinzukommen.)

Nur achtzehn Monate später hatte sie bereits zwei Praktika bei
bekannten Werbeagenturen in München absolviert, während ich
mich noch immer mühte, das Buch über die Werbung zu Stande zu
bekommen, das sie vermisste. Auch nach den beiden Praktika
wollte sie übrigens immer noch in die Werbung gehen, allerdings
mit einer nicht ganz unwichtigen Einschränkung.

8

„Also eins steht für mich fest", sagte sie zu mir, „>Art Director werde ich auf keinen Fall. Die müssen ja immer tun, was andere ihnen vorschreiben. Das ist nicht mein Ding."

Der ganz normale Wahnsinn

Wir schreiben das Datum von heute, der Ort ist eine beliebige Werbeagentur. Es ist 9 Uhr 15, der >*Marketing Director* des großen Autokunden hat gerade angerufen und eisig mitgeteilt, dass die in den vergangenen Wochen unter Einsatz von viel Gehirn und Geld entworfene Kampagne für den neuen Kleinwagen – Einführungs-budget schlappe 35 Millionen – von seinem Vorstand definitiv abgelehnt ist. Neuer Termin beim Kunden am Mittwoch, 8 Uhr morgens, und bis Freitagabend muss die neue Kampagne stehen.

Mittwoch 8 Uhr morgens soll dieselbe Produktgruppe aber schon in Mallorca den >*Commercial* für den Hautcreme-Kunden abdre-hen, Produktion, Schauspieler, >*Locations* – alles ist längst gebucht und nicht mehr umzuschmeißen. Gleichzeitig besteht der mehr als komplizierte Wodka-Kunde darauf, dass er heute Nachmittag für zwei Stunden vorbeischauen kann. Das wird kein Gespräch unter Freunden. Der ist mächtig angefressen. Ein Termin nach dem andern platzt mit Getöse, der Außendienst hat schon gemeutert: Wo bitte bleibt die Sommerpromotion für den Handel? Und es gibt ja nun wirklich nichts Schlimmeres, als wenn ein Außendienst meutert. Das ist so ähnlich wie eine vorrevolutionäre Situation.

Der Terminplan für die Sommerpromotion ist aber deshalb gefähr-det, weil der >*Produktioner*, der die Druckvorlagen abnehmen muss, auf seinem gestrigen Rückflug aus Italien in Mailand am Flughafen hängen geblieben ist. Streik des Bodenpersonals, vor heute Nachmittag wird er nicht auftauchen. Zwar wird inzwischen wieder geflogen, aber alle Flüge sind völlig überbucht. Und jetzt kommt die Druckerei in ernste Schwierigkeiten, weil sie der Agen-tur den Drucktermin nicht länger garantieren kann.

10

In der Kreation bahnt sich übrigens auch Riesenärger an. Dort hat die Autogruppe (die die Kampagne für den neuen Kleinwagen am Bein hat) angekündigt, sich selbstständig zu machen. Man sei es leid, für diesen Saftladen jede Woche achtzig Stunden und mehr zu schuften. Die Freundin vom Art Director hat die Faxen dicke und ist übrigens schon ausgezogen, und er ist jetzt total am Boden. Obwohl es vielleicht besser für den Mann ist, wenn er dieses nervige Etwas endlich los wird. Aber die Kündigung der Gruppe muss man unbedingt ernst nehmen. Angeblich haben die ein gigantisches Angebot von der Ortskonkurrenz XYZ. Die sollen ihnen den Vorschlag gemacht haben, gemeinsam eine neue Kreativagentur zu gründen. Das wäre die Katastrophe schlechthin, denn die Autogruppe ist unverzichtbar bei der neuen Kleinwagen-Kampagne, für die wie gesagt 35 Millionen – Dollar, nicht D-Mark! – bereitgehalten werden. Angeblich besteht der Marketing Director des Kunden darauf, dass nur dieser Texter und nur dieser Art Director und niemand sonst auf unserem Planeten seine Produkte richtig verstehen. Er will mit keinem anderen Menschen aus der Agentur auch nur probeweise reden. Das wissen die beiden natürlich, das weiß auch die Konkurrenz. Die hat diesen Autokunden ja immerhin bis vor drei Jahren betreut und kennt den Marketing Director und seine Marotten im Detail. Mit Sicherheit werden die gewaltig Druck machen und versuchen, auf diesem Weg wenigstens ein Stück vom damals verlorenen Geschäft zurückzuholen. Außerdem sind ausgerechnet diese beiden Kreativen die einzigen in der Agentur mit dem nötigen Auto-Know-how. Immerhin haben sie acht Jahre Volkswagen gemacht und sechs Jahre Renault. Im

Moment wären sie von niemand anderem zu ersetzen. Das ist wieder die typische Scheiße, hat der Agenturinhaber gerade zu seinem >Managing Director gesagt (was heißt hier gesagt, er hat aus Leibeskräften gebrüllt): Die einzigen Kreativen, die nie abzuhauen drohen, sind immer die, die so schlecht sind, dass man ihnen schon längst gekündigt haben müsste. Also schön, um 11 Uhr Krisenmeeting mit der Autogruppe.

Aber das ist noch längst nicht alles. Die Fastfood-Gruppe, die auch den Zeitschriften-Etat und die Zigarette betreut, hat sich schon zum dritten Mal beschwert, weil ihre >Trafficerin, die wegen Schwangerschaft ein halbes Jahr ausfällt, noch immer nicht ersetzt ist. Auch da platze jetzt ein Termin nach dem andern. Es sei das reine Chaos, ein echter Schweinestall, weil keiner mehr den Durchblick habe. Und der Zigarettenkunde habe deshalb schon hörbar gedroht, seinen Etat neu auszuschreiben. Das wäre der Super-GAU, denn davon hängen ungefähr 2 Millionen Mark Agentureinkommen ab. Und fünfzehn Arbeitsplätze. Besser nicht dran denken. Na, besser doch dran denken.

Immerhin gibt es auch noch erfreuliche Nachrichten. Die >FFF-Gruppe hat für ihren Höschenwindel-Film völlig überraschend einen Bronzenen Löwen in Cannes gewonnen. Aber ist dieser Erfolg überhaupt erfreulich? Das Blöde ist nämlich, dass die Idee zu dem Film vom Werbeleiter des Kunden stammt, das ist dieses Oberekel, das den Kreativen immer in ihrer Arbeit rumpfuscht und alles besser weiß und konsequenterweise auch bestgehasster Kunde von allen ist. Beim letzten Agenturfest haben sie ihm deshalb mit Erfolg Schlaftabletten ins Bier getan. Ein Typ mit wirklich

12

grauenhaften Einfällen. Trotzdem setzt er sie mit schöner Regelmäßigkeit durch, auch im eigenen Unternehmen. Zu allem Über-
fluss besteht er bei jedem neuen Film darauf, dass seine Freundin,
so eine anämische Blondine, >mitgecastet< wird. Die kriegt dann
prompt die Hauptrolle in jedem zweiten Film. Auf diese Weise
erhöht er sein Familieneinkommen jedes Mal locker um dreißigtausend Mark, aber man kann ihm natürlich nichts nachweisen. Und
dann kriegt ausgerechnet der einen Löwen in Cannes, übrigens
mit der Blondine. Jetzt wird er völlig durchdrehen und alle noch
mehr nerven; so gesehen ist die überraschende Auszeichnung
schon wieder eine Katastrophe.

So weit ein knapper Ausschnitt aus dem täglichen Leben einer beliebigen Werbeagentur. Vermutlich ließe sich das Katastrophen-
szenario mühelos noch eine Weile so weiterschreiben. Und natürlich stellt sich schnell die Frage: Warum, Dominique, solltest du
bitte ausgerechnet in ein derartiges Chaosmilieu wie die Werbung
gehen? Willst du dir so was wirklich antun?

Aber das ist ja nur die eine Ebene, denn während die Hiobsbot-
schaften hereinflatterten, haben sich noch ganz andere Ereignisse
abgespielt, und die wollen wir auch nicht verschweigen. Um das
Wichtigste zuerst zu sagen: Die Kreativen von der Autogruppe
haben beschlossen, sich vorerst doch nicht selbstständig zu machen. Das weiß zwar noch niemand, aber beim Krisenmeeting um
11 Uhr werden sie dem Management vorschlagen, dass sie sich mit
eigenem Büro außerhalb der Agentur niederlassen und weiterhin
exklusiv für ihren bisherigen Brötchengeber arbeiten, auch für den
Autokunden. Sie erhoffen sich davon weniger Stress und mehr

Verfügung über ihre Zeit und vielleicht auch mehr Kohle.

Und noch etwas Erfreuliches. Der Marketingvorstand des Auto-kunden hat gestern Abend noch einmal nachgedacht und gerade eben seinen Werbeleiter angerufen. Fazit des Gesprächs: Die Kampagne ist auf einmal doch ganz interessant, vor allem die Filme gefallen dem Vorstand inzwischen richtig gut. Allerdings meint er, dass an den Anzeigen noch nachgearbeitet werden muss. Das >Layout entspreche nicht wirklich der >Corporate Identity – sagt er – und zudem sind ihm die Motive viel zu rational. Das sei aber falsch, denn so ein richtig knuffiger Kleinwagen, der müsse geliebt werden können, schon in der Werbung, sonst setzt sich da niemand rein. Das heißt, in die Anzeigen müsse Witz rein, Situations-komik, so wie die Filme das schon haben. (Diese Anzeigen gibt es aber längst, die hat der Werbeleiter bei der ersten Präsentation vom Tisch gewischt mit dem Urteil: viel zu albern und gefühlig. Die kann die Agentur jetzt guten Gewissens wieder entmotten.)

Womit auch niemand gerechnet hatte: Der Produktioner hat sich völlig überraschend schon morgens um halb zehn aus Italien zurückgemeldet, er hat schlauerweise einen Nachtzug genommen und ist sogar ausgeschlafen. Gerade ist er zur Druckabnahme losgefahren. Das bedeutet, dass der Drucktermin für die Wodka-Promotion nun doch gehalten werden kann. Der Wodkakunde ist deshalb auch schon wieder ganz freundlich und handzahm. Er hat sogar angekündigt, dass er zum Gespräch am Nachmittag eine neue große Aufgabe mitbringen wird: Er plant ein neues Wodka-Lemon-Sommermixgetränk in Dosen und dafür wird es auch einen fetten Einführungsetat für das nächste Jahr geben.

Auch das Chaos in der Fastfood-Gruppe könnte bald ein Ende haben. Die schwangere Trafficerin hat wissen lassen, dass sie sich mit einer früheren Kollegin getroffen hat, die den Job gern für ein Jahr übernehmen würde. Wenn es recht sei, komme sie noch einmal für eine Woche in die Agentur und werde die neue Mitarbeiterin in den Job und in die Computerprogramme einweisen.

Und der Zigaretten-Kunde? Hatte gestern Abend einen Anruf aus Chicago, in dem ihm sein amerikanischer Oberboss rundheraus untersagt hat, die Agentur zu wechseln. Die Mutteragentur in den USA ist und bleibt >Lead Agency, also die, die die Marke weltweit führt – internationale Gründe, >Global Marketing, einheitlicher Werbeauftritt, blabla – und deshalb bleibt auch die deutsche Agentur im Geschäft. Ist schließlich Teil vom großen >Network, das halbiert unsere Marketingkosten, du verstehst doch, Bob, dass ihr in Deutschland keine Extrawurst gebraten kriegen könnt. Okay, okay, Bob hat verstanden.

(Und als PS noch die allerletzte hammerharte Nachricht von der Personalfront: Stellt euch vor, der oberekelhafte Höschenwindelwerbeleiter, der mit dem Cannes-Löwen und der anämischen Blondine, wechselt ab sofort als Marketingvorstand zur Konkurrenz. Seinen Schreibtisch hat er schon geräumt. Mit dem wird man unter Garantie so schnell nicht mehr arbeiten müssen beziehungsweise dürfen. Da ist der Konkurrenzausschluss davor.)

Also, Leute, ganz ruhig, macht einfach locker eure Jobs. Wir haben hier alles absolut unter Kontrolle, mindestens bis morgen früh.

15

Achtung, Überfall!

Das Verbrechen war von langer Hand vorbereitet worden. Monatelang hatte sich eine Gruppe von Experten heimlich getroffen und die Strategie ausgearbeitet. Es war alles auf das Feinste ausbaldowert und ausgetüftelt. Man wusste, die Opfer, die man sich ausgeguckt hatte, würden an jenem Tag auf die Messe gehen. Man wusste auch, sie würden sich dort über die neuesten technischen Errungenschaften informieren. Sie würden alles lesen, was ihnen zu den Themen, die sie interessierten, in die Hände fiele. Sie wären mit Sicherheit sogar bereit, die ganzen Neuerungen auszuprobieren. Und es gab viele Neuerungen auszuprobieren. Das hieß, sie würden die Autos Probe fahren, die man ihnen anbot.

Und was die Experten ebenfalls aus sicherer Quelle wussten: Ihre Opfer verfügten über Geld. Zum Teil sogar über ziemlich viel Geld. Sie besaßen massenweise Geld, das man ihnen abknöpfen konnte. Wobei es mit Sicherheit noch nicht einmal nötig sein würde, Gewalt anzuwenden. Die Opfer würden nämlich aller Voraussicht nach aus freien Stücken bereit sein, Verträge zu unterschreiben, die man ihnen vorlegte. Rechtsgültige Verträge, die den Experten die Chance gäben, das ersehnte Geld von ihren Opfern einzutreiben. Wie gesagt, es ging um ungeheure Mengen Geld, allein in den ersten drei Monaten sollte mehr als eine Milliarde Mark den Besitzer wechseln. Die Experten wussten natürlich auch, dass am 18. September die Internationale Automobilausstellung in Frankfurt beginnen würde. Dies würde genau der richtige Zeitpunkt sein, um ihre Opfer nach allen Regeln der Kunst auszunehmen. Sie hatten beschlossen, an diesem Tag loszuschlagen.

So ungefähr dürfen wir uns den Beginn einer neuen Werbekam-

16

pagne für ein neu einzuführendes Automobil vorstellen, mit der es die beschriebenen Experten (die Werber) auf das Geld ihrer Opfer (der Verbraucher) abgesehen haben. Werber wollen nämlich nur eines: Sie wollen Geld. Das Geld der Verbraucher. Sie wollen es nicht ausschließlich für sich. Sie wollen es für die, die als Köpfe hinter dem Ganzen stehen. Für ihre Auftraggeber. Also für die Unternehmen, für die sie die Werbung machen, und von denen sie wiederum für ihre Leistungen bezahlt werden. Die Unternehmen wiederum brauchen in einer Art von gigantischem Schneeball- system ständig dieses neue Geld der Verbraucher. Sie brauchen unentwegt und immerfort viel, viel Geld. Immer noch mehr Geld und noch mehr Geld. Sie brauchen es für die Entwicklung und Her- stellung neuer Produkte. Sie brauchen es, um damit Arbeitsplätze zu sichern. Sie brauchen es, um Zulieferer zu bezahlen und Steu- ern zu entrichten. Und natürlich brauchen sie es auch, um Gewin- ne zu machen. Große, immer neue Gewinne. Damit sich die Spirale erfolgreich weiterdrehen kann. Damit die Wirtschaft floriert.

Damit dieses schneeballartige Milliardenspiel so richtig klappen kann, brauchen die Produzenten die Werber. Die sind nämlich Experten in der Kunst, den Opfern, Pardon: den Verbrauchern das Geld aus der Tasche zu ziehen. Das muss man immer sehen, wenn man über Werbung spricht. Wenn man sich fragt, was Werbung denn wirklich ist.

Werbung ist die Kunst, den Leuten das Geld aus der Tasche zu zie- hen. Gute Werbung kann das gut, schlechte Werbung entspre- chend weniger. Und für die Produzenten entscheidet sich die Qua- lität von Werbung nicht daran, ob sie gut unterhält, tolle Einfälle

17

hat, schöne Menschen zeigt oder witzige Schlagzeilen trägt. Für die Produzenten entscheidet sich die Qualität von Werbung ausschließlich daran, ob sie gut verkauft. "It's not creative unless it sells." Es ist nicht kreativ, wenn es nicht verkauft. Die Amerikaner können so etwas viel leichter und ehrlicher ausdrücken als wir Deutsche. Wir drucksen im Allgemeinen ganz lange drum herum. Aber genau darum geht es letzten Endes. Verkauft die Werbung oder verkauft sie nicht? Spielt sie Geld ein oder tut sie es nicht? Ja oder nein. Daumen rauf oder Daumen runter. Werbung ist gut oder Werbung ist schlecht.

Und was sagen die Verbraucher? Will jemand überhaupt wissen, was sie von alledem halten? Werden sie überhaupt nach ihrer Meinung gefragt? Werden sie gefragt, ob sie schon wieder Werbung für ein neues Auto (Joghurt, Shampoo, Bier, Parfüm, Computerspiel) oder eine neue Zigarette (Zeitschrift, Lebensversicherung, Handtasche, Zwischenmahlzeit, Klorolle) haben wollen? Beziehungsweise ob sie all die neuen Produkte besitzen wollen? Natürlich werden sie nicht gefragt, natürlich gilt das als selbstverständlich, dass die Verbraucher sich über solche neuen Produkte freuen und sie auch kaufen. (Oft tun sie es wirklich, manchmal aber auch nicht.) In der Regel ist es aber so, dass die Verbraucher auf offener Straße oder daheim auf dem Sofa, beim Zeitunglesen, während einer Unterhaltung, beim Bier oder während sie einen Film gucken, von wildfremden Leuten angefallen werden, die an ihr Geld wollen und überall dazwischenquatschen und die ihnen dafür wahllos Autos, Aktien, Lebensversicherungen, Schokoriegel, Uhren, Turnschuhe, Shampoos, Milchprodukte oder erotische

18

Dienstleistungen andrehen wollen, zu jeder Tages- und Nachtzeit.
Die Verbraucher müssen heute ständig damit rechnen, dass sie überfallen und ausgeplündert werden. Dass jemand des Weges kommt, der ihre Kohle haben will. Sie müssen in jeder Minute hellwach sein, sonst sind sie mit einem Schlag arm. Sie müssen ständig die Hand auf dem Geld haben, sonst ist es verschwunden, auf Nimmerwiedersehen. Es sei denn, sie wollen es tatsächlich ausgeben, was ja auch bisweilen vorkommen soll.

Her mit der Kohle!

In der Regel steht am Anfang ein neues Produkt, sagen wir ein Auto. Sagen wir, nicht irgendein Auto. Sagen wir: der neue Bora von Volkswagen. Dieser neue Bora ist für viele hundert Millionen Mark entwickelt worden. Jetzt soll er sich auch verkaufen. Also müssen Leute gefunden werden, die sich demnächst ein neues Auto kaufen wollen und die bereit sind, ausgerechnet den neuen Bora zu kaufen. Und nicht wie bisher einen Opel, Ford oder Renault.

Das ist die Aufgabe an die Werbeagentur. Macht uns eine Kampagne für den Bora, die so gut ist, dass sich das Auto prima verkauft. Sodass der Marktanteil von Volkswagen steigt und die Marktanteile der Konkurrenz sinken. Zur gleichen Zeit aber sitzen auch bei Opel und Ford Experten und basteln am neuen Vectra und Focus. Und die verlangen von ihren Werbeagenturen Kampagnen, die dafür sorgen, dass Vectra und Focus sich besser verkaufen als der Bora von Volkswagen, d.h. dass die Marktanteile von Ford und Opel steigen und der von Volkswagen sinkt.

Weil aber 1 Verbraucher in der Regel nur 1 neues Auto kaufen wird, ist der Konflikt vorprogrammiert. Alle Beteiligten schauen voll spannungsgeladener Erwartung auf den 1 Verbraucher. Wie wird er sich entscheiden? Bora, Vectra oder Focus? Da zeigt sich die zwiespältige, zugleich so faszinierende Rolle der Werbung. Jede Kampagne ist eine Art Hochzeitstanz, mit dem man den Verbraucher für sich gewinnen und an sich binden will, ein Balzritual. Damit man, wenn man den umtanzten Verbraucher endlich in Sicherheit gebracht hat und der Kaufvertrag unterschrieben ist, gefahrlos zu ihm sagen kann: Und jetzt her mit der Kohle!

Denn das haben wir doch hoffentlich nicht vergessen: Die Produ-

20

zenten sind nicht wirklich an den Verbrauchern interessiert, sondern ernsthaft nur an ihrem Geld. All die Maßnahmen, die in der Werbung ergriffen werden, all die millionenteuren Selbstdarstellungen auf den Automobilausstellungen dienen nur dem einen Zweck: an das Geld der Autofahrer zu kommen.

Und wenn solch ein Auto einen Marktpreis von dreißigtausend Mark hat und davon hunderttausend Exemplare pro Jahr verkauft werden sollen, dann heißt das, dass solch ein Autohersteller es in nur einem Jahr auf drei Milliarden Mark Verbrauchergelder abgesehen hat. Was die Besitzer dieses Geldes denken, tun und können, ist ihm völlig egal. Sie dürften die größten Blödmänner sein. Hauptsache, sie kaufen sein Auto. Noch besser, sie sind so große Blödmänner, dass sie den offiziellen Preis dafür blechen und er ihnen keinen Rabatt einräumen muss. Nur hat die Aufgeklärtheit und das Behauptungsvermögen der erwachsenen Bevölkerung in dieser Hinsicht in den vergangenen Jahren erheblich zugenommen. Rabatte aushandeln ist längst ein Volkssport geworden, dem Millionen frönen – sozusagen die Rache des kleinen Mannes für die vielen neuen, ungefragt hergestellten Produkte.

(Ach, Dominique, was ich noch sagen wollte: Volkswagen hat 1998 für den Bora 48 Millionen Mark an Werbung ausgegeben. Aber nur 15.000 Autos verkauft, obwohl der Bora ein durchaus attraktives, leistungsfähiges, absolut konkurrenzfähiges Fahrzeug ist. Geplant war mehr als die doppelte Menge. Es ist offensichtlich also doch nicht immer so spielerisch einfach, den Leuten das Geld aus der Tasche zu zaubern.)

21

Nach einer kurzen Pause melden wir uns wieder

So ist das Leben heute. Wir sehen einen Film im Fernsehen. Die Sache wird spannend, päng – Werbepause, volle fünf Minuten, und die können verdammt lang sein, vor allem mitten in einem richtig spannenden Film. Wir schauen uns ein Fußballspiel an. Es beharken sich zweiundzwanzig emsige Kicker, sagen wir Bayern München gegen Bayer Leverkusen, aber eigentlich eher Opel Automobile gegen Bayer Chemikalien, wie die Schriftzüge auf den Trikots überdeutlich verraten. Die Kampfstätte ist umgeben von jeder Menge Bandenwerbung, auf der ebenfalls die Markenschriftzüge von Opel und Bayer prangen und diverse andere – obi, nutella, adidas, e-plus, Schwäbisch Hall.

Wir sehen nach dem Spiel ein Interview mit den Trainern, wobei uns irritiert, dass die beiden Herren, obwohl ansonsten durchaus mitteleuropäisch kultiviert gekleidet, Hemden tragen, auf deren Kragen in allerhässlichster, widernatürlicher Weise ebenfalls Schriftzüge von Marken eingewebt sind – Opel und Aspirin.

Wir machen bei anderen Gelegenheiten verwandte Beobachtungen. Wir sehen zum Beispiel auf dem Flughafen einen kleinen ernsten Japaner, der eine Papiertasche trägt, auf der außen übergroß ein Markenschriftzug prangt: BANANA REPUBLIC lesen wir da. Da lässt sich auch mal lachen. Wir können auf solchen Taschen täglich auch Langweiligeres lesen: JOOP!, Tengelmann, Schwarzkopf, Gucci, 2001, Saturn-Hansa oder auch Salvatore Ferragamo. Wir besitzen ja selbst genügend Taschen mit derartigen Aufschriften, die auch wir ernsthaft durch die Gegend tragen, ohne allerdings wie ein Fußballtrainer Geld dafür zu bekommen, dass wir für die, deren Namen auf diesen Taschen prangen, Werbung machen. Wir sehen

22

Autorennen, bei denen die konkurrierenden Fahrzeuge so wie die Sandwich-Männer von früher, bloß viel, viel schneller, rundum mit Werbebotschaften bekleistert unterwegs sind. Da dröhnt nicht Mercedes gegen Ferrari, sondern Marlboro gegen West oder Benetton gegen Red Bull. Wir fahren durch leere Vorstadtstraßen, die kilometerweit mit Großflächenplakaten gesäumt sind wie einstmals mit Alleebäumen, wir leeren allabendlich unseren Briefkasten und heraus quillt jedes Mal die nicht endende Flut von Briefen, auf die wir nicht gewartet haben, abgesandt von Leuten, die wir nicht kennen und auch nicht unbedingt kennen lernen wollen, gefüllt mit Angeboten, die wir nicht erbeten haben: Garten-Center, Aldi, Hannoversche Leben, Süddeutsche Klassenlotterie, American Express, Hypovereinsbank, Metzger Klein. (Obwohl man sagen muss, dass Metzger Klein die besten Lammnieren hat). Muss das so sein?

Oder noch anders gefragt: Wollen wir das so?

Es ist wahr. Werbung findet längst nicht mehr nur in Form von Anzeigen in Zeitungen und Zeitschriften statt. Sie ist inzwischen fast überall. Werbefunk und -fernsehen gibt es schon seit Jahrzehnten und sie begleiten uns zu jeder Zeit des Tages außer vielleicht im Schlaf, beim Beischlaf oder beim zuvor gesprochenen Nachtgebet. Und wir sind es auch längst gewöhnt, dass Werbung inzwischen grundsätzlich überall zu finden ist, also auch auf Servietten, auf Streichholzbriefchen, in Stadt- und Fahrplänen, auf Kalendern, auf Briefen und Eintrittskarten, in Filmen, auf Taxitüren und LKW-Aufbauten, auf nächtlichen Hochhausfassaden, an Baugerüsten, auf Mützen, Schuhsohlen, Regenschirmen, Socken,

Kugelschreibern, Turnschuhen, Kragen, Krawatten. Es gibt inzwischen auch Werbung im All – oder wie sonst sollen wir die Beschriftung und Bemalung der amerikanischen Weltraumsonde verstehen, die auf dem Weg ist, unser Sonnensystem zu verlassen und vielleicht in wenigen Jahren schon Reklame für uns Erdenbewohner im Sternbild Alpha Centauri machen wird.

Warum nicht irgendwann Werbung auch als Intimtattoo, auf die Kopfhaut rasiert, auf Abendmahlsoblaten, an Särgen, auf der Innenseite von BHs, ins morgendliche Brötchen eingebacken, als Brandzeichen im Gartengrill, als Rapport im Autobahnasphalt? Warum nicht, wie früher einmal in einem Fünfzigerjahrewitz ahnungslos ahnungsvoll vorausgesehen, Coca-Cola als Sponsoringpartner des Vatikans? (Im Witz begründete der Manager aus Atlanta seinen Wunsch, der Papst möge in Zukunft nach jedem Gebet abschließend COCA-COLA sagen, damit, das müsse doch prinzipiell möglich sein, schließlich sage er in seinen Predigten ja auch schon ständig: FIAT! Fiat Lux! zum Beispiel, also gleich auch noch kombiniert mit Seifenwerbung.) Dazu passend die Version der späten Neunzigerjahre: Die dicke Hausfrau im Kittel, die ihren Küchenschrank öffnet, darin steht Thomas Gottschalk mit der ihm eigenen freundlichen Bräsigkeit und hält ihr einladend eine Tüte Goldbären entgegen. Irritierte Frage der Frau: „Was machen Sie in meinem Küchenschrank?" Artige Antwort von Gottschalk: „Werbung." Da kann man dann auch wieder lachen.

Andererseits – aufmerksame Wissenschaftler haben ausgerechnet, dass ein Otto Normalverbraucher im Jahr 1965 pro Tag im Durchschnitt mit bestenfalls 60 Werbebotschaften in Berührung gekommen ist. Inzwischen sind es angeblich mehr als 2.000 täglich. Was machen Verbraucher – also Menschen, die auch einkaufen – mit mehr als 2.000 Werbebotschaften pro Tag? Wie behalten wir da den Überblick? Woran erinnern wir uns überhaupt noch und wie? Wie vergessen wir und wann? Wie kriegen wir Ordnung in dieses Chaos? Wie sorgen wir dafür, dass das, was nicht Werbung ist und was uns vielleicht wichtig ist (das Geschenk für die Frau, die Karten fürs Kino, wo wir am Wochenende mit Kollegen oder Dominique mit dem neuen Freund hingehen wollen, das Buch, das wir am Wochende gelesen haben, die nächsten Geschäftstermine, die Buchung für den Urlaub, der Einkauf fürs Abendessen, weil wir doch heute ein Kürbisrisotto planen), auch noch alles in unserem Kopf seinen verdienten Platz behält?

Und wie lässt sich verhindern, dass aus den 2.000 Botschaften pro Tag in ein paar Jahren 5.000 werden? Oder 50.000? Und dass uns dann die Werbung nicht mehr nur auf Fußballtrainerkragen und Postwurfsendungen begegnet, sondern auch in plötzlichen Breaks, also in Werbepausen mitten in den Vorführungen des Stadttheaters, auf der uns zugewandten Seite des Mondes oder in Form von Felsenzeichnungen in der Sahara?

Vielleicht sollten wir mal einen Werber danach fragen. Denen fällt doch immer etwas ein.

Ein Mensch geht einkaufen

Ein Mensch geht einkaufen. Er hat Gründe dafür. Gründe, die er kennt, zum Beispiel Hunger, kalte Finger, Lust auf ein paar neue Jeans oder die dringend erforderliche CD der gerade angesagtesten Hiphop-Band. Manches sind auch Gründe, die er vermutlich eher nicht kennt. Gewisse Minderwertigkeitskomplexe, unverdauter Ärger mit dem Chef oder einem Lehrer, die verschüttete Erinnerung an gewisse Stunden mit Lisa im Eissalon Pellegrino in der Bahnhofstraße.

Die Zeiten freilich, in denen solch ein Mensch in naiver Unschuld einkaufen gehen konnte, sind inzwischen vorbei. Das heißt, vielleicht *fühlt* er sich noch immer als unschuldig naiver Einkäufer. In der Praxis aber hat er diese Unschuld schon lange eingebüßt. Man hat sie ihm genommen, ohne dass ihm das groß aufgefallen wäre. Würde er sich zum Beispiel jetzt gerade bei seinem Einkauf umdrehen, er könnte hinter sich die Beschatter sehen. Den >*Marktforscher*, die Psychologin, den Verhaltensforscher, den Meinungsforscher, die >*Mediaplanerin*, den >*Psychobiologen*, den >*Trend- oder Zukunftsforscher*, den Kommunikationswissenschaftler, die Schar der Kreativen, die ihm mit großem Ernst bei seinem Bummel zusehen und sich ihre Notizen machen. Längst haben ihn diese Experten durchleuchtet und vermessen und seine Daten erhoben. Von seiner >*Kaufkraft* über die Seh- und Lesegewohnheiten, die persönlichen Vorlieben bis hin zum Grad seines ökologischen Bewusstseins, seine Risikoneigung, die Sparrate und die Innovationsbereitschaft ist alles notiert. Auch wenn er es nicht weiß.

Damit ist auch die Basis umrissen, auf der sich die Werber bewegen, die geheimen Magier der modernen Kommunikation, deren

26

ich ihn für mich beziehungsweise für mein Produkt gewinnen will? Wie weit darf ich ihn zergliedern, analysieren, vermessen, durchleuchten? Wie weit muss ich dabei gehen, um Erfolg zu haben, um in einem solchen Wettbewerb der Agenturen letztlich den Sieg davonzutragen?

Das moderne >*Marketing* verfügt natürlich längst über eine Vielzahl von Möglichkeiten, sich die gewünschten präzisen Bilder von den Verbrauchern zu machen und relativ unmerkliche, geradezu geheime Verbindungen zu ihnen herzustellen, denn es besitzt Daten über Bildungsgrad, Kommunikationsverhalten, Produktvorlieben, Freizeitaktivitäten, Familienverhältnisse, Kaufkraft, Markenloyalitäten und so weiter der verschiedenartigsten Zielgruppen. Dazu verhelfen Marktanalysen, Konsumentenbefragungen, Testmärkte, Probieraktionen, Telefoninterviews, Datenbanken, Adresspools, Kundenbindungssysteme, Kundenbelohnungssysteme (wie zum Beispiel das Miles-and-more-System der Lufthansa und der großen Autovermieter) oder >*Public-Relations*-Aktivitäten mit Informationsflüssen, die über die verschiedensten Pressekanäle sorgfältig inszeniert und gesteuert werden – Achtung, Achtung: Eine neue Studie besagt, dass nur noch 15 Prozent der Nachrichten und journalistischen Beiträge in Tageszeitungen nicht PR-lanciert sind. Und die Tageszeitungen sind von allen >*Medien* noch immer das mit der bei weitem höchsten Glaubwürdigkeit. (Diese Entwicklung ist übrigens nicht ganz neu, auch der Autor dieses Buches hat frühzeitig seinen bescheidenen Beitrag zur Verrohung der Sitten geleistet, wenn auch nicht leichten Herzens. Aber was tut man nicht alles für seine Kunden. Irgendwann, schon gegen Ende der

Siebzigerjahre habe ich an der Bar eines bayrischen Nobelhotels auf besonderen Wunsch eines bedeutenden Zigarettenkonzerns ein verschlossenes Kuvert mit fünfundzwanzig 1000-Mark-Scheinen an einen nervösen Herrn überreicht, den leitenden, natürlich absolut integren Redakteur eines TV-Wirtschaftsmagazins der öffentlich-rechtlichen Anstalten, der in der darauf folgenden Woche in einer seiner Sendungen das Produkt meines Kunden, eine Billigzigarette, prompt als leuchtendes Beispiel für verbraucherfreundlich kalkulierte Tabakwaren vor der Kamera herumliegen ließ. Volle sechzig Sekunden lang.)

Auch solche Beispiele machen uns deutlich, dass das System der Werbung nicht nur immer dichter um uns Verbraucher gesponnen wird, mal erkennbar, mal gut getarnt, und uns immer weniger Räume lässt, in denen wir uns frei, allein und unbeobachtet fühlen können. Es bedeutet möglicherweise auch, dass dabei unser liberales Informationssystem längst schon nicht mehr der Norm folgt, weil die Auftraggeber der Werbung natürlich kein Interesse haben, dass in Medien, in denen sie für viel Geld werben, redaktionell mit ganz anderen, erheblich strengeren Maßstäben gemessen wird.

Vereinfacht gesagt: Wenn der redaktionelle Testbericht einer Zeitung oder einer Fernsehstation über ein neues Produkt deutlich kritischer ausfällt als die bezahlte Eigenwerbung des Herstellers in demselben Medium, dann ist der Konflikt vorprogrammiert. Und nicht alle Medien sind heute noch so stark und wirtschaftlich unabhängig, dass sie diesen Konflikt wagen und bestehen. Und was wir Außenstehenden natürlich auch nicht zu sehen bekommen, das sind die Aktivitäten der PR-Abteilungen, mit deren Hilfe im Vorfeld mögliche Konflikte neutralisiert werden – was vermutlich auch nicht immer ganz nach den Regeln journalistischer Unabhängigkeit geschieht.

Wann ist eine Idee eigentlich eine gute Idee?

Stell dir bitte vor, Dominique, in einem >*Fernsehspot* machen drei fette Frösche und eine tückisch blinzelnde Echse gemeinsam eine Exkursion in eine düstere Lagune und kehren mit einem geklauten Kasten Bier zurück. Würdest du sagen, dass das eine gute Idee ist, mit der man für Bier werben kann? Ist sie lustig und nachvollziehbar oder abseitig und bescheuert? Ist sie sympathisch, ist sie glaubwürdig oder ist sie kindisch und unwahrscheinlich? Und vor allem: Macht dir die Idee Lust auf Bier? Wirst du, wenn du dir diese Werbung ansiehst, anschließend ein Glas von dem beworbenen Bier trinken wollen, sofern du die Marke irgendwo kaufen kannst? Wird eine solche Werbung also dazu beitragen, dass die Brauerei, die damit an die Öffentlichkeit geht, mehr Bier verkauft? Da hast du es, schon sind wir mitten in der berühmten endlosen Debatte darüber gelandet, was Erfolg versprechende Werbung ist und was nicht. Und zugleich bekommst du eine Ahnung davon, wie das Leben dieser fremdartigen geheimnisumwitterten Leute verläuft, über die du dir in letzter Zeit so oft Gedanken machst. Ich meine die, deren Aufgabe es ist, sich Tag für Tag aufs Neue Sachen einfallen zu lassen, die den Forderungen der Hersteller gerecht werden, erfolgreich für ihre Produkte zu werben. Wir nennen sie die >*Kreativen.*

Man vergisst es ja sehr schnell über der vielen Werbung, die man überall zu sehen und zu hören bekommt, dass es auch Menschen geben muss, die das alles erst einmal entwickeln und produzieren. Die die Ideen haben, sie umsetzen, daraus Filme oder Anzeigen oder Werbegeschenke oder Postwurfsendungen machen. Die dafür sorgen, dass diese Werbemittel an die richtigen Leute kommen und bei denen die erwünschte Wirkung hervorrufen. So sichtbar nämlich die Werbung inzwischen hierzulande geworden ist, so unsichtbar sind in der Regel die Werbeleute, so unauffällig verrichten sie ihre Tätigkeit. Im Grunde gibt es in Deutschland nur drei Städte, in denen die Werbeagenturen so zahlreich sind, dass ihre Mitarbeiter mit ihrem Lebensstil im Stadtbild oder in der Bar auch mal auffallen: Düsseldorf, Frankfurt und Hamburg.

Bleiben wir noch eine Weile bei dem Beispiel mit der Bierwerbung. Stell dir spaßeshalber einmal vor, du, Dominique, wärst einer der unsichtbaren Werber, von denen diese berüchtigten *Ideen* verlangt werden. Solche *Ideen* sind übrigens lebenswichtig. Sie sind wie Fetische, auf die die Kunden und die Agenturen stets starren, mal andächtig und voller Hoffnung, häufig kritisch und skeptisch, manchmal auch verständnislos oder gar verachtungsvoll. Ohne *Ideen* wäre eine Werbeagentur, wäre das ganze Handwerk der Werbung sehr schnell zum Stillstand, ja zum Sterben verurteilt. Und nur die Bedeutung, vor allem natürlich die kommerzielle Bedeutung solcher Ideen erklärt, wie erbittert, verbissen und oft hysterisch darum gekämpft wird. Und dass dieser Kampf auch nicht nur ein Kampf um die Ideen ist, sondern auch um die Ideengeber. Und dass dabei oftmals richtig viel Geld im Spiel ist. In der deutschen Werbung werden pro Jahr gut und gern 20 Milliarden Mark umgesetzt. Daraus erklärt sich, warum Kreative in der Werbung, die über Jahre erwiesenermaßen gute, erfolgreiche Ideen zu produzieren wissen, zu den bestbezahlten Personen in der Wirtschaft gehören. Und es erklärt, dass der Kampf der Agenturen um diese besten Ideengeber wiederum eine ganze ebenfalls gut bezahlte Branche beschäftigt, die der Personalberater, der so genannten *Headhunter*, zu Deutsch Kopfjäger.

Zurück zu unserer Werbeaufgabe für das besagte Bier. Dominique ist nun also für die Dauer dieses Kapitels eine halbwegs angesehene Kreative in einer großen angesehenen Werbeagentur, und sie arbeitet gegenwärtig an der Präsentation für eine bekannte internationale Brauerei, deren Bier, das bisher ausschließlich in Übersee getrunken wurde, nun auch in Europa heimisch gemacht werden soll. Um dies noch schnell zur Erklärung hinzuzufügen: Eine Präsentation ist eine meist ziemlich theaterhafte Veranstaltung, oft sogar schon eine regelrechte Bühnenshow. Damit pflegt die Agentur dem Kunden die Werbekampagne vorzustellen, die sie entwickelt hat und die er in Zukunft für sein Produkt einsetzen soll. Das Bühnenhafte solcher Veranstaltungen kommt natürlich nicht von ungefähr, denn je besser die Präsentation, umso größer die Chance, dass die Agentur den >Etat gewinnt, mit anderen Worten: Die Art der Präsentation und die Begleitumstände sind Teil eines umfangreichen, von Agentur zu Agentur ganz unterschiedlichen Rituals. Eines Überzeugungsprozesses, der dem Kunden das wunderbare, heimelige Gefühl geben soll, sich in der richtigen Ideenschmiede zu befinden und dort auch mit der richtigen, hochkreativen, unbedingt den ganz großen Erfolg versprechenden Werbung versorgt zu werden.

Von Dominique verlangt man jetzt folgerichtig eine Idee. Nein, falsch, nicht *eine* Idee. *Die* Idee verlangt man von ihr, die absolut obergeile Megasuperidee. Denn der sehr, sehr große Kunde hat schließlich auch einen sehr, sehr großen Etat, der für die Zukunft

der Agentur außerordentlich wichtig ist. Gewinnt man nämlich –
möglichst mit Dominiques Idee und ihrer Präsentation – den Wettbewerb und damit den Etat, dann fließt eine Menge Geld und
Ruhm und Renommee in die Agentur. Es gibt letztlich immer nur
zwei Möglichkeiten, glanzvollen Erfolg oder schreckliches Scheitern. Und da bei einer großen Konkurrenzpräsentation in der Regel
mindestens vier Agenturen um solch einen Etat gegeneinander
antreten, aber immer nur eine gewinnen kann, gibt es auch stets
weit mehr schreckliches Scheitern als glanzvollen Erfolg. *The win-
ner takes it all,* das ganze berauschende Werbegeld, das sich so
wunderbar leichthändig in Anzeigen, Plakate, Filme und Funkspots
verwandeln lässt. Die anderen schauen mal wieder in die Röhre,
denn all ihr ehrgeiziges Tun war umsonst.

In dieser latent krisenhaften Situation kommt nun Dominique
morgens zur Arbeit. Es ist ein so genanntes Meeting angesetzt,
also ein Treffen aller derjenigen, die in der Agentur an der Präsentation für den großen potenziellen Bierkunden arbeiten. Das kann
schon mal ein gutes Dutzend Menschen sein, der >*Management
Supervisor* und der >*Senior Account Manager,* der >*Planner* und
der >*Media Director,* die Dame vom >*Research,* der >*Creative
Director,* die beiden *Art Directors,* die Expertin für die Internet-
Kommunikation, ein weiterer Fachmann für >*Sales Promotions,*
der >*Merchandiser,* die >*TV-Producerin,* der Mann fürs >*Dialog-
Marketing.* Und Dominique.

Die ist natürlich auch dabei, denn sie ist schließlich die zuständige
>*Copywriterin* der Produktgruppe, also auf gut Deutsch gesagt die
Texterin, der für die Worte zuständige Mensch. Sie merkt auch

sofort die nur mühsam unterdrückte Nervosität der Beteiligten. Es geht atmosphärisch zu wie in der Formel Eins. Alle Anwesenden wirken hochgetunt, hyperfeinfühlig, nervös, angespannt, demonstrativ relax. Man kann es buchstäblich hören, dass alle anwesenden Gehirne bereits im Leerlauf auf hohen und immer höheren Umdrehungszahlen touren, und gleich erfolgt der Start. Wie auf ein Zeichen sehen alle Dominique an, warum glotzen bloß alle auf die Texterin? Und es wird dabei auch noch so seltsam still im Raum, trotz der im Leerlauf hochtourenden Gehirne, es entsteht eine eigentümliche hungrige, ja gefräßige, irgendwie aber auch schon wieder weihevolle, erwartungsvolle Stille. Erstaunlich, wie still es an einem in der Regel so geräuschvollen Ort wie einer Werbeagentur sein kann! Oje, oje, Dominique merkt schon, ausgerechnet sie soll jetzt das Zauberwort sprechen, also die Idee verkünden. Ein Handy schmettert in die Stille die ersten Takte der Toccata von Johann Sebastian Bach hinein. Der Besitzer des unkeuschen Gerätes sieht sich sofort zahlreichen messerscharfen Blicken ausgesetzt, *Ruhe, verdammt noch mal!* Jetzt hilft nichts mehr, jetzt muss sie endgültig ran.

Also los! Nachdem das Handy und sein unseliger Besitzer zum finalen Schweigen gebracht sind, nimmt Dominique all ihr Selbstbewusstsein zusammen und sagt betont lässig und beiläufig: Na ja, sie habe da schon so eine Idee, äääh … eine Idee mit Fröschen, mit ganz dicken Ochsenfröschen. Sie habe nämlich mal in einem Tierfilm gesehen und gehört, wie Ochsenfrösche quaken, und das würde haargenau so klingen, wie wenn ein dicker Cowboytyp, so ein fetter, querovaler Kuhhirte aus Oklahoma mit dem entspre-

36

chenden Mittelwest-Dialekt, sich ein Bier von dieser Marke bestellt, die beworben werden soll. Der Name des Biers, der Markenname klinge haargenau so wie der Paarungsruf des gemeinen Ochsenfrosches. Und da habe sie sich gedacht, es könnte doch ganz putzig sein, wenn die Agentur Filme macht, in denen solche komischen dicken Ochsenfrösche unentwegt nach diesem Bier quaken. Und wenn sie keins bekommen, dann klauen sie es sich eben, zum Beispiel mithilfe einer Furcht einflößenden Echse, die da irgendwo in der Nachbarschaft der Frösche lebt.

Ach, Dominique, du arme, unbegabte, bemitleidenswerte Kollegin, etwas Blöderes, Unangemesseneres konnte dir wirklich nicht einfallen. Und wenn wir schon dabei sind: Ist das, was du da vorschlägst, überhaupt wert, ein Einfall genannt zu werden? Hast du denn völlig vergessen, dass wir kein Kinderprodukt bewerben?, fragt der Management Supervisor. Dass wir das Bier nicht in Oklahoma unter Kuhhirten, sondern in Süddeutschland unter Yuppies verkaufen wollen, fragt der Planner. Dass Frösche im Fernsehen ganz widerlich und Ekel erregend aussehen?, sagen unisono der Merchandiser und die TV-Producerin. Dass sie ab-so-lut keine positiven Identifikationsfiguren für Biertrinker sind?, bemerkt die Dame vom Research sehr prononciert. Dass Froschquaken immer so klingt, als habe jemand – entschuldigt bitte – gefurzt!, sagt der eine der beiden Art Directors.

Und das ist erst der Anfang einer Diskussion, die sich zähledern und unerbittlich bis in die Nacht ziehen wird (wir geben sie hier nur sehr, sehr verkürzt wieder), wobei Dominique natürlich das traurigste Los gezogen hat. Denn die Idee stammt schließlich von ihr und der, der die Idee hat, ist immer die ärmste Sau. Eine der ehernen Regeln der Werbung lautet nämlich, dass eine Idee entweder so gut ist, dass der Kunde sich nicht traut, sie zu verwirklichen. Oder so mager, dass die Agentur sie dem Kunden erst mal gar nicht zeigen will. Entweder zu gut oder nicht gut genug, dazwischen gibt es nichts. Auch so ein alltägliches Dilemma.

Und die Idee mit den Fröschen? Die ist doch wirklich ziemlich originell und witzig, sagt Dominique hartnäckig. Und in irgendwelchen anderen Kampagnen haben wir das auch noch nie gesehen, also keine Plagiatgefahr. Das ist nicht zu verachten, denn die Möglichkeit, dass es eine Kampagne schon einmal irgendwo auf diesem Erdball gegeben hat, schwebt schließlich immer über den Köpfen der Beteiligten wie ein übles kleines Gestankswölkchen, in das man jeden Moment geraten kann. Es gibt kaum etwas Schlimmeres, Tödlicheres in der Vorstellung von Werbern, als dass drei Tage nach der ersten Anzeige einer neuen spektakulären Kampagne, auf die die ganze Branche voller Spannung gewartet hat, in einer der prinzipiell schadenfrohen Branchenfachzeitschriften zu lesen ist: abgekupfert, hahaha, und daneben prangt auch gleich das Original einer finnischen oder meinetwegen auch brasilianischen Kampagne aus dem Jahr 1957, die unserer Aufmerksamkeit leider entgangen war. Das ist der Albtraum. Denn was soll man in einer solchen Situation bloß seinem Kunden sagen?

Aber wir bitten dich, Dominique, so das Gegenargument, Bier ist ein Genussmittel und Frösche sind glitschige, hässliche Tiere und in der Regel keine verzauberten Prinzen. Sie jagen fette Fliegen mit einer langen klebrigen Labberzunge und wenn sie quaken, blähen sie auch noch ihre Backen so seltsam widernatürlich auf, als würden sie jeden Moment platzen. Wir haben hier ganz neue, absolut verlässliche Zahlen. Danach ekeln sich 82 Prozent der erwachsenen Bevölkerung Mitteleuropas bis zum Schüttelfrost vor Fröschen.

So jedenfalls zieht sich die Diskussion hin und her und wieder hin, und abends gegen 21 Uhr – man hat schließlich auch noch anderes zu tun! – zeigen alle Daumen definitiv nach unten. Abgelehnt. Neue Kampagnenvorschläge bitte bis morgen Mittag, 12 Uhr.

Bis hierher ist das die wahrscheinliche Version der Geschichte. Es folgt die unwahrscheinliche. In der unwahrscheinlichen Version sitzen der Management Supervisor und der Marketing Director des so erstrebenswerten potenziellen Bierkunden ein paar Abende später beim Italiener zusammen, also da, wo Werber angeblich immer sitzen, wenn sie mal nicht in der Agentur sind. Der Marketing Director ist neugierig. Er will wissen, was die Agentur für ihn ausbrütet, das ist sein gutes Recht. Aber außer den Fröschen gibt es noch nichts, absolut tote Hose, und man kann seinem potenziellen Großkunden ja schlecht ins Gesicht sagen, dass einer so enorm kreativen Agentur nichts einfällt. Also erzählt der Management Supervisor in seiner komischen Verzweiflung die Froschgeschichte, und er erzählt sie gut, das ist schließlich sein Beruf. Und, o Wunder, dem Kunden gefällt die Idee über die Maßen. Er ist erheitert, ja, er ist völlig überwältigt von dem grandiosen Einfall. Immer wieder sagt er zutiefst beeindruckt, was für fabelhafte Kreative die Agentur doch hat.

Der Management Supervisor eilt in die Agentur zurück: Triumph, Triumph! Der Kunde will die Kampagne mit den Fröschen! Also alles umgehend realisieren und bitte keine prinzipiellen Bedenken mehr wegen der Furzgeräusche und so weiter! Dominique, die die Idee gehabt hat, macht sich gemeinsam mit der angeekelten TV-Producerin und den beiden Art Directors an die Arbeit und entwickelt Fernsehfilme. In einem davon quaken drei feiste hässliche Frösche in ihrer nächtlichen Lagune inbrünstig und mit geblähten Backen im breitesten Mittelwest-Slang nach ihrem Lieblingsbier und machen sich schließlich mit einer gefährlich grinsenden Echse auf einen Raubzug in die nächtlich düstere Lagune, an dessen Ende sie mit einem geklauten, gut gefüllten Kasten der besagten Marke zurückkehren. Voller Stolz trägt ihn die Echse auf ihrem Schwanz nach Hause.

Und was soll man sagen? Die spektakuläre Wettbewerbspräsentation wird gegen jede Menge Branchenprominenz mit Bravour gewonnen. Und nicht nur das. Die Kampagne ist auch erfolgreich, die Absatzzahlen des Biers steigen zügig, und das, obwohl es *kein* Kinderbier ist. Obwohl wir *nicht* in Oklahoma unter querovalen Kuhhirten werben. Und obwohl sich die überwiegende Mehrheit der erwachsenen Mitteleuropäer vor Fröschen bekanntlich bis zum Schüttelfrost ekelt.

In Cannes, beim größten und bedeutendsten aller europäischen Werbefestivals, räumen die TV-Spots mit den feisten Fröschen und der tückisch blinzelnden Echse >*Goldmedaillen* ab ohne Ende. Auch der >*Deutsche Werberat* verzichtet auf eine Intervention, obwohl die Spots doch völlig unverblümt zum Diebstahl von Alkohol auffordern, also die Kriminalstatistik verschlimmern und den sozialen Frieden gefährden könnten. Die Agentur kriegt jede

Menge neuer Kunden und ist erfolgreich wie nie. (Übrigens: Bis hierher ist die Geschichte vom Buchautor erfunden, aber ab diesem Punkt stimmt sie mit der Wirklichkeit überein. Die beschriebene Kampagne für Budweiser – mittelwestamerikanisch gequakt: *Baddh!* – gibt es tatsächlich, mit Bier klauenden Fröschen. Während der letzten Fußball-Weltmeisterschaft war sie auf allen Kanälen zu sehen, und vielfach dekoriert wurde sie auf Festivals zwischenzeitlich auch.)

Alle finden die Frösche also inzwischen prima. Bloß Dominique, die die Idee gehabt hat und der die Konkurrenz jetzt mit lukrativen Angeboten auf den Fersen ist, denkt bisweilen, wenn sie tatsächlich einmal für ein paar Minuten allein und ungestört ist und niemand ihr in den Kopf blicken kann, dass es in Wahrheit doch ziemlich bescheuert ist, ausgerechnet mit Ochsenfröschen für Bier zu werben.

Wir wollen euch vom Ornament erlösen

In dem Asterixband *Obelix GmbH und Co. KG* erleben wir, wie eine Werbekampagne für Hinkelsteine im alten Rom entsteht. Die Kampagne hätte ich damals auch gern realisiert, dafür hätte ich sogar die Bildhauerei erlernt. Besonders beeindruckt haben mich nämlich die opulenten Großflächenplakate, die, in Marmor gehauen, entlang der Via Appia aufgestellt sind. Aber auch ohne Obelix und seine Hinkelsteinmanufaktur ist es eine etwas fremdartige Vorstellung, das antike Rom könnte wie unsere Städte heute von Werbung überzogen gewesen sein. Andererseits ...

Die Archäologen, die in Mesopotamien, dem heutigen Irak, gruben, waren überrascht. Als es ihnen schließlich gelang, die aus dem Sand gebuddelten beschrifteten Tontäfelchen – die ältesten Beispiele der Schriftkultur, etwa eintausendfünfhundert Jahre vor unserer Zeit – zu entziffern, fanden sie nicht nur religiöse Texte, Notizen zu Aussaat und Ernte und exakte Kostenaufstellungen über den Lebensunterhalt sumerischer Familien. Sie stießen auch auf Verkaufsangebote und Geschäftsempfehlungen, auf die allerersten überlieferten Beispiele für werbliche Kommunikation.

Aber so völlig überraschend ist das auch wieder nicht. Wenn eine Gesellschaft beginnt, sich ökonomisch zu entwickeln und systematisch zu wirtschaften, dann ist es doch wohl auch folgerichtig, dass sich dies in ihren schriftlichen Dokumenten niederschlägt. Das lässt sich auch in Europa beobachten. Sobald der Gutenbergsche Buchdruck eine spürbare Menge von Produkten zur Folge hatte, also erste Zeit- und Flugschriften, gab es auch das, was wir heute als Anzeigen bezeichnen würden: Verkaufsangebote.

Spätestens im 19. Jahrhundert gibt es auch die ersten Versuche,

42

Werbung interessant und attraktiv zu machen und die Leser zum ausdrücklichen Hinsehen zu bewegen. In den Annoncen und Verkaufsprospekten des 19. Jahrhunderts wimmelt es zu diesem Zweck von gelockten Göttinnen in fließenden Gewändern, umgeben von Putten, Blütenzweigen, Füllhörnern und Medaillen. Und nicht weniger wimmelt es von kunstvoll ornamentierten Schriften, von üppigen, aufwändigen Verschnörkelungen und Verflechtungen. Es sind dies die ersten Beispiele für das, was heutzutage in der Fachsprache Gebrauchsgrafik heißt und mit der Verwendung des schnöden Wortes *Gebrauch* zugleich die gewollte Entfernung von der Sphäre der Kunst signalisiert.

Wobei die ungewollte Komik teilweise daher rührte, dass diese götterhaften weiblichen Wesen üblicherweise nicht für Mode oder Kosmetika oder sonstige Accessoires der weiblichen Kultur warben, sondern für Nähmaschinen, Fahrräder, Bruchbänder, Glühbirnen, Lokomotiven und Automobile. Das heißt, die Schönen in ihren Walla-walla-Gewändern waren ohne jegliche inhaltliche Beziehung zu den beworbenen Produkten. Sie waren selbst reines Ornament. Parallel dazu wurden Kunst und Kunsthandwerk vom Jugendstil beherrscht, der seinerseits von kunstvoller, komplizierter Ornamentik geprägt ist.

Allerdings lassen sich international sehr bald nach der Jahrhundertwende verschiedene radikale Stilwechsel verfolgen. 1908 publizierte der Wiener Architekt Adolf Loos eine Polemik gegen den Zeitgeschmack, die mit dem Satz begann: „Wir wollen euch vom Ornament erlösen." Ein Satz, der den unüberhörbaren Startschuss abgab für den Erneuerungsprozess, der in wenigen Jahren die gesamte europäische Kultur in all ihren Formen überzog: in Architektur, >*Design*, Buchgestaltung, >*Typografie,* Fotografie, Mode, Produktgestaltung und natürlich in der Werbung. Im Zuge der radikalen ästhetischen Neuorientierung entstanden auch neue Institutionen, die diesen Avantgardeprozess bestimmten, so der >*Werkbund,* später das >*Bauhaus.*

Es gab Unternehmen, an denen sich dieser tief greifende, schnelle Stilwandel besonders gut beobachten ließ, zum Beispiel die AEG, die Allgemeine Electricitäts-Gesellschaft, die von Beginn an – erst von Emil Rathenau und später von seinem Sohn Walther – konsequent als hochinnovatives, modernes Unternehmen geführt wurde. Es ist kein Zufall, dass der Schriftsteller Robert Musil diesen Walther Rathenau, der später, in den Zwanzigerjahren der Weimarer Republik, Reichsaußenminister und als solcher von rechten Attentätern erschossen werden sollte, in seinem großen, säkularen Roman *Der Mann ohne Eigenschaften* zum Vorbild für seinen modernen, die Interessen von Wirtschaft und Politik genial bündelnden Tycoon Dr. Paul Arnheim wählte. (Zitat Musil: „Er war unermeßlich reich. Sein Vater war der Beherrscher des ‚eisernen Deutschland'.")

Die beiden Rathenaus gehörten zu den ersten Vertretern der neuen gesellschaftlichen Führungsschicht in Deutschland, die die Instrumente der aufkommenden industriellen Moderne beherrschten. Sie gehörten auch zu den ersten, die in ihrem Unternehmen erstaunlich weitsichtige Ansätze von moderner Markenführung praktizierten und sich Marktchancen erschlossen, indem sie systematisch neue Erfindungen aufkauften. Schon sehr früh bemühte sich die

AEG – in diesem Fall allerdings erfolglos – , etwa Conrad Wilhelm Röntgen die Rechte an seiner Röntgen-Röhre abzukaufen.

Diese neue unternehmerische Haltung spiegelt sich nicht nur in der Palette der AEG-Produkte, sondern sie findet sich auch wieder in dem von dem Architekten und >Designer Peter Behrens verantworteten Erscheinungsbild des Unternehmens, in seiner avantgardistischen Industriearchitektur, in seinem vorbildlich stilbildenden >Produktdesign, in der neuartigen Typografierung und Gestaltung seiner Druckwerke und natürlich auch in der Art seiner Werbung. Das hatte Vorbildcharakter für die ganze Disziplin der Werbung, die sich gerade erst konstituierte.

Der Schwenk weg vom Ornament, hin zu einer schnörkellosen direkten Darstellung, wofür bald der Name >Neue Sachlichkeit gefunden worden war, war aber mehr als ein rein ästhetischer Prozess. Er war zugleich das Echo einer viel größeren, weit dramatischeren gesellschaftlichen Veränderung, die Europa und Amerika in dieser Zeit erfasste. Er kündete nämlich vom Ende der alten individualistischen Handwerkskultur und war selbst das unübersehbare, unüberhörbare Signal für die weit reichenden Umwälzungen der neuen Industriegesellschaft, die in die serielle Massenfertigung mündeten. Eine Produktionsweise, deren umstrittenes Symbol das Fließband wurde und als dessen verhasster Schöpfer der amerikanische Industriepsychologe Frederick W.Taylor gilt. Er war es, der die Arbeit der Menschen mithilfe der Stoppuhr gnadenlos präzise in einzelne Schritte von Sekundenbruchteilkürze zerlegte. Für ihn bestand die Rolle des Arbeiters nur noch darin, einen einzigen Arbeitsschritt wie eine lebende Maschine immer und ewig möglichst präzise und gleichförmig zu wiederholen.

Das Fließband ist auch der unübersehbare Beleg dafür, dass damals die Zeit als Wirtschaftsfaktor entdeckt wurde. Von den Beteiligten wurde ein immer schnelleres Arbeiten verlangt, weil die wachsende Geschwindigkeit in der Produktion unausweichlich zum immer wichtigeren Element des Wettbewerbs geriet. Je schneller ein Produkt hergestellt wurde, desto billiger konnte es sein, weil auf diese Weise die Lohnkosten verringert werden konnten. Man ahnt das Drama einer Arbeitswelt, in der der einzelne Arbeiter nur noch als möglichst schneller, gut funktionierender menschlicher Roboter benötigt wird, wenn man Charlie Chaplins Film *Moderne Zeiten* sieht, womit der Komiker seine bitter-witzige Vision der neuen Wirklichkeit ablieferte. Folglich waren die großen amerikanischen und europäischen Städte, war auch Berlin in den Zwanzigerjahren eine hochgradig hektische, nervöse Stadt, in der die Menschen die Geschwindigkeit in ihrem täglichen Leben regelrecht zelebrierten und womit sie bewiesen, dass sie sich auf der Höhe ihrer Zeit befanden.

Radrennen, Autorennen, Dauertanzturniere, Sportveranstaltungen, Nachrichtenübertragungen, Verkehrsmittel, Verfolgungsjagden in Filmen – alles wurde immer schneller und schneller, alles geriet unaufhaltsam unter das Diktat der immer schnelleren Zeit. Die Gesellschaft begann folgerichtig damit, solche Rekorde zu feiern – und natürlich die Rekordhalter, also die, die schneller, höher oder weiter liefen, sprangen oder warfen als alle anderen auf der Welt. Schon 1895 hatte Guglielmo Marconi die erste drahtlose Telegrafen-Übertragung von Irland nach den USA zu Wege gebracht, den

ersten Schritt zur Virtualisierung der Kommunikation. Transatlan-
tik-Dampfer kämpften um das Blaue Band der schnellsten Atlantik-
Überquerung, was auch der Auslöser der Titanic-Katastrophe war.
Charles Lindbergh wurde mit seinem Nonstopflug von den USA
nach Europa zur weltweiten Kultfigur. Egon Erwin Kisch erfand
den „Rasenden Reporter", eine Art Geschwindigkeitsrekordhalter
der Berichterstattung – auch er war alsbald eine literarische Kultfigur. Der Berliner, so spottete Kurt Tucholsky, sei ein Mensch, der
in fremde Wohnungen stürme und dort brülle: Kann ick hier
schnell mal telefonieren? Und in den Drucksachen des Bauhauses
rückte der Typograf Herbert Beyer den triumphierenden Satz ein:
wir schreiben alles klein, denn wir sparen damit zeit.
Die Geschwindigkeit wurde also auch ein Thema der Kommunikation. Man sieht es an vielen Beispielen. Das Ornament entfiel in
der Gestaltung sehr plötzlich, auch deshalb, weil seine Anferti-
gung Zeit verbrauchte und weil dieser Zeitverbrauch sich – vor
allem aus Kostengründen (Zeit ist Geld) – nicht mehr legitimieren
ließ. Es war eine Art von ästhetischer Rationalisierung, die in diesen Jahren um sich griff. Das betraf auch die Typografie, also die
Schriftgestaltung. Jan Tschichold veröffentlichte 1928 eine Polemik, betitelt *Neue Typographie,* die den Gebrauch von Antiqua-
Schriften verurteilte, weil Antiqua-Schriften sich durch so genannte Serifen auszeichnen, also feine Zierlinien, mit denen sich die
Buchstaben schmücken. Nur noch rein funktionale Schriften ohne
derartige Serifen sollten verwendet werden. Tschichold widerrief
viele Jahre später seine eigenen Radikalismen.
All dies sieht man auch den Anzeigen in diesen frühen Jahren an,

47

besonders in Amerika. Gab es ursprünglich nämlich noch ganz unbefangen lange Informationen, begleitet von reich ornamentierten Zeichnungen, so wurden diese Texte nun allmählich knapper und kürzten sich immer weiter ein. Für ausführliche Informationen und für opulente, selbstverliebte Zeichnungen gab es plötzlich keine Zukunft mehr, weil das die Menschen angeblich von ihrem zweckorientierten schnellen neuen Leben abzuhalten drohte. „Show what you say and say what you show" (Zeig, was du sagst, und sag, was du zeigst) lautete die bullige, kurz angebundene Empfehlung des amerikanischen Werbers Rosser Reeves in den Zwanzigerjahren an die Berufskollegen, womit er vor allem eines ganz unverkennbar versuchte: die Kommunikationsprozesse zwischen Sender und Empfänger zu beschleunigen. Auch dem Leser, dem Rezipienten, dem Konsumenten der Werbung traute man offenbar nicht mehr zu, dass er über sonderlich viel freie Zeit verfügte, die er vielleicht ziellos, quasi ornamental vergeuden mochte. Überall, in der Produktion, in der Kommunikation, in der Freizeit, im Umgang der Menschen miteinander, hastete das Gespenst des weißen Kaninchens aus *Alice im Wunderland* vorbei, eine Art geheimnisvoller Symbolfigur der Moderne, die immer in qualvoller Eile ist, ständig hektisch auf ihre Uhr blickt und dazu unentwegt „Keine Zeit, keine Zeit" murmelt, ohne dass wir jemals erfahren, woher die Eile rührt, die sie antreibt.

Wir beobachten in diesen Jahren vor und nach der Jahrhundertwende eine erste deutliche Beschleunigung der Industriegesellschaft, die einerseits das Tempo, die Geschwindigkeit, die Hektik zum ganz normalen Bestandteil ihrer Alltagskultur macht, ande-

Doornkaat-Anzeige, 50er Jahre

Beispiele für deutsche Nachkriegsreklame:
HB-Männchen, 50er Jahre
Werbeagentur: Werbe Gramm

Reval-Plakat, 1958
Auftraggeber: Reemtsma

Pril-Plakat, 1958
Auftraggeber: Henkel
Werbeagentur: Die Werbe

Borgward-Plakat, 1954

Es gibt Formen, die man nicht verbessern kann.

Was sollten wir an der Form des VW verbessern? Sie hat Sinn und Zweck. Sie verkörpert eine Idee. Eine?

Eine ganze Sammlung von Ideen. Die abgerundete Vorderhaube gibt gute Sicht bis kurz vor den Wagen.

Die Kotflügel kann man einzeln auswechseln. Ohne den halben Wagen erneuern zu müssen. (Ein Kotflügel vorn kostet DM 43,25. Grundiert.)

Das Heck ist aerodynamisch. Der Boden ist vollkommen dicht.

Alles ist glatt und rund an diesem Wagen. Alles Stromlinie.

Warum also ist die VW-Form so zeitlos?

Weil sie vernünftig ist. Und praktisch. Und so verblüffend einfach. Wie das Ei des Kolumbus.

Wir ändern diese Form nicht um des Änderns willen. Wenn wir aber einen Grund haben, den VW von innen heraus zu verbessern, dann tun wir das. Bis heute haben wir 2064 Gründe gefunden.

So haben wir das Ei verbessert. Von innen heraus. Ohne es zu zerbrechen.

Werbung der Sechziger- bis Ende der Siebzigerjahre,
Düsseldorf und Frankfurt:
VW-Anzeige, 1964
Auftraggeber: Volkswagenwerk
Werbeagentur: DDB

Wer ist der Dicke neben dem Massai?

Sein Freund. Der Tchibo-Kaffee-Experte. In Kenia nennt man ihn Bwana Tchibo. Er hat viele Freunde hier. Weil man in Kenia Männer schätzt, die was von Kaffee verstehen.

Nicht nur in Kenia.

Überall dort, wo man guten Kaffee anbaut, freut man sich auf den Besuch des Tchibo-Kaffee-Experten.

In Afrika. In Mittelamerika. In Südamerika. Gute Freunde in neun großen Kaffee-Erzeugerländern helfen unserem Experten, besten Kaffee zu bekommen.

Für die Millionen Freunde von Tchibo »Gold-Mocca« und Tchibo »mild«. Tchibo ist der meistgetrunkene Kaffee in Deutschland. Ein halbes Kilo kostet DM 7,90. Unter Freunden.

Direkt durch die Post und in eigenen Filialen. Tchibo

Tschibo-Anzeige, 1964
Auftraggeber: Max Herz
Werbeagentur: DDB

52

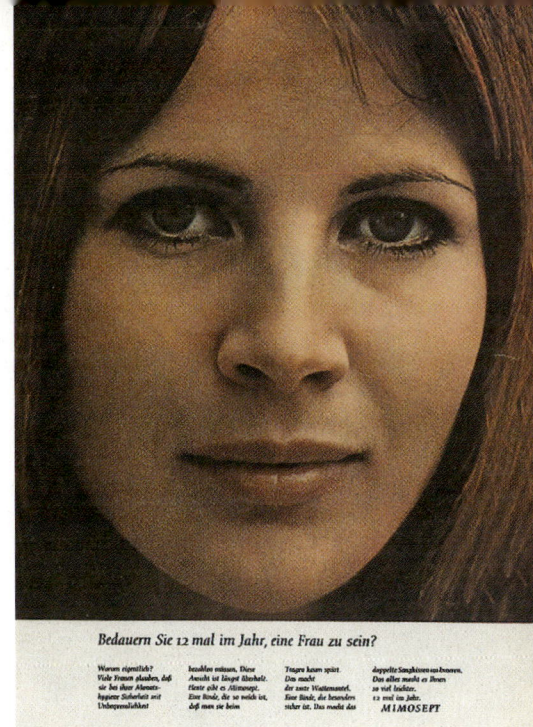

Mimosept-Anzeige,1964
Auftraggeber: Dr. Carl Hahn
Werbeagentur: DDB

Krawatten-Gemeinschaftswerbung-Anzeige,1964
Auftraggeber: Deutsches Krawatten-Institut
Werbeagentur: Team

Sind Sie aufgeklärt genug, Tampons zu benutzen?

Wissen Sie zum Beispiel, daß auch ein unberührtes Mädchen Tampons benutzen kann? Weil das Hymen (Jungfernhäutchen) eine natürliche Öffnung hat, die im allgemeinen weit und dehnbar genug ist, um einen o.b. normal Tampon durchzulassen?

Wissen Sie, daß Tampons nicht zu spüren sind? Weil sie, wenn sie richtig eingeführt werden, an einer Stelle des Körpers sitzen, an der es praktisch keine Empfindungsnerven gibt?

Wissen Sie, daß Tampons unangenehmen Körpergeruch verhindern? Weil dieser Geruch erst entsteht, wenn sich das Blut an der Luft zersetzt. Und Tampons es bereits im Körper auffangen?

Wissen Sie, daß Tampons unsichtbar zu tragen sind? Wissen Sie, daß Tampons nur ein zehntel so groß, aber mindestens so sicher sind wie Binden? Und daß sie auch bei körperlicher Bewegung nicht verrutschen können?

Wissen Sie, daß Tampons Ihre Periode um einen Tag verkürzen können? Weil das Blut 24 Stunden braucht, um von der Gebärmutter nach außen zu gelangen. Und Tampons direkt an der Gebärmutter sitzen und es auffangen, sowie es heraustritt?

Wenn Sie das alles bereits wissen, sind Sie aufgeklärter als die meisten anderen Frauen.

Sollten Sie aber doch noch Fragen haben, schreiben Sie bitte an die Ärztinnen der Dr. Carl Hahn GmbH, Wissenschaftliche Abteilung, 4000 Düsseldorf, Postfach 3820.

Sie antworten gern.

o.b.

54

Reyno-Anzeige, 1966
Auftraggeber: Haus Neuerburg
Werbeagentur: Young & Rubicam

Puschkin-Anzeige, 1964
Auftraggeber: H.C. König
Werbeagentur: Team

Bundesbahn-Anzeige, 1966
Auftraggeber: Deutsche Bundesbahn
Werbeagentur: H.K. McCann

Der Zucker. Postfach 25 45, 5300 Bonn.

GGK

Die Götterspeise

Zucker-Gemeinschaftswerbung-Anzeige,1980
Auftraggeber: Wirtschaftliche Vereinigung Zucker
Werbeagentur: GGK

Wie machen Sie aus einer Götterspeise eine Speise für die Götter?

Indem Sie ihr mit einer Sauce aus Puderzucker, Milch, Eigelb, Zitronenschale und einem Schuß Rum die Krone aufsetzen.

Bei dieser Sauce gilt, wie bei unzähligen anderen feinen Sachen: Zucker ist als Zutat eine Wohltat. Zucker süßt und würzt, er macht aus halben Sachen ganze Sachen.

Was er nicht macht, ist ein schlechtes Gewissen. Denn unser Süßer schmeckt zwar sündhaft gut, hat aber keineswegs sündhaft viele Kalorien.

Ohne Zucker wär das Leben halb so süß.

iebt den Zucker.

Da weiß man, was man hat.

Man hat vor allem ein Auto, von dem man lange was hat. Die durchschnittliche Lebensdauer eines Käfers beträgt laut einer Statistik des schwedischen TÜV 12 Jahre und sieben Monate.

VW

VW- Anzeige, 1969
Auftraggeber: Volkswagenwerk
Werbeagentur: DDB

Irgend etwas hat uns zur erfolgreichsten internationalen Fluglinie gemacht. Was glauben Sie, ist es das?

Wir fliegen nur brave Kinder.

Nichts ist zermürbender für die Umwelt als das von kräftigen Stimmbändern vorgetragene, rhythmisch unterbrochene Schreien eines süßen, aber hochroten Babys.

Was tun, da ein Verlassen der Maschine praktisch ausscheidet?

Hat Baby Hunger, stillen wir ihn mit Babb-Kost.

Liegt der Grund tiefer, so stehen in den Toiletten Wickeltische zur Verfügung. Anschließend ersetzt eine Tragtasche das heimische Bettchen.

Für größere Kinder haben wir Quartett-Karten, mit denen sie ihr Essen selbst zusammenstellen können.

Gegen Langeweile helfen Spielkarten, Buntstifte, Brett- und Puzzlespiele. Und ein speziell konstruierter Kindersitz entlastet Mütter von Kindern mit ausgeprägtem Wandertrieb.

Ist es da ein Wunder, daß immer mehr Leute die Lufthansa vorziehen?

Die einen, weil sie mit Kindern fliegen. Die anderen, weil sie davon nichts merken.

Flugscheine in jedem IATA-Reisebüro und Lufthansa-Agentur

Lufthansa

Lufthansa-Anzeige, 1971
Auftraggeber: Deutsche Lufthansa
Werbeagentur: Heumann, Ogilvy & Mather

58

So wenig Kalorien
hat ein Wasa-Knäckebrot.

Keine Frage, unser Lebensmittel Nr.1 ist und bleibt das Brot.
Allerdings, satt zu werden
allein ist heute nicht mehr
das Problem, sondern gesund

und schlank zu bleiben. Deshalb backen wir Wasa.
Denn Wasa-Knäckebrot
hat Scheibe für Scheibe wenig
Kalorien.

Wasa – gutes, leichtes Brot.

Wasa-Anzeige,1971
Auftraggeber: Wasa
Werbeagentur: Heumann, Ogilvy & Mather

Einige Worte über die berühmte Schokolade im lila Papier.

Warum sind wir von Suchard so berühmt geworden? Wir kaufen Kakao. Wir rösten ihn. Wir mischen ihn. Wir nehmen Zucker und Milch. Wir konchieren unsere Schokolade lange und sorgfältig. Kurzum, wir machen alles so, wie wir denken, daß man es bei besonders guter Schokolade machen sollte. Wieso sind gerade

wir die beliebteste Schokolade Deutschlands geworden? Wir wissen es nicht. Wir machen's weiter, so gut wir können. Vielen Dank!

Milka.
Die zarteste Versuchung
seit es Schokolade gibt.

Milka-Anzeige,1972
Auftraggeber: Suchard
Werbeagentur: Young & Rubicam

Jeden Samstag, wenn Papi Geburtstag hat:
MMchen - klein & handlich & mit dem gewissen Extra.

MM-Anzeige,1972
Auftraggeber: Matheus Müller
Werbeagentur: Young & Rubicam

60

Jägermeister-Anzeige, 1973
Auftraggeber: Mast
Werbeagentur: GGK

Jeans zum Fahren.

Rund 400 Mark flott gespart.

Wenn Sie gerne in Jeans gehen, können Sie jetzt auch in Jeans fahren. Im neuen orangefarbenen Jeanskäfer. Alle Sitze sind mit bestem und festem blauen Jeansstoff bezogen. Und er hat eine Menge Extras, die ihn flotter machen.

Wie zum Beispiel Kopfstützen vorn. Eine gepolsterte Armaturentafel mit Tankuhr. Eine 12 Volt-Anlage. Sichere, langlebige Gürtelreifen mit Sportfel-

gen. Halogenscheinwerfer vorn, eine Nebelschlußleuchte hinten. Eine beheizbare Heckscheibe. Mit all diesen Extras kostet der Jeanskäfer DM 6.795,— . (Unverbindliche Preisempfehlung a.W. inkl. MWST.)

Da sparen Sie flott rund 400,— Mark.

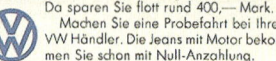 Machen Sie eine Probefahrt bei Ihrem VW Händler. Die Jeans mit Motor bekommen Sie schon mit Null-Anzahlung.

VW-Anzeige,1974
Auftraggeber: Volkswagenwerk
Werbeagentur: GGK

Echt russischen Wodka finden Sie nicht in imposanten Zwiebelturmflaschen mit renommierten russischen Namen und russisch wirkenden Etiketten und Emblemen drauf. Sondern in höchst unscheinbaren, um nicht zu sagen langweiligen Flaschen mit giftgrünen Schildchen und völlig unaussprechlichen Namen.

Nur echt russischer Wodka ist halbwegs echt russischer Wodka.

Moskovskaya-Anzeige,1975
Auftraggeber: Simex
Werbeagentur: TBWA

Old Red Fox-Anzeige,1974
Auftraggeber: Racke
Werbeagentur: Young & Rubicam

WIE SIE OHNE HUND UND SCHWEIN DIE BESTEN TRÜFFEL FINDEN.

Was sind eigentlich Trüffel? Trüffel sind Pilze und bitte nicht zu verwechseln mit gleichnamigen Erzeugnissen der Süßwarenbranche.

Unglücklicherweise wachsen Trüffel nicht einfach wie andere Pilze über dem Boden, sondern 10 bis 30 Zentimeter unter der Erde. Sie zu finden, ist nur mit Hilfe des Spürsinns von Schweinen oder Hunden möglich. In Frankreich suchen die Schweine, weil sie selber gerne Trüffel mögen. In Italien suchen Hunde, die auf Trüffel abgerichtet sind.

Nur in Frankreich oder Italien wachsen Trüffel und nur in Symbiose mit Eichen und bei einem ganz bestimmten Kalkgehalt des Bodens. Und auch wenn die Sonne nicht im richtigen Winkel einfällt, ist kein Trüffel bereit, zu gedeihen.

Trotz vielfacher Versuche lassen sich Trüffel bis heute nicht kultivieren. Im Augenblick experimentiert man gerade damit, jungen Eichen pürierte Trüffel zu spritzen, in der Hoffnung, daß frühestens in 10 Jahren sich in den Wurzeln Trüffelkolonien bilden. Solange zumindest werden Trüffel rar und teuer bleiben.

Aber was gibt es eigentlich für Trüffel, und welche sind die besten?

Am bekanntesten sind die schwarzen Trüffel. Sie wachsen im Winter und werden nur so lange gesammelt, bis im Frühjahr das erste Grün zu sprießen beginnt. Die besten sind die Wintertrüffel, die schon einmal eingeschneit waren (c).

Im Sommer gibt es auch schwarze Trüffel, aber die sind innen grau bis beige und von zu weicher Konsistenz (b).

Besonders rar sind die weißen Sommertrüffel (a), und Fachleute bezweifeln, ob sie – wegen ihrer Seltenheit doppelt so teuer – es auch wert sind.

Sie brauchen aber nicht mit Hund oder Schwein nach Frankreich oder Italien zu ziehen, um die besten Trüffel zu finden. Sie brauchen nur eines unserer Parfaits oder eine unserer Pasteten, denn darin finden Sie die schönen schwarzen Wintertrüffel.

Wir haben sie für Sie schon gesucht und sorgfältig verarbeitet und zubereitet. Wen es interessiert: Ein Kilo Wintertrüffel kostet uns gut 400 Mark. Wir verarbeiten etwa eine Tonne Trüffel im Jahr in unseren Pasteten und Suppen; was das kostet, können Sie sich ja selber ausrechnen. Wenn Sie jetzt glauben, nur wegen der vielen Trüffel sind unsere Pasteten und Suppen so teuer, dann stimmt das nicht.

Genauso, wie wir eben nur die besten Trüffel verarbeiten, verarbeiten wir auch nur das beste Fleisch, die beste Gänseleber, das beste Geflügel, das beste Gemüse und die besten Gewürze.

Und wir verarbeiten sie so sorgfältig, daß sie der These Carl-Friedrich von Rumohrs in seinem „Geist der Kochkunst" entsprechen: „...man müsse in erster Linie jedem Nahrungsstoff die arthafte, ihm eigentümliche Güte erhalten und sein Augenmerk darauf richten, durch Geist und Kunst diese Arthaftigkeit des Geschmacks zu heben, nicht aber sie zu vernichten..."

Kein Wunder, daß „Geist der Kochkunst" zur Lieblingslektüre von Eugen Lacroix, dem Gründer unseres Hauses, gehörte. Und auch kein Wunder, daß zum Beispiel eine serbische Bohnensuppe im Sinne von Rumohr und Eugen Lacroix etwas mehr kostet.

Lacroix

Lacroix-Anzeige, 1978
Auftraggeber: Lacroix
Werbeagentur: TBWA

Der beste Weg, um abzunehmen, ist der zum Arzt.

Es gibt viele Krankheiten, wegen denen man zum Arzt läuft. Doch wegen Übergewicht? Wohl kaum.

Dabei würde Ihr Arzt Ihnen etwas ganz anderes erzählen. Denn er weiß, wie gefährlich Übergewicht für unsere Gesundheit ist.

Es ist erwiesen, daß Übergewicht einer der gefährlichsten Risikofaktoren für Herz- und Kreislaufkrankheiten ist.

Zum Beispiel für Bluthochdruck oder einen zu hohen Blutfettspiegel, der wiederum zu arteriosklerotischen Ablagerungen in den Herzkranzgefäßen und schließlich zum Herzinfarkt führen kann.

Andererseits weiß Ihr Arzt aber auch, welche gesundheitlichen Schäden durch unkontrollierte und falsche Abmagerungskuren entstehen können.

Fragen Sie ihn deshalb auf jeden Fall, worauf Sie achten müssen, bevor Sie eine Kur machen. Er kennt Ihren Gesundheitszustand am besten und kann Ihnen sagen, was Sie sich beim Abnehmen zumuten können.

Doch wieviel Sie auch in welcher Zeit abnehmen wollen – es fällt Ihnen leichter, wenn Sie folgendes dazu wissen:

Solange man sich normal ernährt, wird man in ausreichender Menge mit den Nährstoffen Eiweiß, Fett und Kohlenhydrate versorgt. Fett und Kohlenhydrate können im Körper deponiert werden (was die allseits bekannten Fettpölsterchen verursacht),

Eiweiß jedoch nicht. Es muß dem Körper täglich neu zugeführt w[erden]. Und zwar biologisch hochwertiges Eiweiß. Denn nur dieses Eiw[eiß] hält die Aminosäuren, Körper zur Zellerne[uerung] zur Hormonherstellu[ng] für viele ande[re] wechselfunkti[onen] benöt[igt]. Der [Körper] braucht pro [kg] Eiweiß je kg [Körper]gewicht, [ca.] 70 g täglich. Diese[s] menge sollte, [aus ge]sundheitsschäd[lichen Gründen] meiden, niemals unters[chritten] werden. Schon gar nich[t wäh]rend einer Schlankheitsku[r ge]rade in dieser Streß-Situation [ist] Vollversorgung mit Eiweiß unerläßli[ch]. Es gibt unzählige Beispiele, wo S[chlank]heitskuren nur deshalb abgebrochen wurde[n], mit den Kalorien auch die Eiweißzufuhr reduziert[e]. Der Merck-Forschung ist es nun gelung[en] bioNorm ein Eiweiß-Konzentrat speziell für Diät[en zu] entwickeln. Es versorgt den Körper täglich mit der e[rforder]lichen Menge an biologisch hochwertigem Eiweiß. So ka[nn man] schon in 6 Tagen, ohne Mangelerscheinungen, bis zu 7 Pf[und ab]nehmen, in 12 Tagen sogar bis zu 10 Pfund. Man ist satt und, was ebenso wichtig ist, geistig und körperlich fit. Fragen Sie Ihren Arzt.

bioN[orm]

Bionorm-Anzeige, 1977
Auftraggeber: E. Merck
Werbeagentur: HSR&S

64

rerseits aber selbst Objekt von geplanter systematischer Beschleunigung wird, vor allem in der Arbeitswelt. Von New York, London
oder Berlin lässt sich in diesen Jahren sicherlich sagen, dass erst
die Hektik und das Tempo des dort gelebten Lebens diese Städte
so erregend und unvergleichbar machten. Es war vor allem die
Geschwindigkeit, die das Klima des frühen 20. Jahrhunderts prägte. Und die Werbung war einer der Bereiche, in denen das am
deutlichsten zum Ausdruck kam.

PS. Es ist vor diesem Hintergrund ganz interessant, auf Coca-Cola
zu verweisen, denn Coca-Cola ist sozusagen die Umkehrung der
gerade beschriebenen Entwicklung. Aus der gesamten Werbe- und
Produktgeschichte ist das Ornament des 19. Jahrhunderts radikal
vertrieben worden. Es ist nichts davon geblieben. Nichts außer der
Flasche und dem Schriftzug von Coca-Cola. Coca-Cola hat seine
Differenzierung, seine absolut perfekte Unterscheidbarkeit von
allen Konkurrenzprodukten heute ausgerechnet dadurch, weil die
Firma an etwas festgehalten hat, was sich damals in der Ästhetik
der aufstrebenden, sich beschleunigenden Industriegesellschaft
als unhaltbar erwiesen hatte: am Ornament. Auch das Ford-Signet
mit dem Schnörkel-F ist solch eine Reminiszenz an die Zeit des
Ornaments. Coca-Cola und Ford sind in ihrer Emblematik letzte
Überlebende dieser Welt des Ornaments.

Verrückte Welt?

Vor gut dreißig Jahren veröffentlichte der amerikanische Werbetexter Howard Luck Gossage ein sehr amüsant zu lesendes Buch mit dem Titel *Ist die Werbung noch zu retten?*. Darin äußerte er sich auch zum Thema Kreativität:

„Das Schöpferische ist etwas ganz anderes als die Schöpfung, die sich vor sehr langer Zeit vollzogen hat. Ein Gelehrter des 17. Jahrhunderts, der Geistliche John Lightfoot, stellte sogar den genauen Augenblick fest. Er schrieb: ,Himmel und Erde, Mitte und Umfang wurden im gleichen Augenblick der Zeit geschaffen ... am 26. Oktober 4004 vor Christus, um 9 Uhr früh.' Um halb zehn erschienen die >Kontakter< und fingen an, über die Kreativität zu schwätzen. Sie haben bis heute noch nicht damit aufgehört. Und die vielen anderen auch nicht. Die Kreativität ist wahrscheinlich das beliebteste Thema der Gegenwart. Jeder will entweder schöpferisch sein oder er will wissen, was er mit Menschen anfangen soll, die schöpferisch sind. Letzteres bedeutet in Wirklichkeit entweder: ,Wie erhält man von miesen Textern gute Anzeigen?' oder ,Wie erhält man von guten Textern gute Anzeigen, ohne ihnen doppelt soviel zahlen zu müssen, wie man selbst verdient?'"

Dahinter verbirgt sich, in besten amerikanischen Humor gehüllt, die Tatsache, dass besonders gute Kreative auch besonders gut bezahlt werden. Und mehr noch, dass sie innerhalb der Branche ein gewisses Ansehen genießen und bei internationalen Festivals, etwa im schon erwähnten Cannes, für ihre Arbeiten dekoriert werden, was wiederum das Ansehen unter den Kollegen und natürlich den Marktwert in die Höhe treibt.

Freilich, grau ist alle Theorie, denn: „Jährlich werden in Deutsch-

66

land rund 1.500 TV-Spots und Kinowerbefilme produziert. Aber über 100.000 Kataloge, Prospekte, Unternehmensbroschüren, Zeitungsbeilagen, Argumenten-Mappen für Vertreter, Verkaufsaufsteller usw. Außerdem unzählige Werbebriefe, Aussendungen und Handzettel. Siebzig Prozent des Arbeitsaufwandes eines Kreativen gehen in diese Werbemittel. Der Rest verteilt sich auf die sogenannten Kuchenstücke, also Werbefilme, Anzeigen, Plakate und Funkspots", schreibt der Werbetexter Reinhard Siemes. „Ein Kreativer macht in seinem Leben vielleicht dreißig Werbefilme, aber dreihundert Kataloge und Prospekte."

Natürlich geht aber kein einziger Kreativer in die Werbung, um Prospekte zu gestalten, und seien sie noch so gelungen. Jeder, der Kurs auf die Werbung nimmt, hat das Ziel, eines Tages tolle Kampagnen zu machen, die überall zu sehen sind und preisgekrönt werden, an denen die Öffentlichkeit ihren Spaß hat und die vielleicht sogar für alle Zeiten zitierfähig werden. *Das etwas andere Restaurant* (McDonald's), *Otto find ich gut* (Otto-Versand), *Da weiß man, was man hat* (Volkswagen), *Alle reden vom Wetter. Wir nicht* (Die Bahn), *Lieber zu Sixt als zu teuer* (Sixt-Autovermietung), *Time is what you make of it* (Swatch). Das ist einer der wesentlichen Gründe für den ungeheuerlichen Ehrgeiz und den geradezu grenzenlosen internen Wettbewerb, der in Agenturen herrscht: Jeder will aus der Katalog- und Verkaufsförderungsecke raus und die großen tollen Kampagnen machen. Und dabei ist jeder sich selbst der Nächste und alle anderen sind ihm im Weg, weshalb sich bei ambitionierten Kreativen der Ehrgeiz in der Regel mit Egoismus paart.

Wofür die Beteiligten oft geradezu unmenschliche Arbeitsbedingungen auf sich nehmen: am Wochenende, nachts, im Urlaub, an Feiertagen. Dieses unentwegte Arbeiten der Kreativen, auch ihre ewige Tendenz zur Nachtarbeit sind ein klassisches Merkmal ihres Berufs. Es ist ein Beweis dafür, dass die Produktivität der Fantasie sich nicht auf offizielle Arbeitszeiten beschränken lässt. Oft tritt sie mitten in der Nacht hervor oder bei überhaupt nicht dazu passenden Ereignissen – auf Reisen, im Kino, beim Essen, im Gespräch mit einem ganz anderen Kunden, in einer Unterhaltung über völlig entgegengesetzte Themen – und erfreut, besser gesagt, terrorisiert uns mit ihren Einfällen. Oft kommt sie auch tagelang gar nicht, man hat schon das Gefühl, sie habe einem die Freundschaft aufgekündigt. Dann sitzt der Werber elend und gequält an seinem Schreibtisch (in der Badewanne, im Auto, auf dem Klo, im Restaurant usw.) und wartet und wartet und wartet, während die Uhr erbarmungslos tickt und die Termine immer knapper werden.

Als Kreativer hat man sich für einen Beruf mit einem enormen Stressfaktor entschieden. Denn man hat immer viel zu wenig Zeit für das, was man erledigen soll, die tollsten Ideen sollen immer in allerkürzester Zeit entstehen. Andererseits sitzt man sozusagen prinzipiell Tag für Tag da und wartet und wartet. Denn auch wenn man schon eine Idee gehabt hat – wer sagt einem denn, dass man nicht eine noch viel bessere haben könnte. Die unbekannte, möglicherweise bessere Idee droht immer düster und unerkannt aus dem Hintergrund; manchmal kommt sie, manchmal kommt sie nicht. Manchmal kommt sie auch zu spät, wenn alles vorbei und die Präsentation schon verloren ist.

Außerdem sind neue Ideen nichts, worüber man sich mit seinen Kollegen und seinen Kunden problemlos einig würde. Im Gegenteil. Die Regel lautet: je ungewöhnlicher und überraschender die Idee, desto schwieriger und erbitterter die Einigung darüber. Das ist auch nachvollziehbar, denn solche Ideen sind nicht nur für die Verbraucher neu, sie sind es natürlich auch für den Kunden und genauso für die eigenen Kollegen in der Agentur. Das macht die Diskussionen nicht gerade leichter.

Andererseits ist das Verrückte an Werbung, dass die richtig guten Kampagnen in allerkürzester Zeit ein Millionenpublikum finden. Und wenn auch die, die sich solche Kampagnen in der oben beschriebenen gequälten Art ausdenken, nie so bekannt werden können wie die von ihnen produzierte Werbung, so ist es doch offensichtlich eine Genugtuung, sagen zu können (oder auch nicht mehr sagen zu müssen), dass man der mit massenhaft Goldmedaillen behängte Schöpfer der berühmten Kampagne für Sixt, die Bahn, Bluna, Benson & Hedges, Görtz Schuhe, Audi, Lucky Strike, McDonald's usw. ist. „Es ist wahr: Nur eitle Kreative sind gute Kreative. Die Eitelkeit treibt sie zu den originellsten Plakaten, den fröhlichsten Funkspots und den schönsten Prospekten", weiß Reinhard Siemes, der selbst ein guter, also eitler Kreativer ist.

Aber Eitelkeit ist nur ein Teil des Persönlichkeitsbildes des guten Kreativen. Wenn es nur darum ginge, könnte man ja genauso gut Politiker, Model, Schauspieler oder TV-Moderator werden. Ein einziger Blick auf viele unserer Politiker verrät, dass es möglich ist, enorm eitel zu sein und zugleich völlig unkreativ.

Kreative sind schwer erklärbare, oft auch schwer vermittelbare

Leute, die häufig nur auf höchst verschlungenen Pfaden zu sich selbst gefunden haben. Auch der Weg in die Werbung verläuft häufig unkonventionell und hat mit klassischen Berufsbildern und Karrieren wenig zu tun. Ich weiß jedenfalls von Kreativen, die zuvor Bergführer, Buchhändler, Historiker, Kirchenmaler, Koch, Kulturwissenschaftler, Lyriker, Maschinenschlosser, Matrose, Ministerialrat im Bundesjustizministerium, Philosoph, Postbote, Schauspieler, Sekretärin, Stewardess, Theologe, Verlagslektor, Vertreter, abgebrochener Zahnmediziner und, wie könnte es anders sein, Lehrer gewesen sind.

Kreative sind Leute, die ein bisschen anders ticken, oft sogar erheblich mehr als nur ein bisschen. Sie sind nicht unbedingt intelligenter oder cleverer. Gute Kreative zeichnen sich vor allem dadurch aus, dass sie einen nicht versiegenden Überschuss an unterschiedlichen, oft überhaupt nicht zueinander passenden chaotisch verpackten Ideen und Gedanken haben. Sie sind Quellen, aus denen unentwegt diese Ideen sprudeln, ob sie das selbst wollen oder nicht. Sie erinnern an Kometen, in deren Schweif man alles nur mögliche Unerwartete, Überraschende, Schockierende, Komische, Unverständliche, Überflüssige, Nutzlose und Liebenswerte finden kann. Und die eigentliche Arbeit der Kreativen besteht darin, ihren Kometenschweif an abseitigen Ideen mit der konkreten, oft höchst banalen Aufgabenstellung abzugleichen („Machen Sie uns eine Sommerpromotion für unseren neuen Gemüse-Burger!") und eben *den* tollen Einfall dafür herauszufiltern. Es ist in der Tat einfacher, akademisch über Kreativität zu reden, als selbst gute Einfälle zu haben. Aber die guten Agenturen liefern eben tatsächlich immer wieder frappierende Ideen. Um ein Beispiel zu geben: Was kann man tun, um im Fernsehen zu demonstrieren, dass ein Party-Snack, irgendein beliebiges Knabberzeug wie so viele heute, besser zur Party passt oder – um im Jargon zu bleiben – cooler ist als andere Party-Snacks? Der Spot, den ich auf einem englischen TV-Kanal gesehen habe, ist ganz einfach und vielleicht gerade deshalb so überzeugend. Der Film zeigt Kunden in einem Supermarkt, die gelangweilt dösend in der Schlange an der Kasse warten. Die Kassiererin, nicht weniger gelangweilt, führt mechanisch die einzelnen Produkte über den Scanner. Dazu ertönt das typische nervende Piepen einer Scannerkasse.

Aber plötzlich hört man etwas ganz anderes. Da wird ein Päckchen über den Scanner geführt (man erkennt zunächst überhaupt nicht, was es ist), das löst in der Scannerkasse nicht das Piepen aus, sondern eine rasante melodische Tonfolge. Alle sind überrascht, aufgeschreckt. Die Verkäuferin sieht sich entgeistert die Packung an. Es ist das besagte Party-Knusperzeug. Sie führt die Packung probeweise erneut über den Scanner und jetzt geht die Musik erst richtig los, rhythmisch, ansteckend, die Melodie fährt den Kunden an der Kasse in die Beine. Sie beginnen zu rocken, die Atmosphäre wandelt sich schlagartig, weg vom Supermarkt-Alltag, weg überhaupt vom Alltag, wird tänzerisch, lässig, spielerisch ...

Ein witziger, gut ausgespielter, einfacher, anscheinend ganz nahe liegender Einfall, auf den bisher aber trotzdem noch niemand gekommen war. Ein ausgesprochen gutes Beispiel für eine erstklassige kreative Idee, die ihren Zweck hervorragend erfüllt.

Verkehrte Welt?

„Hör mal", hat Dominique mich neulich gefragt, „sind die Typen in den Werbeagenturen eigentlich alle so abgefahren?" Das war, nachdem sie ein zweites Mal für einige Wochen als Praktikantin in einer Münchner Agentur gearbeitet hatte.

„Wie meinst du denn das?", habe ich vorsichtig zurückgefragt.

„Na ja, besonders höflich und gut erzogen waren die ja nicht, mit denen ich es zu tun hatte. Und besonders gut angezogen waren sie auch nicht." Sie hätten ihr schon ganz gut gefallen mit ihrem Outfit, aber dass sie derart schräg gekleidet in die Kundenmeetings gingen ... „Du musst dir vorstellen, da kommen die Kunden proper hergerichtet in ihren grauen Anzügen mit spiegelblank gewienerten schwarzen Schuhen und ihren nicht weniger blank gewienerten Lederköfferchen. Und dann schleppen sich die Agenturtypen hinterher mit ultrakurz geschnittenen Haaren, irgendwelchen seltsam ausrasierten Bärtchen, mit Turnschuhen, die aussehen wie beheizt, zerknautschte Milchtüten in der Hand, Winnie-the-Pooh-T-Shirts. Einer von denen trug neulich sogar einen Teller voller Goldbären vor sich her ins Meeting, ganz feierlich, als wären es Goldnuggets ..."

Tja, Dominique, was soll ich dazu sagen? Irgendwann war ich ja wohl auch mal so, für mich hatte es immer etwas wohltuend Barmherziges, dass ich nicht so rechtwinklig aussehen musste wie meine Kunden, die mir gegenüber am Tisch saßen. In Werbeagenturen herrschen offenbar etwas andere Gesetze und man sieht es den Leuten auch an, die da arbeiten. Selbst wenn sie manierlich angezogen sind – was selten freiwillig geschieht, aber manchen Kunden zuliebe dann doch gerade noch akzeptiert wird –, richtig zivilisiert wirken sie nie. An irgendwelchen Details – sei es ein Tattoo, ein Piercing oder einfach nur eine völlig schräge Uhr – merkt man trotzdem, dass da etwas anders ist als in der so genannten normalen Welt. Und es lässt sich auch erklären.

Es hat nämlich was mit dem Produkt zu tun, das in Werbeagenturen entsteht, und mit dem Stoff, aus dem dieses Produkt gemacht ist. Werbung ist ja im Grunde etwas völlig Immaterielles. Werbung besteht in erster Linie aus Ideen. Und die Ideen wiederum entstehen aus der Fantasie derer, die die Werbung zu ihrem Beruf erkoren haben. Es ist ziemlich faszinierend, das Entstehen einer Kampagne vom ersten Augenblick an mitzuverfolgen. Denn oft gibt es am Anfang wirklich nur das nackte Produkt, um das es geht. Und weiter nichts. Kunde: „Wir haben einen selbstklebenden Kleiderhaken entwickelt, den man mit einem Handgriff wieder von der Wand abnehmen kann, ohne dass er Spuren hinterlässt." Alles Weitere muss dazu erfunden werden. Oft der Name. Häufig die Verpackung. Immer die Werbung, mit der solch ein Produkt in den Wettbewerb geht, der am Markt herrscht. Natürlich auch die Fachkampagne, mit der man den Handel auf seine Seite zu ziehen sucht, und die Verkaufsförderungsmaßnahmen, mit denen die Kunden im Laden aufmerksam gemacht werden sollen. Und aus diesen Prozessen des Findens und Erfindens definiert sich Werbung und definieren sich die Agenturen.

Nun hat Dominique natürlich Recht, wenn sie sagt, in normalen Unternehmen würden schließlich auch Erfindungen gemacht, ohne Fantasie würde dort heute gar nichts mehr laufen. Trotzdem herrsche da ein ganz anderes Klima und die Leute sähen anders aus

73

und gingen auch anders miteinander um. Der Unterschied hat in meinen Augen etwas mit dem Grad des Erwachsenseins zu tun. In so genannten normalen Unternehmen verhalten sich die Mitarbeiter „erwachsen", das heißt, sie folgen den Konventionen der erwachsenen Welt, also auch den erwachsenen Kommunikations- und Umgangsformen. In Werbeagenturen aber geht es häufig zu wie in Jugendgruppen, auf Spielplätzen, in Fanprojekten. In Werbeagenturen ist es den Mitarbeitern nach ungeschriebenen, vielleicht sogar unbewussten Gesetzen gestattet, sich infantil und exzentrisch zu verhalten. Vermutlich deshalb, weil Fantasie in Wahrheit etwas Kindliches ist und den Mut zur Exzentrik fordert. Oder zumindest ist es die Fortschreibung von kindlichen Qualitäten ins Erwachsenenleben. Ich habe mal in einer Agentur gearbeitet, in der ein Ehepaar – sie Texterin, er Art Director – jeden Tag zwei Stunden Flöte und Trommel übten für ihre Basler Fasnachts-Musikgruppe. Auch das wurde akzeptiert.

Es ist natürlich kein Zufall, dass der große Boom der Werbung in den letzten dreißig Jahren mit dem Aufkommen der so genannten Jugendkultur zusammenfällt. Diese vielfältige Jugendkultur – Musik, Klamotten, Sport, Medien – hat eine erhebliche Verjüngung auch der Produkte und der Werbung angestoßen. Und die Agenturen sind die Orte, wo solche bisweilen dramatischen Veränderungsprozesse zuallererst stattfinden. Die Werbung lebt heute zu weiten Teilen von den Ideen der Jugendkultur. Dazu muss nicht mehr viel gesagt werden, das bekommen wir jeden Tag in zahllosen Beispielen aufs Anschaulichste demonstriert. Vielleicht sind wir sogar schon so weit, dass wir sagen können: Werbung *ist* Jugendkultur. Jedenfalls sind wir nicht mehr weit davon entfernt. Und wenn die Werber in so seltsam schrägen Aufzügen dahergeschlurft kommen, dann sind es natürlich auch die Verkleidungen der Fantasie, die da sichtbar werden.

Zurück in die Zukunft

Die Frage, wo die deutsche Werbung herkommt, wem sie ihre Entwicklung und ihr heutiges Erscheinungsbild verdankt, ist ähnlich einfach oder schwierig zu beantworten wie die Frage, wo die Löcher im Käse herkommen. Jeder weiß es, kann es in einfachen Worten ausdrücken, und schon beginnt der Streit darüber.

Was wir heute historisch als die deutsche Werbung bezeichnen, nahm vermutlich irgendwann in den Zwanzigerjahren seinen zunächst ziemlich bescheidenen, nicht sonderlich beachteten Anfang. Allerdings, so richtig will von diesen Uranfängen heutzutage niemand etwas wissen. Auch das deutsche Werbemuseum in Frankfurt am Main, eine durchaus verdienstvolle Einrichtung, lässt die Werbung in Deutschland erst nach 1945 beginnen und erwähnt eher schamhaft, dass die Gründer dieser Nachkriegsjahre zumeist schon vor 1945 in Sachen Reklame aktiv waren.

Auch in Berlin wurde vor 1945 schon einmal sehr erfolgreich Werbung gemacht. Warum wird das nur so gern übersehen? Berlin zwischen den beiden Kriegen erscheint uns im Nachhinein als eine Weltstadt mit einem Atem, wie ihn heute etwa New York hat. Das ist nicht mehr wirklich nachvollziehbar, weil das Dritte Reich und der Krieg die Stadt damals unwiderruflich zerstört und ihre Protagonisten auseinander getrieben, vielfach vernichtet haben. Wahrscheinlich war es das einzige Mal, dass Berlin so attraktiv war. Zu dieser Zeit war die Stadt der Nabel Europas. Das lag an der Goldgräberstimmung, die nach dem Ersten Weltkrieg und nach den politischen Veränderungen 1918 um sich griff. Das hatte natürlich auch mit der intellektuellen, kulturellen und erotischen Befreiung zu tun, die in Berlin für gut ein Dutzend Jahre ein unvergleichliches Klima schuf: Bühne für Sternstunden des Theaters, für kulturelle und sportliche Ereignisse, zugleich Kampfplatz für die Vertreter der politischen Extreme von rechts und links. Eine Stadt, in der man auf in Deutschland bislang ungekannte Weise frei und ungehemmt leben konnte, was man auch weidlich tat.

In diesem Schmelztiegel, in dem der Film gedieh und genauso Theater, Tanz, Sport und Literatur, zu dessen Zutaten auch Politik, Karrieren, Konkurse, Spekulantentum und schnelles Geld gehörten, zeigte sich auch die Werbung in durchaus schon ernst zu nehmenden Formen. Es war die Zeit, in der die schnelle Ausbreitung des Rundfunks für eine tief greifende Veränderung des Medien- und Informationsverhaltens sorgte. Alles in allem gute Voraussetzungen für zwei begnadete Werbeleute in eigener Sache. die uns aus anderen Zusammenhängen wohl bekannt sind. Ich meine Adolf Hitler und Joseph Goebbels (ursprünglich unbegabter Kunstmaler der eine, bedeutungsloser Dichter der andere), die erst München, dann Berlin und im weiteren Verlauf das gesamte Deutsche Reich mit einer höchst erfolgreichen Werbekampagne für ihre Partei – die NSDAP – und deren Politik überzogen.

Dass es den beiden und ihrer Partei gelang, die politischen Verbraucher, also die deutschen Wähler, in ihrem Sinn nachhaltig zu beeinflussen, schreibt so mancher Experte rückblickend der Tatsache zu, dass es ihnen gelang, mithilfe des Radios völlig neue Wege der Reklame und der Infiltration zu beschreiten, auf die die Wähler nicht vorbereitet waren. Sie verbanden ein äußerst rückgewandtes Programm, das nicht viel mehr als die niederen Instinkte ansprach, kunstvoll mit allermodernster zeitgemäßer Informations-

77

technik. In mehr als nur einem Buch, das sich mit dem Nationalsozialismus auseinander setzt, ist heute zu lesen, die exorbitante
Breiten- und Tiefenwirkung der Nazis sei nur möglich gewesen,
weil Hitler und Goebbels dieses neue Medium Radio, das gerade
seinen Einzug in die deutschen Haushalte hielt, als Allererste auf
erstaunlich perfekte Weise in ihre Öffentlichkeitsarbeit einbezo-
gen. Ohne Radio wäre da kein Medium gewesen, das die in der Tat
eigentümlich suggestiven Stimmen von Hitler und Goebbels live
bis in die Wohnungen der Wähler hätte transportieren können.
Hier wurde plötzlich eine Nähe zwischen den Wählern und einer
politischen Führungsschicht simuliert, wie sie zuvor unvorstellbar
gewesen war. Und später im Krieg die aufputschende Musik aus
Franz Liszts *Ungarischer Fantasie* zu den so genannten Siegesmel-
dungen, also das, was wir heute einen Jingle nennen – das war
wirklich eine Wahnsinnskampagne für ein schreckliches Produkt.

Aber auch jenseits des Mediums Radio gelangen den Nazis Inszenierungen ihrer Partei, wie sie in Deutschland bis dato unbekannt
gewesen waren: Aufmärsche, Deutschlandflüge, Lichtdome, Partei-
tage und Sportveranstaltungen bis hin zu den Olympischen Spielen
1936 in Berlin. Das faszinierte nicht nur große Teile der deutschen
Öffentlichkeit, es beeindruckte auch viele Leute im Ausland, zum
Beispiel im französischen Bürgertum oder in der britischen Ober-
schicht. All das war, wenn man so will, das Musterbeispiel für eine
ideenreiche Werbekampagne mit perfekten >*flankierenden Maßnahmen*, in die sich die Produkte der deutschen Unterhaltungs-
industrie, insbesondere der Filmwirtschaft, nach 1933 bruchlos
einpassten. Als Politiker waren Hitler und Goebbels von extrem

rückwärts gewandtem Zuschnitt, als Werbeleute aber absolute Avantgarde. Erst diese brisante Mischung war es, die den schrecklichen Erfolg ermöglicht hat.

In einer Welt, die gerade erst zu lernen begann, sich auf theatralische, reklamehafte Ereignisse des öffentlichen Lebens einzustellen, wurde häufig das Theaterhafte des Nationalsozialismus für das Ganze genommen. Die mörderischen Aspekte empfanden viele Menschen wohl eher als kinomäßige, wenig ernst zu nehmende Teile solcher bühnenreifer Inszenierungen, als Reklame eben. Wie sehr übrigens Adolf Hitler sich selbst tatsächlich schon als Medienprodukt begriff, zeigen die berühmt gewordenen Fotografien seines Lichtbildners Heinrich Hoffmann, auf denen die kuriose Suche Hitlers nach möglichst wirksamen Rednerposen vielfältig dokumentiert ist, lächerlich und unheimlich zugleich.

Nun war Adolf Hitler sicher nicht der erste Politiker, der der dramatischen Selbstdarstellung mehr vertraute als seinen politischen Argumenten. Sein heimliches Vorbild war vor 1933 Italiens Benito Mussolini und dessen berühmter Marsch auf Rom, der in Mussolinis Ernennung zum Staatschef durch den italienischen König gipfelte. Aber Hitler und Goebbels brachten es zusätzlich zu ihren dramaturgischen Leistungen auch noch zu einer bis dahin unvorstellbaren Perfektion und Präzision in der Präsentation ihrer Partei. Was dazu führte, dass viele Bürgerliche inmitten des sozialen Elends der Weimarer Republik vor allem die auf diese Weise demonstrierte Handlungsfähigkeit der Hitleristen sahen und gern bereit waren zu vergessen, dass die uniformierten Menschenfluten, die Hitler bei seinen quasireligiösen Selbstdarstellungen zu gigantischen Kolonnen choreografierte, dieselben Leute waren, die er sonst dazu einsetzte, Straßenschlachten mit den politischen Gegnern anzuzetteln und Andersdenkende einzuschüchtern, physisch zu bedrohen beziehungsweise umzubringen.

Das Theaterhafte an Hitlers Erscheinungsbild lässt sich auch dadurch erklären, dass dieser den Politiker offensichtlich als Kunstschaffenden verstanden wissen wollte. Das ging aus vielen seiner Aktivitäten hervor: aus seinem geradezu feierlichen Umgang mit der Musik, aber es zeigte sich auch in den städteplanerischen Visionen, die stilistisch der italienischen Renaissance folgten. Und es ist kein Zufall, dass Hitler sich in seiner Öffentlichkeitsarbeit ausgerechnet an Richard Wagner orientierte und dessen Festspielplatz Bayreuth zu einem Ort von geradezu religiöser Bedeutung für sich, die Partei und Deutschland emporstilisierte.

Wagners Musikdramaturgie bot den Nazis ungewollt perfekte Beispiele für elektrisierende massenhafte Inszenierungen wie auch für perfekt aufputschende, zuspitzende Orchestrierung. Das waren haargenau die Mittel, die der Werbemann Hitler brauchte, um in dem für Irrationalismen anfälligen Deutschland der Weimarer Republik einen heute kaum mehr nachvollziehbaren Mythos um sich zu weben, dessen Macht – mit den Worten des bedeutenden Hitler-Forschers Allan Bullock – „eben auf der Tatsache beruhte, dass hier echter Volksglaube und raffinierte Manipulation geschickt miteinander verbunden wurden. Niemand nahm das ernster als Hitler selbst: Image, Manipulation und Resonanz. Vor jeder Entscheidung prüfte er die mögliche Wirkung auf die Öffentlichkeit und sein Image" – siehe die Hoffmann'schen Lichtbilder.

Das alles war, wenn man so will, allermodernste, abgeklärteste Öffentlichkeitsarbeit. Und Höhepunkt dieser Inszenierungen waren die abendfüllenden Filme *Triumph des Willens* und *Olympia*, die Leni Riefenstahl über einen Parteitag und die Olympischen Spiele 1936 in Berlin drehte.

Wie unehrlich darf Werbung sein?

„Ihr lügt doch ganz schön rum bei eurer Arbeit", hat Dominique irgendwann gesagt und mich dabei streng fixiert. Allerdings hat sie auch ein Auge zugekniffen, woraus ich schloss, dass sie es nicht ganz so streng meinte, wie sie es sagte. In der Tat, wenn die Werbung gezwungen wäre, sich strikt an die nackten Tatsachen zu halten, dann hätten die Agenturen längst dichtgemacht. Werben heißt schließlich, die Dinge so begehrenswert wie möglich darzustellen, und Übertreibung ist dabei ein alltägliches Stilmittel. Sagen wir, die Werber nehmen es deshalb mit der Wahrheit so ungenau wie möglich.

Im Grunde bewegt sich die Werbung dabei immer zwischen zwei Polen. Einerseits will sie verführen. Andererseits soll sie überzeugen. Wenn ich jemanden verführen will, dann wende ich mich an seine Sinne. Will ich ihn oder sie überzeugen, dann wende ich mich an den Verstand der Konsumenten. Im einen Fall werde ich es mit der Wahrheit nicht so genau nehmen müssen, im andern Fall hingegen sehr. Es gibt auch Situationen, in denen Werbung nicht übertreiben *darf.* Sonst wird sie unglaubwürdig. Und das kann sich auch Werbung nicht leisten.

Durch die Vorspiegelung falscher Tatsachen oder falscher Qualitäten wird man die Käufer nämlich bestenfalls dazu bekommen, das so beworbene Produkt *einmal* zu kaufen, aber mit Sicherheit kein zweites Mal. Was die Kritiker der Werbung, auch viele strenge Verbraucherschützer in ihrem Eifer gern übersehen: Verbraucher müssen vor der Werbung gar nicht unbedingt in Schutz genommen werden. Verbraucher sind ziemlich klug, oft klüger, als es die Werber vielleicht gern hätten. Sie sind in der Regel fähig, sich ihr eigenes Urteil zu bilden. Und dazu gehört, dass sie auch kritisch sind mit dem, was die Werbung ihnen verspricht. Es ist ein bisschen wie mit der Musik: Wenn mir ein Song nicht wirklich gefällt, werde ich ihn in der Regel nicht wieder anhören. Vielleicht noch ein zweites Mal, bis mein Urteil endgültig feststeht. Aber wenn ich mich dann entschieden habe, dass mir das Gehörte nicht zusagt, höre ich nicht mehr hin. Ähnlich gehen die Verbraucher mit der Werbung und den beworbenen Produkten um. Wenn sie davon nicht zu überzeugen sind, werden sie sie auch nicht mehr kaufen. Und die Werbung werden sie nicht mehr wahrnehmen, weil sie sie nicht wahrnehmen *wollen.* Bei Kindern ist das allerdings anders, denn die sind prinzipiell noch bereit, alles zu glauben, was ihnen gesagt wird, auch den Werbeleuten. Deshalb sind Kinderprogramme im Fernsehen, deshalb ist auch Werbung, die sich an kleinere Kinder wendet, erheblich problematischer.

Das heißt aber zumindest für die Erwachsenen: Der tägliche Umgang mit der Werbung schult auch die Verbraucher. Er macht sie zu aufmerksameren, bewussten Wesen, die sich ziemlich genau überlegen, was sie mit ihrem Geld anfangen. Oder, wie Erich Kästner ironisch bemerkte: „Die Menschen sind dumm, aber schlau. Viele sind sogar verdammt schlau."

Das müssen auch die Werber immer wieder lernen, wenn sie sich fragen, warum manche gut gemeinten, bisweilen sogar wirklich guten Kampagnen nichts bewirken. Da werden Millionen Mark investiert und der Erfolg ist gleich null. Wie erklärt sich das? Nun, die Versprechen der Werbung müssen für die Verbraucher nicht nur attraktiv, sondern auch nachvollziehbar sein und sie müssen ebenfalls ein gewisses Minimum an Glaubwürdigkeit vermitteln. Und – ganz besonders wichtig – die Produkte müssen halten können, was in der Werbung an Versprechen über sie gemacht worden ist. Können sie das nicht, dann geht die Sache in der Regel schief.

Andererseits hat jeder von uns auch mal an sich selbst erlebt, dass er sich ganz gern ein bisschen belügen lässt. Wir alle haben unsere bescheidenen Illusionen, an denen wir bisweilen auch wider besseres Wissen festhalten. Wir wären beispielsweise alle vermutlich gern schöner, als wir sind, davon lebt die Kosmetik-Werbung über weite Strecken. Und deshalb hören wir dem, der uns dies vorgaukelt, auch erst einmal ganz gern zu. Aber glauben wir ihm deshalb jedes Wort?

Wir gestatten den schmeichelnden Werbern doch bestenfalls, uns ein wenig zu beschwindeln, und wir nehmen solch einen Schwindel in der Regel auch nicht hundertprozentig ernst. Wir gehen damit um wie mit etwas zu dick aufgetragenen Komplimenten, bei denen wir uns auch nicht jedes Mal streng befragen, ob wir sie glauben oder nicht. Die Soziologen sprechen in diesem Zusammenhang davon, dass wir uns in solchen nicht ganz wahrheitsgetreuen Kommunikationsprozessen an bestimmten Konventionen orientieren. Sie meinen damit, dass es zwischen den Partnern im Dialog, den Werbern auf der einen, den Verbrauchern auf der anderen Seite, so etwas Ähnliches wie lose Absprachen gibt. Die Verbraucher gestatten den Werbern, bei ihrer Tätigkeit zu übertreiben, je einfallsreicher, umso besser. Dafür müssen die Werber damit leben, dass die Verbraucher sie in der Regel nicht hundertprozentig für voll nehmen, dass sie ihnen nicht alles glauben. Auf diese Weise ist

Werbung für viele Verbraucher ein brauchbares Informationsmittel geworden, freilich eines mit Vorbehalt. (Um ein Beispiel zu geben: Bietet Sixt-Autovermietung wirklich günstigere Tarife als die Konkurrenz von Hertz und Avis? Ich wage es zu bezweifeln, sie bewirbt ihre Angebote nur deutlich intelligenter, witziger und aggressiver und das dürfte es vor allem sein, was die Kunden honorieren.)

Zustände wie in der Spielbank

„Die Hälfte meines Werbegeldes wird zum Fenster rausgeschmissen", soll Henry Ford geklagt haben. „Wenn ich nur wüsste, welche Hälfte." Hinter dieser Bemerkung verbirgt sich eine fundamentale Unsicherheit, die Werbung und Werber tagaus, tagein begleitet: die Unsicherheit, ob man auch wirklich das Richtige und Wirkungsvollste tut und sein Werbegeld tatsächlich so effektiv wie möglich ausgibt. Denn eines ist nicht zu übersehen: Die Wege der werblichen Erfolge sind überhaupt nicht offenkundig nachvollziehbar. Der Marlboro-Cowboy warb für seine Zigarette nachweislich jahrelang ohne spürbare Resonanz, ehe die Marke plötzlich ihren Siegeszug antrat, der sie in vielen Ländern zum unbestrittenen Marktführer machte. Obwohl es geradezu inflationäre Mengen an Methoden gibt, Kontrolle über Werbung auszuüben, um zu erfahren, ob sie erfolgreich ist – nichts Genaues weiss man nie. Es ist also immer eine Art Glücksspiel. Und es werden große Einsätze gewagt, ganz einfach, weil heute Erfolge ohne große Einsätze kaum mehr zu erreichen sind. Die Verantwortlichen in den Unternehmen müssen mehrstellige Millionensummen einsetzen, wenn sie werben. Das Risiko, der Spielfaktor, ist dabei unübersehbar hoch. Es gibt eine Vielzahl Unternehmen in Deutschland, die inzwischen für ihre Kommunikationsmaßnahmen mehr als 100 Millionen Mark im Jahr ausgeben (siehe S.256). Davon geht der Löwenanteil schnurstracks in die klassische Werbung.

Dass die Werbung nicht nur ein fröhliches, lockeres Gesellschaftsspiel ist, lässt sich sicher ahnen. Was das in absoluten Zahlen bedeuten kann, mag ein simples Beispiel aus der Zigarettenindustrie verdeutlichen: Wenn wir davon ausgehen, dass in der Bundesrepublik Deutschland pro Jahr circa 150 Milliarden Zigaretten geraucht werden, dann bedeutet der Gewinn oder Verlust eines einzigen Zehntelprozents >Marktanteil für eine Zigarettenmarke einen Mehr- oder Wenigerverkauf von 150 Millionen Zigaretten. Das sind etwa siebeneinhalb Millionen Päckchen. Den Marktwert kann sich der interessierte Leser selbst ausrechnen.

Da wird dann auch schnell klar, dass die Hektik in den Agenturen nicht darauf zurückzuführen ist, dass dort besonders unorganisierte Leute arbeiten. Es ist ganz einfach so, dass das Marketing der Kunden heute täglich blitzschnell und ungeschönt die Lage an der Verkaufsfront erfährt. Und wenn bei einer bislang völlig soliden und gut verkaufenden Marke plötzliche Absatzeinbrüche von drei, von fünf oder gar von zehn Prozent zu beobachten sind, dann macht das die Verantwortlichen verständlicherweise nervös. Die Agenturen sind die ersten, an die solche Nervosität weitergegeben wird, denn sie sind für die konkreten Maßnahmen der Unternehmen im Markt mitverantwortlich. Es sind ihre Ideen und Empfehlungen, die auf dem Prüfstand stehen, häufig mit gutem, oftmals aber auch mit überraschend bescheidenem Erfolg. Und dann bricht eben Hektik aus.

Das Kerngeschäft jeder Agentur ist deshalb zunächst die solide strategische Basisarbeit für den Kunden. Man muss erst einmal genau wissen, mit welchen Verhältnissen man es zu tun hat. Die kreative Arbeit, das Erfinden der Kampagnen, kommt erst sehr viel später dran. Das heißt, zunächst geht es darum, die betreute Marke richtig zu *verstehen,* sie präzise zu positionieren, also an der richtigen Stelle und mit den richtigen Mitteln im Markt zu verankern und ein umfassendes Verständnis für ihre Zielgruppen zu gewinnen. Und es geht darum, ihr die angemessenen Versprechen mitzugeben. Sie so zu gestalten, dass sich das Aussehen der Marke mit den ästhetischen Bedürfnissen der Zielgruppe verträgt. Natürlich muss sie in den angemessenen zielgruppenspezifischen Medien beworben werden, sodass bei möglichst geringen Mediakosten (also Kosten für Anzeigen, TV-Spots, Funkspots, Plakate, Kinofilme, etc.) möglichst viele potenzielle Verbraucher mit dem neuen Produkt in Berührung kommen. Durch sorgfältige Vorabtests muss sichergestellt werden, dass für das neue Produkt auch wirklich ein Bedarf nachweisbar ist. Und die Agentur muss dafür sorgen, dass keine Akzeptanzprobleme aufkommen können. Auf Nahrungsmittel bezogen heißt das: Das Zeug muss einfach schmecken. Genauso dürfen heutzutage auch keine ökologischen Probleme auftauchen, also weder Verträglichkeitsprobleme noch irgendwelcher Ärger wegen Verpackungsmüll oder gentechnischer Herkunft. Der Versuch der Schweizer Firma Nestlé, gegen Verbraucherbedenken einen neuen Schokoriegel durchzusetzen, der genmanipulierte Substanzen enthält, ist kläglich gescheitert.

Neue Produkte müssen sich also auch mit dem ökologischen Bewusstsein der Verbraucher vertragen und eindeutig umweltverträglich sein. Ein Waschmittel etwa muss sich komplett und problemlos wieder abbauen lassen, ohne irgendwelche schädlichen Restbestände in der Umwelt zu hinterlassen wie früher die Phosphate, die mit dem Abwasser in die Flüsse gelangten, die Gewässer verschmutzten und auf den Feldern und Wiesen für Überdüngung sorgten.

Das ist natürlich nur eine kleine Auswahl aus einem systematischen Anforderungskatalog, dem so genannten Pflichtenheft, das jedes Produkt bereits bei seiner Entwicklung beim Kunden durchläuft und worauf die Agentur unter dem Aspekt der Verkäuflichkeit und der Kommunikation noch einmal besonders achtet.

Es lässt sich allgemein feststellen, dass die Verbraucher wählerisch geworden sind. Dass sie Produkte aus den verschiedensten Gründen nicht akzeptieren. Noch ein Beispiel: der Smart, der einerseits das Manko hat, dass er – wie das *manager magazin* höchst unfreundlich schrieb – den Charme eines Behinderten-Fahrzeugs ausstrahlt, und der zum anderen gegen ein unbedingtes Grundbedürfnis seiner erklärten Kernzielgruppe, der jungen Leute, verstößt, weil er nur zwei Sitze hat, wohingegen gerade diese vom Smart anvisierte Zielgruppe der Jungen gern zu mehreren Leuten unterwegs ist. Vier Sitze sind deshalb offenbar die Minimalanforderung an ein Auto für jugendliche Fahrer. Das haben die Smart-Entwickler ignoriert und dafür werden sie vom Markt ohne Erbarmen gestraft.

Resultat: Der Smart ist – so wie es zumindest gegenwärtig aussieht – beim angepeilten Massenpublikum der jungen Leute wohl durchgefallen. Nicht zu Ende gedacht. Und es ist ziemlich sicher, dass sich daran prinzipiell nichts mehr ändern wird. Der Smart muss sich, wenn er sich dann doch noch behaupten sollte, irgendwo anders im Markt seine Nische suchen. (Komplementär dazu gibt es übrigens das Konzept des Porsche, über den Ferry Porsche einmal gesagt haben soll: „Bei diesem Auto haben wir nur einen einzigen Fehler gemacht. Wir hätten den Beifahrersitz weglassen sollen.")

89

Genauso kann es Produkten gehen, die zu teuer sind (der New Beetle, auf den wir noch einmal zu sprechen kommen), die ökologisch unvernünftig sind oder bei denen die Verbraucher vielleicht den Eindruck gewinnen, ihnen sei etwas Wichtiges verschwiegen worden. Denken wir an den dramatischen Rückgang des Fleischkonsums in Deutschland, als die BSE-Seuche in Großbritannien für Schlagzeilen sorgte. Plötzlich war zu spüren, wie dünn der Firnis des Vertrauens ist, den die Verbraucher unseren Informationssystemen und ihren Verantwortlichen, der Presse und der Werbung, prinzipiell entgegenbringen. So auch hier: Durch immer neue Skandale, Kennzeichnungsprobleme und eine miserable Informationspolitik ist die Nachfrage nach Fleisch deutlich rückläufig.

Hier wird deutlich, wie wichtig es ist, dass die Agenturen wirklich auf die Verbraucher hören. Dass sie die dort vorhandenen Stimmungen wahrnehmen und richtig deuten. Agenturen sind nämlich nicht nur für die kreativen Highlights verantwortlich. Sie sind letztlich die Vermittler zwischen den Interessen der Hersteller und denen der Verbraucher. Sie wissen heute in der Regel genau, wie ernst eine Skepsis seitens der Verbraucher zu nehmen ist.

Sie müssen aber auch in der Lage sein, Reaktionen vorherzusehen, etwa mit welcher Akzeptanz solch ein neu entwickeltes Produkt bei einer bestimmten Zielgruppe wird rechnen können: zum Beispiel der Drei-Liter-Lupo von Volkswagen, der zwar nur die magischen 3 Liter auf 100 Kilometer verbraucht, aber im Anschaffungspreis beträchtlich teurer ist, verursacht durch seine Gewicht einsparende und damit den Treibstoffverbrauch reduzierende Leichtbauweise. Solch ein Fahrzeug wird sich auf dem Markt nur behaupten können, wenn es der Werbung gelingt, darzustellen, dass die Verbraucher erst mehr Geld investieren müssen, um es später, im Spritverbrauch, wieder einsparen zu können und dass sie auf diese Weise ökologische Vernunft und Weitsicht beweisen.

Agenturen müssen deshalb immer wissen, was den Verbrauchern gerade vermittelbar ist. Wie sie auf solche komplexen Themen reagieren. Hierzu befinden sie sich in ständigen systematischen Kontakten mit den Verbrauchern, in einem kontinuierlichen Gedankenaustausch, indem sie den Markt, besser gesagt die verschiedensten Teilmärkte, ständig daraufhin untersuchen, welche Bewegungen dort stattfinden, wie die Verbraucher sich möglicherweise neu gruppieren oder orientieren: gesellschaftliches Engagement, Gesprächsthemen, Essgewohnheiten, Informationsverhalten, Schönheitsideale, Reiseziele, Sparrate, sportliche Vorlieben, Sicherheitsbedürfnisse – aus all diesen Teilinformationen lassen sich aktuelle Bilder, so genannte Panels, von den Verbrauchern zusammensetzen, die oft hohen Aussagewert haben, aber die in der Regel auch ständig im Fluss sind.

Birgersons Gedächtnis oder Über das Magische am Markenartikel

Was will uns die folgende Geschichte sagen? In seinem Krimi *Endstation für neun* präsentiert das schwedische Autorenpaar Maj Sjöwall und Per Wahlöö einen Zeugen mit Namen Birgerson, der eine ungewöhnliche Fähigkeit besitzt, die sich für die Aufklärung des im Buch behandelten Mordfalls als entscheidend erweist. Birgerson kann nämlich auch im Dunkeln und sogar noch von hinten Autos nach Marke und Baujahr erkennen. Er hat es sich bei seinen langen einsamen Nachtspaziergängen irgendwann zur Gewohnheit gemacht, die an ihm vorbeifahrenden Autos in der beschriebenen Art zu identifizieren, auch noch aus größerer Entfernung. An den Umrissen der Karosserien, an den Formen ihrer Scheinwerfer und Rücklichter und anhand der Abstände dazwischen erkennt er zweifelsfrei: 56er Ford Thunderbird, 53er DKW, 55er Lagonda, 63er Saab usw.

Als Zeuge wird Birgerson wichtig, weil er auch Autotypen, die sich so sehr ähneln, dass andere sie bei Tage verwechseln würden, im nächtlichen Büchsenlicht markentechnisch noch klar auseinander halten kann. Er würde also zum Beispiel nie einen Moskwitsch mit einem alten Opel Olympia verwechseln, nie einen DKW mit einem IFA, nie einen Morris Minor mit einem Renault 4 CV. Er hat von all diesen Fahrzeugen ganz offensichtlich absolut eindeutige Bilder in seinem seltsamen nächtlichen Autogedächtnis. Bilder, die die Gestalt eines jeden Fahrzeugs wieder erkennbar machen. Und indem er auf eine nahe liegende Verwechslung hinweist, sorgt er für die Identifikation des gesuchten Täters und damit für die Lösung des Kriminalromans.

Wohlgemerkt, Birgerson ist ein ganz normaler, durchschnittlicher

Mensch. Das heißt nein, völlig normal und durchschnittlich ist er natürlich nicht. Er hat immerhin seine Frau umgebracht und sitzt seit Jahren deshalb im Knast. Mit normal und durchschnittlich ist nur gemeint, dass Birgerson – abgesehen von seinem kriminellen Extra – keine irgendwie geartete Spezialbegabung darstellt. Er ist kein Autofreak, kein Markenfetischist, kein übersteigerter Ästhet. Aber vielleicht gerade deswegen ist sein Gedächtnis so interessant und ein paar Überlegungen wert. Birgerson ist ein Fall für die Wahrnehmungspsychologie und auch für uns, die Werber und die an Werbung Interessierten.

An Birgersons Gedächtnis kann man nämlich eines schön anschaulich studieren: dass es offensichtlich zwingende Formen gibt, in denen sich uns die Objekte unserer Alltagswelt mitteilen. Was dazu führt, dass deren Formen und Gestalten, Farben und Signale sich uns einprägen, so sehr, dass wir uns an sie detailliert erinnern. Mehr noch, dass wir diese Erinnerungen automatisieren.

Aber warum tun wir das? Vielleicht, weil wir uns genau auf diese Weise in dieser unserer Welt orientieren. Weil wir der im biblischen Sinne archaischen fremden Welt, dem Tohu und Bohu, mit solchen Methoden nach und nach Wiedererkennbares entreißen und uns diese Welt vermenschlichen. Vielleicht müssen wir uns immer wieder neue Orientierungsmarken schaffen, die System in unser Leben bringen, Ordnung und schließlich auch Begriffe.

Was an Birgersons Gedächtnis ebenfalls fasziniert, ist die Präzision der Wahrnehmungsinstrumente, mit denen wir Menschen ausgestattet sind und die uns in Blitzesschnelle auch feinste, filigrane Unterscheidungen liefern. Dabei befinden wir uns offenbar in einem permanenten inneren Dialog mit unserer Umwelt. Das kann so ziemlich jeder Mensch in der einen oder anderen Form an sich selbst beobachten. Wir alle führen häufig innere Gespräche, mit denen wir uns an Objekte um uns herum wenden, auch das vielleicht ein Restbestand aus unserer Frühgeschichte.

Wenn ich meinem alten Saab bei verschneiten Straßen gut zurede, nur nicht stecken zu bleiben. Wenn ich mich mit meiner Katze, die gerade pitschnass von draußen gekommen ist und jetzt meinen besten Sessel versaut, über das beschissene Wetter unterhalte. Wenn ich der morgendlichen Tasse Kaffee danke, dass sie wieder so wunderbar schmeckt und duftet. Wenn ich den alten Birnbaum vor meiner Tür anfeuere, möglichst lange zu blühen. Wenn ich meine Schuhe dafür verfluche, dass sie mich drücken. Alles Belege für unsere Neigung, die Dinge zu vermenschlichen, ihnen Leben einzuhauchen. Tag für Tag sind wir offensichtlich damit beschäftigt, uns den Dingen unseres Alltags menschliche Qualitäten zu vermitteln. Mit den Selbstgesprächen passen wir sie ein in unsere Lernprozesse, in unsere alltäglichen Bedürfnisse genauso wie in unsere Sehnsüchte und Ängste.

Vielleicht ist dies der richtige Punkt für einen Quereinstieg zum Thema >Markenartikel, womit wir wieder bei der Werbung sind. Um dieses Phänomen dreht sich der größte Teil der Werbung. Die Markenartikel, mit denen es die Werber beruflich von morgens bis abends zu tun haben, erklärt man am besten entlang einiger Stichworte. Am Stichwort der *Kontinuität.* Am Stichwort der *Orientierung.* Am Stichwort der *Wiedererkennbarkeit.*

Vereinfachend möchte ich sagen, dass die Idee des Markenartikels in dem Moment geboren wurde, als jemand darauf verfiel, sein Produkt nicht mehr in allgemeiner, ursprünglicher Form anzubieten, sondern ihm stattdessen einen eigenen Namen zu geben, eine individuelle wieder erkennbare Form, ein eigenes Aussehen, eine persönliche Emblematik, d.h. eine eigene unverwechselbare Bildsprache. Und natürlich eine unverwechselbare, eigenständige Zusammensetzung oder Rezeptur. Also als die Produkte plötzlich nicht mehr Salz, Zucker und Milch hießen. Sondern beispielsweise Reichenhaller Salz, Südzucker und Moha-Milch.

Die Idee dahinter war schlau. Das Ziel war, Produkte so auszustatten, dass die Käufer sie wieder erkennen, sich mit ihnen vertraut machen und an sie gewöhnen konnten. Hinter der Entwicklung des Markenartikels verbarg sich die Hoffnung, die Leute würden dann nicht mehr irgendwelche beliebige Milch einkaufen, sondern immer wieder die ganz spezielle aus meiner Molkerei. Mit dem Markenartikel wurden Voraussetzungen dafür geschaffen, dass ich als Hersteller Kunden an mich binden konnte.

Mit der Erfindung des Markenartikels beginnt die Geschichte des Wettbewerbs. Wenn ich den Strom immer und überall zu denselben Bedingungen aus der Steckdose hole, interessiert es mich nicht, wer ihn liefert. So war es bisher. Neuerdings werben verschiedene Anbieter darum, die Stromverbraucher für sich und für ihren Strom und ihre Strompreise zu gewinnen. Und weil Strom ein immaterielles Produkt ist, müssen sie dabei ungewöhnliche Wege gehen, siehe die neue Strom-Marke Yello: *Strom hat eine Farbe. Strom ist gelb.* Künftig könnten sie Kundschaft auch damit gewinnen, dass sie auf die Herkunft ihres Stromes verweisen.

Wäre interessant zu sehen, was geschieht, wenn plötzlich Strom angeboten wird, der nicht mithilfe von Kernenergie erzeugt ist.

Die Rede war zuvor vom menschlichen Drang, unserer Welt menschliche Eigenschaften einzuhauchen. Der Markenartikel ist ein beredtes Beispiel für dieses Bedürfnis. Markenartikel sind kleine, quasi am grünen Tisch erzeugte menschenähnliche Persönlichkeiten, denen wir Werber in der Kommunikation nicht nur ein wieder erkennbares Aussehen geben, sondern auch Stimme und Gedanken. Ja, wir geben ihnen sogar so etwas wie einen Lebenssinn, also das, was in Amerika in diesem Zusammenhang >Reason for Being heißt. Einen plausiblen Grund dafür, warum ein Produkt so ist, wie es ist. Und warum es so bleiben soll.

Damit beginnt aber auch schon das komische Elend, das Markenpflege zu einem so mühseligen und anstrengenden Geschäft macht. Denn Vermenschlichung hin, Sinngebung her – eine Marke lebt nicht wirklich. Sie gibt nur vor zu leben. Sie wird in die Welt gestellt in einer bestimmten Erscheinungsform und in der verharrt sie, bis wir sie wieder verändern. Es ist wie in dem Kinderspiel, in dem der Flüchtende, wenn er abgeschlagen wird, in genau der Pose verharren muss, die er in diesem Augenblick gerade innehatte und aus der er erst befreit wird, wenn er von einer gnädigen Seele ein zweites Mal berührt wird.

Für den Markenartikel gilt immer die letzte Version der Packung, der Rezeptur, der Kommunikation, der Werbung. Das letzte Wort der Markentechniker. Bis zur nächsten Veränderung von Packung, Rezeptur und Kommunikation. Bis zum nächsten >Relaunch.

Und das Spannende an dem, was wir Markenpflege nennen, sind

Das Huhn, das aus der Leitung kam.

Dieses Huhn haben wir in drei Minuten von Stuttgart nach Bremen geschickt – durch die Telefonleitung. Sieht es dafür nicht erstaunlich gut aus? Um ehrlich zu sein: das Originalhuhn ist in Stuttgart geblieben; was Sie hier sehen, ist eine Fernkopie. Per Fernkopie kann man über große Entfernungen blitzschnell und originalgetreu alles übermitteln, was in ein DIN-A4-Format paßt. Die Post bietet diesen fixen elektronischen Dienst in zwei Varianten an. Die eine ist der private Anschluß eines Fernkopiergeräts; dann heißt es „Telefax". Die andere Möglichkeit geht so: Sie gehen mit Ihrem Original zu einem der 600 Postämter, bei denen „Telebrief" am Eingang steht, und lassen dort eine Fernkopie machen. Sie wird vom Eilboten noch am gleichen Tag zugestellt. Es geht genauso schnell wie beim Telegramm. Nur ist der Vorteil des Telebriefs, daß man damit auch Skizzen, Urkunden, Bau- oder Schaltpläne, Formulare, Layouts, handgeschriebene Briefe und Hühner verschicken kann. **Ihre Post.**

Die Achtziger- und Neunzigerjahre in Deutschland:
Post-Anzeige, 1982
Auftraggeber: Deutsche Bundespost
Werbeagentur: GGK

schreIBMaschinen

IBM-Plakat, 1980
Auftraggeber: IBM Deutschland
Werbeagentur: GGK

Sehen, 1. Teil: Als der Künstler Aristide Maillol, der 1861 in Paris geboren wurde und 1944 dort starb, in seinem Atelier vier Schritte zurücktrat, um sich die gerade Vollendete anzuschauen, die er „Der Strom" nannte, weil sie so wie hingegossen dalag, dachte er sicher nicht daran, daß Axel Hinnen am 2.3.1980 vier Schritte zurücktritt, um mit seiner PORST compact reflex OC 1,4 v Strom ein Königsbild zu machen, das es nur bei **PHOTO PORS** das er immer, wenn er Lust hat, aus seiner PORST Bilderbox hole darüber freuen kann, daß er nun auch einen kleinen Maillol hat.

Photo Porst-Anzeige, 1980
Auftraggeber: Photo Porst
Werbeagentur: GGK

98

Wolfsburg hat die schlechtesten Straßen der Welt.

Straßen wie diese gibt es in Wolfsburg gleich stapelweise: auf Magnetband.

Um unsere Autos unter extremsten Bedingungen zu testen, fahren wir die schlechtesten Straßen ab. Ein in den Versuchswagen eingebauter elektronischer Speicher nimmt dabei die jeweils gefahrene Strecke mit all ihren Charakteristiken auf Magnetband.

Damit können wir zu Hause in Wolfsburg dieselbe Strecke immer wieder simulieren.

Dazu haben wir unter anderem auch eine Hydropulsanlage entwickelt.

Hier werden Teile bzw. Baugruppen wie Fahrzeugkarosserie, Achsen, Radaufhängung, Lenkung oder auch die gesamte Federung des Wagens diesen Marterstrecken ausgesetzt. Die Testdauer beträgt dabei bis zu 300 Stunden pro Strecke. Auf diese Weise erhalten wir wissenschaftlich genaue Daten darüber, welchen Belastungen unsere Fahrzeuge gewachsen sein müssen. Wir setzen gezielt Verbesserungen ein und können diesen Erfolg auf gleicher Teststrecke überprüfen. Dann stimmen wir die Fahrwerke unserer Volkswagen optimal ab. Und wir können Ihnen das schöne Gefühl geben, in einem Auto zu sitzen, das nichts erschüttern kann.

Da weiß man, was man hat.

VW-Anzeige,1977
Auftraggeber: Volkswagenwerk
Werbeagentur: DDB

Calvados-Gemeinschaftswerbung-Anzeige,1981
Auftraggeber: Sopexa
Werbeagentur: DF&H

Fiat Panda-Anzeige,1982
Auftraggeber: Fiat
Werbeagentur: Lürzer, Conrad & Leo Burnett

Wer jetzt auch mit dem Computer arbeitet:

IBM-Anzeige, 1981
Auftraggeber: IBM
Werbeagentur: GGK

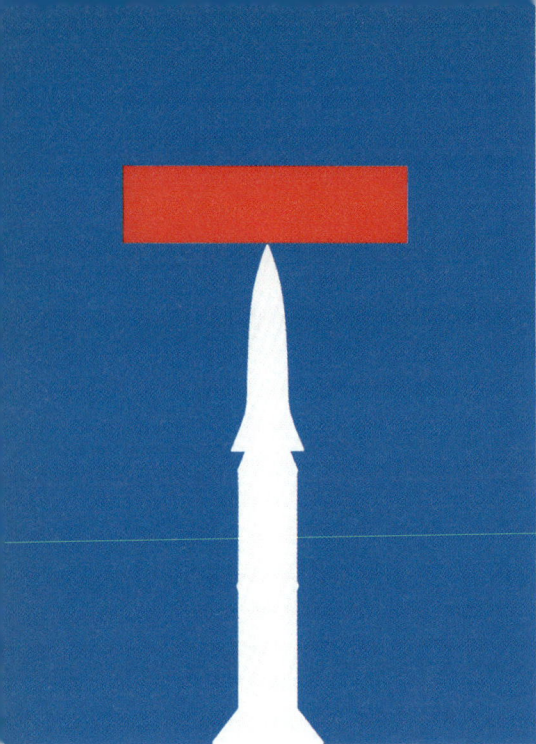

Aufruf des Parteivorsitzenden der Sozialdemokratischen Partei Deutschlands, Willy Brandt, zum Anti-Kriegs-Tag des Deutschen Gewerkschaftsbundes am 1. September 1983

Am 1. September erinnert die Deutsche Arbeiterbewegung, erinnern Sozialdemokraten und Gewerkschaften gleichermaßen an den Überfall auf Polen vor jetzt 44 Jahren und den damit einsetzenden Zweiten Weltkrieg. Wir wenden uns gegen das verderbliche Wettrüsten, und wir demonstrieren für die Selbstverpflichtung der Deutschen, daß von deutschem Boden nie wieder Krieg ausgehen darf.

38 Jahre nach dem Zweiten Weltkrieg zwingt sich uns die bange Frage auf, ob sich die Schrecken der Vergangenheit nicht nur wiederholen, sondern sogar bis zur Selbstvernichtung der Menschheit steigern könnten. Ob politische Mittel ausreichen, die Katastrophe zu verhindern, mag niemand mit Sicherheit sagen.

Im Herbst dieses Jahres fällt die Entscheidung, ob in Europa noch mehr Atomwaffen aufgestellt werden oder ob wir durch ein vernünftiges Abkommen zwischen den Weltmächten dem Frieden näherkommen. Für unser Volk ist dies von besonderer Bedeutung, weil unser Land – in beiden deutschen Staaten – sonst in immer stärkerem Maße zum Stationierungsgebiet der Atommächte wird.

Immer mehr Menschen sehen mit Bestürzung, wie die Spannungen in der Welt zunehmen, ja sich bereits in kriegerischen Auseinandersetzungen entladen, sei es in Asien, Afrika oder Mittelamerika. Sie fürchten zu Recht, daß immer neue Waffen nicht mehr Sicherheit, sondern noch mehr Risiken schaffen.

Die Arbeitnehmer sehen, daß das ungehemmte Wettrüsten die Wirtschaft aller Länder zusätzlich belastet. Rüstung schafft keine sicheren Arbeitsplätze, sondern vernichtet sie und verhindert eine sinnvolle Verwendung der Produktivkräfte. Wir stehen in der Verantwortung nicht nur für uns und unsere Kinder, sondern auch für die vielen Menschen, die Hunger leiden. Mit einem Teil der Mittel, die man heute weltweit für Rüstungen verwendet, könnte der Welthunger überwunden werden.

Noch besteht eine Chance in Genf, daß die Großmächte rüstungsbegrenzende Verträge schließen, statt weiterzurüsten. Die deutschen Arbeitnehmer drängen die Bundesregierung, im deutschen Interesse ihren Einfluß auf beide Großmächte zu nutzen, damit diese zu einem positiven Ergebnis kommen.

Ich rufe die Sozialdemokraten auf, am 1. September mit den Gewerkschaften für die Erhaltung des Friedens zu demonstrieren. Nur friedliche Versammlungen sind geeignet, unserem Appell Wirksamkeit zu verleihen. Für uns Sozialdemokraten gilt: Ohne Frieden ist alles nichts!

Vertragen statt rüsten

SPD-Anzeige, 1983
Auftraggeber: SPD
Werbeagentur: GGK

Oberaffengeil.

Belmondo-Anzeige, 1985
Auftraggeber: Görtz
Werbeagentur: Springer & Jacoby

Wie der Bundeskanzler Nikon sieht.

Ein Bild vom Foto-
journalisten Dieter
Blum. Ein ganz alltäg-
liches Bild für Politiker
und andere Persönlich-
keiten des öffentlichen
Interesses. Denn jeder,
der in diesem Lande
etwas zu sagen hat, wird
uns auf Schritt und
Tritt begegnen. Oder
besser gesagt unseren
Kameras.
Übrigens, das
Modell, das sie in letzter
Zeit immer häufiger
sehen, ist unsere neueste
Profi-Kamera, die F4.

Egal, ob er Helmut oder Oskar heißt, er bekommt es mit uns zu tun. Denn seit über 20 Jahren wählt die absolute Mehrheit aller Profi-Fotografen eine unserer Kameras. Wahrscheinlich deshalb, weil die Politik unseres Unternehmens immer die gleichen Ziele verfolgt hat, nämlich bessere Arbeitsbedingungen für Fotografen, Forschung für den Fortschritt und höchste Zuverlässigkeit. Und ein System, das einem größtmögliche fotografische Freiheit einräumt.

Nikon
Das Auge der Welt.

Nikon-Anzeige,1990
Auftraggeber: Nikon
Werbeagentur: HSR&S/SMS

103

Frankfurter Allgemeine Zeitung-Plakat,1999
Auftraggeber: Frankfurter Allgemeine Zeitung
Werbeagentur: Scholz & Friends, Berlin

Frankfurter Allgemeine
ZEITUNG FÜR DEUTSCHLAND

Auszienen, auszienen!

Lucky Strike. Sonst nichts.

Lucky Strike-Anzeige, 1993
Auftraggeber: B.A.T. Cigarettenfabri
Werbeagentur: K,N,S,K,

Günstiger als ein Tret boot auf dem Titisee.

Sixt-Anzeige, 1990
Auftraggeber: Sixt AG
Werbeagentur: Jung von Matt

106

Ein Mercedes-Benz Rohstofflager.

Für viele ist es Müll, für uns ein Handschuhfach.

▶ Zählen Sie zu den verantwortungsbewußten Zeitgenossen, bei denen die Frühstückszeitung nicht auf den Müll, sondern in den Altpapiercontainer wandert? Dann haben Sie gute Chancen, ihr in Gestalt eines Handschuhfachs eines Tages wiederzubegegnen. Vorausgesetzt, Sie fahren einen Mercedes.

Denn in unseren Wagen setzen wir immer mehr Bauteile wie Handschuhfächer aus Altpapier, Hutablagen und Dämm-Fliese aus Textilresten und Fußmatten aus PVC-Folienabfällen ein.

▶ Selbstverständlich könnten wir für diese Bauteile auch brandneue Kunststoffe verwenden. Tun wir aber nicht – weil wir schon am Anfang an das Ende denken. Und genau dann werden Kunststoffe oft zum Problem. Denn während heute ein Auto von Mercedes-Benz bereits zu etwa 75% recycelt werden kann, bleibt für einen Großteil der Kunststoffteile bislang nur die Deponie.

▶ Diese Art von Wegwerfmentalität kann sich heute keiner mehr leisten. Experten schätzen, daß jedes Jahr etwa zwei Millionen Altfahrzeuge entsorgt werden müssen. Die Tendenz: steigend. Deshalb arbeiten Mercedes-Benz Ingenieure schon seit Jahren darauf hin, auch dem Kunststoff einen Platz im Recycling-Prozeß zu sichern.

Wir verfolgen dabei einen Zwei-Stufen-Plan: Erstens werden in Zukunft alle Kunststoffteile über 100g nach Sorten gekennzeichnet sein – wie schon heute in der neuen S-Klasse. Diese Teile können dann aus Altfahrzeugen ausgebaut, sortenrein gesammelt und danach den entsprechenden Recycling-Kreisläufen zugeführt werden. Und zweitens werden die dann noch übriggebliebenen Kunststoffreste unter 100g zusammen mit der Karosserie eingeschmolzen. Hierbei dienen die Kunststoffe mit ihrem hohen Heizwert als Energieträger und helfen so, Energie zu sparen. Wenn uns all das gelingt, wäre ein wichtiges Ziel erreicht: Ein Mercedes könnte vollständig wiederverwertet werden.

▶ Falls Sie übrigens eher zu den Menschen zählen, denen der Gang zum Altpapiercontainer bisher immer zu umständlich war, denken Sie daran: Auch eine alte Zeitung kann noch einiges vor sich haben. Geben Sie ihr die Chance!

Mercedes-Benz
Ihr guter Stern auf allen Straßen.

Mercedes-Benz-Anzeige, 1991
Auftraggeber: Mercedes-Benz AG
Werbeagentur: Springer & Jacoby

J&B-Anzeige, 1991
Auftraggeber: Weltmarken Import
Werbeagentur: RG Wiesmeier

Sierra Tequila-Anzeige, 1993
Auftraggeber: Borco-Marken-Import
Werbeagentur: Scholz & Friends

Oma ist schwierig.

Opa ist schwierig.

Die Kinder si nd schwierig.

Wer braucht eine

schwierige

KAMERA?

Sekunden später fing Oma wieder von ihren Gallensteinen an und die schöne Stimmung war im Eimer.

Mit der Dynax 3xi geht alles schnell und schmerzlos: Sie brauchen nur auf den Auslöser zu drücken. Und noch bevor einer zappeln kann, haben Sie schon ein richtig gutes Bild.

MINOLTA

ALLES WIRD GUT

Minolta-Anzeige,1993
Auftraggeber: Minolta
Werbeagentur: Jung von Matt

FÜR EINE WIRKLICH GUTE ZIGARETTE
KANN MAN MIT FAST ALLEM WERBEN.

BENSON & HEDGES SIMPLY GOLD

Die EG-Gesundheitsminister: Rauchen gefährdet die Gesundheit. Der Rauch einer Zigarette dieser Marke enthält 1,0 mg Nikotin und 13 mg Kondensat (Teer). (Durchschnittswerte nach ISO.)

Benson & Hedges-Plakat,1995
Auftraggeber: Gallaher International
Werbeagentur: Jung von Matt

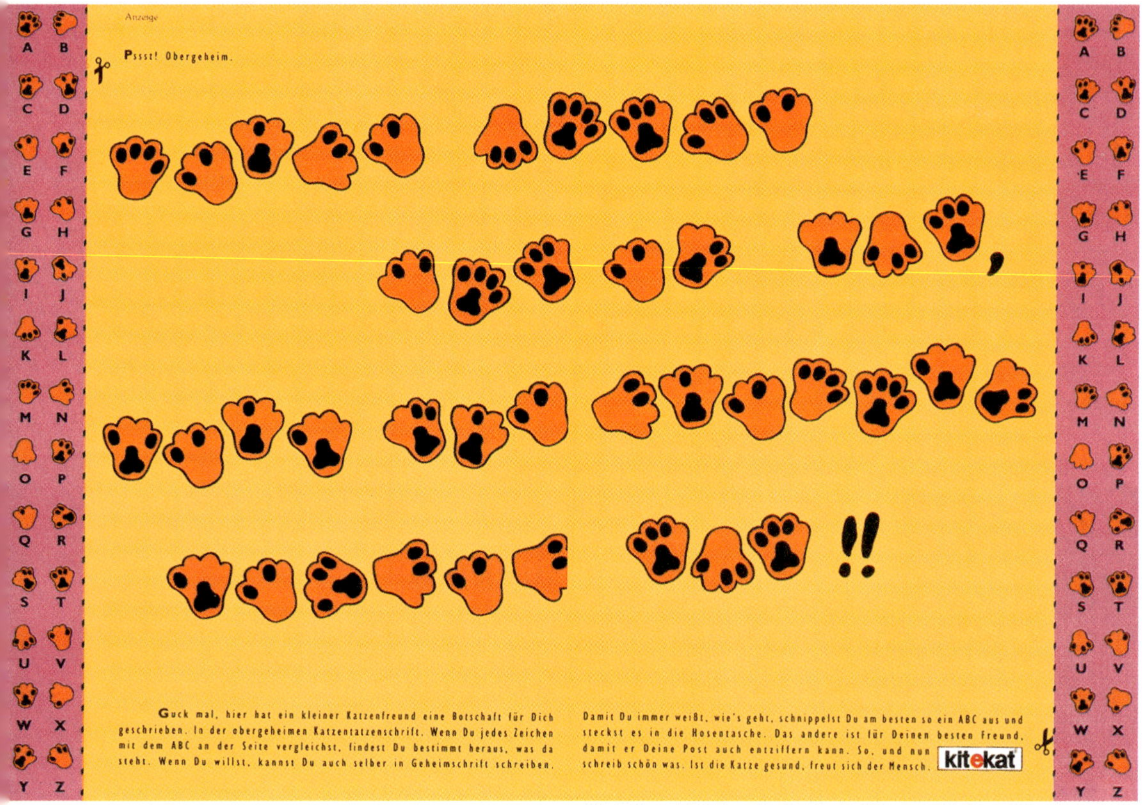

kitekat-Anzeige,1991
Auftraggeber: Effem
Werbeagentur: Scholz & Friends

110

Audi A6-Anzeige, 1997
Auftraggeber: Audi
Werbeagentur: Jung von Matt

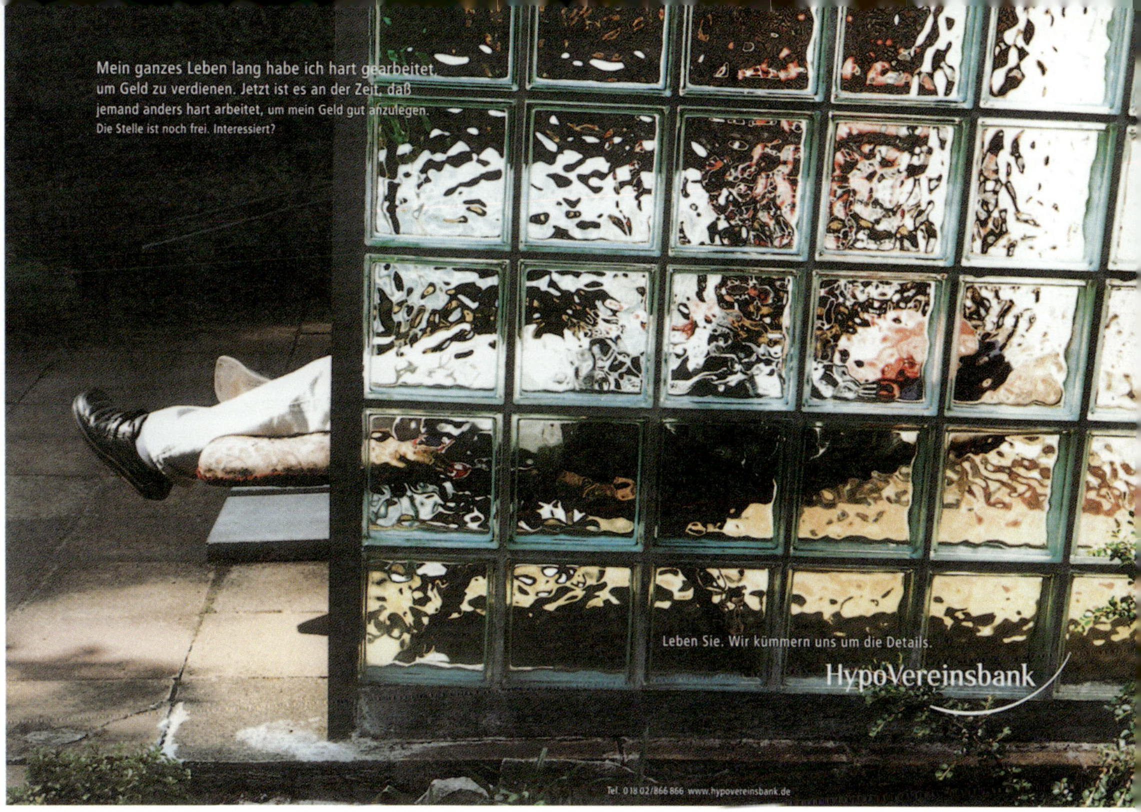
Mein ganzes Leben lang habe ich hart gearbeitet, um Geld zu verdienen. Jetzt ist es an der Zeit, daß jemand anders hart arbeitet, um mein Geld gut anzulegen.
Die Stelle ist noch frei. Interessiert?
Leben Sie. Wir kümmern uns um die Details.
HypoVereinsbank
Tel. 0 18 02/866 866 www.hypovereinsbank.de

HypoVereinsbank-Anzeige, 1998
Auftraggeber: HypoVereinsbank
Werbeagentur: Wieden & Kennedy

Muß eine Limousine aussehen wie eine Limousine?
Der neue Audi A6. Visionen beginnen mit Fragen.
Audi

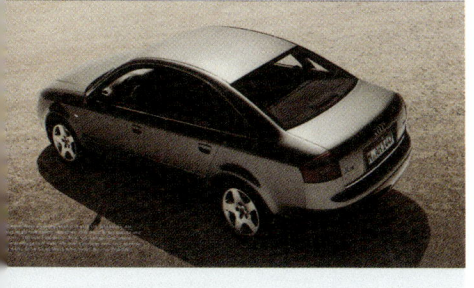

Cinemaxx-Anzeige,1999
Auftraggeber: Cinemaxx
Werbeagentur: Jung von Matt

die optischen und inhaltlichen Veränderungen, die wir Werber im Lauf der Jahre und Jahrzehnte an solchen Markenpersönlichkeiten vornehmen, um sie auf der Höhe des Geschehens, genauer der Konsumenten, des Marktes und der Zeit zu halten. So etwas ist nicht einfach, denn die Gegenwart ist nicht überall die gleiche. Sie ist auch nicht immer gleich aktuell. Das können wir manchmal sehr anschaulich erleben, zum Beispiel wenn wir in eher abgelegene Gegenden in Urlaub fahren.

Nehmen wir mein häufiges Reiseziel Norwegen. Wenn ich in Oslo vom Schiff gehe, bin ich noch hundertprozentig in der Gegenwart. Oslo ist mitteleuropäisch und voll auf der Höhe der Zeit. Die Stadt ist in ihrer Aktualität in nichts zu unterscheiden von Städten wie Frankfurt, Zürich oder Amsterdam.

Wenn ich nun aber nach Norden fahre, entferne ich mich mit jedem Kilometer von diesem Heute. Wenn man einmal einen Blick dafür entwickelt hat, dann sieht man den Alterungsprozess an vielen Stellen. Man sieht ihn im Erscheinungsbild der Städte und Dörfer, durch die man kommt, von Breitengrad zu Breitengrad. Auch im Erscheinungsbild der Menschen, die einem begegnen. In Hamar schreiben wir 1990, in Otta noch 1980. Hinter Trondheim sieht es schon eher nach den frühen Siebzigerjahren aus, in Mo i Rana nach 1960, in Tromsö nach Mitte der Fünfzigerjahre und auf der Höhe von Hammerfest kurz vor dem Nordkap schließlich befinden wir uns ästhetisch in der frühen Nachkriegszeit.

Das alles hat sich unter dem Einfluss des Fernsehens entschärft, besonders was die Kleidung Jugendlicher betrifft, und es wird sich in den nächsten Jahren unter der prägenden Allgegenwart

113

des Internets nochmals beschleunigt ändern, weil das die räumlichen Distanzen, die solche unterschiedlichen Entwicklungen bisher verantworteten, annulliert. In Zukunft werden die Dörfer des norwegischen Nordens näher an die Metropolen rücken. Ihre Einsamkeit in der Polarnacht wird sich relativieren. Aber wir dürfen umgekehrt nicht denken, das Internet habe die Möglichkeiten, plötzlich alles zu vereinheitlichen und eine Art Weltkultur zu produzieren. Es ist noch immer ein wesentlicher Unterschied, ob ich Moden im Internet erlebe oder ob ich sie im Umfeld von geprägten Kulturen lebe. Mit anderen Worten, es ist ein unaufhebbarer Unterschied, ob man in Hamburg oder Paris eine transparente Bluse trägt oder in Hammerfest. Und ein bauchfreies T-Shirt gibt in der Provinz ein anderes Signal als in München oder in Madrid.

Zurück zum Markenartikel, der, während wir uns über Norwegen unterhalten haben, schweigend im Regal stand und sich in der Zwischenzeit dort *nicht* verändert hat. Diese Unbeweglichkeit ist das größte Problem, das die Markenartikler und mit ihnen wir Werber haben. Denn das Resultat ist sein ständiges Veralten. Deshalb müssen die Werber so aufmerksam sein und dürfen prinzipiell nichts übersehen. Sie müssen alles im Auge behalten, was um sie und ihre Produkte herum geschieht. Was für Innovationen gibt es in der Produktwelt? Welche Veränderungen im Verbraucherverhalten sind zu beobachten? Wie aktuell ist unser Produkt, gemessen an den Produkten der Konkurrenz, gemessen auch an den Veränderungen bei aktuellen gesellschaftlichen Themen (z. B. Umweltschutz, Müll, Rohstoffverbrauch, Gesundheitsbewusstsein, Ernährung)? Wieweit befinde ich mich mit der Ausstattung des

Produktes auf der Geschmacksebene seiner Zielgruppe? Wie verändern sich Sprache, Altersstruktur, Einkommensverhältnisse? Vor allem die Sprache von Jugendlichen ist ja ständig im Wandel. Was für neue politische, ästhetische, modische, technische, kommunikative Entwicklungen sind zu berücksichtigen? In welchen Medien treffe ich meine Verbraucher gegenwärtig am häufigsten an? Lesen sie noch dieselben Zeitschriften wie vor einem Jahr? Sehen sie noch dieselbe Art von Fernsehsendungen wie im vergangenen Herbst? Und vor allem: Was für eine Art von Musik ist gerade angesagt? Wie intelligent, wie unterhaltsam darf bzw. muss die Marke auftreten, um akzeptiert zu werden? Wie progressiv, wie konservativ, wie durchsetzungsfähig, wie alt, wie jung?

Das heißt, dass die Werber ständig eine Vielzahl höchst unterschiedlicher Faktoren kennen müssen, und zwar Produktentwickler wie Marktforscher, Kreative wie Verkäufer. Eine erfolgreiche Markenführung besteht genau darin, diese entscheidenden Einzelfaktoren in den richtigen Relationen zueinander zu einer >Markenpersönlichkeit< zusammenzufügen und diese – auf dem Weg über das Erscheinungsbild und die Kommunikation – den Kunden auf überzeugende Weise nahe zu bringen.

Aber genügt es, um Marken Erfolg versprechend zu pflegen – und das heißt: sie permanent auf angemessene Weise zu modifizieren und sie so immer wieder an die Gegenwart, an die Trends der Märkte und der Verbraucher mit Blick auf die Zukunft anzupassen – , immer mehr wissenschaftliche Erkenntnisse zu sammeln, mehr Daten und Zahlen? Oder müssen wir unseren Instinkten und Ahnungen entschiedener vertrauen? Brauchen wir also mehr

Analyse oder mehr Intuition? Oder, noch einfacher: Weiß es mein Lehrbuch oder weiß es mein Bauch? Die Frage ist längst noch nicht entschieden.

Das Markenartikelgeschäft verlangt nach ständiger Berücksichtigung so vieler oft nicht rational zu verstehender Faktoren. Es ist in der Regel auch nicht mehr nur die Arbeit an einem einzelnen Artikel. Es besteht heute in der Regel in der Betreuung ganzer Markenartikel*familien,* die im Zuge der Zersplitterung der Zielgruppen und der Verbraucherbedürfnisse wie Pilze aus dem Boden schießen. Es gibt eben nicht mehr nur die eine Marlboro, es gibt inzwischen auch die Marlboro Light, die Marlboro Medium, die Marlboro 100, den Marlboro Tabak zum Selberdrehen und den Marlboro Pfeifentabak. Und die Markenfamilie wird eines Tages weitere Mitglieder bekommen, vielleicht eine Marlboro Ultralight oder ein Marlboro Cigarillo. Und es gibt nicht mehr nur die Schokolade mit der lila Kuh. Sondern auch alles, was an Schokolade in anderen Formen möglich ist: Riegel, Pralinen, Bonbons, Instant-Getränke. Die Produktpalette der Marke Milka expandiert jedes Jahr mit mehreren neuen Artikeln weiter. Allerdings werden auch immer wieder Mitglieder solcher Markenartikelfamilien, die nicht mehr gut gehen, aus den Regalen genommen.

Und all das wird weiter kompliziert, weil die Lebenszyklen der Produkte, die früher, in den ruhigeren Zeiten, ziemlich lang gestreckt und gleichförmig waren, sich mehr und mehr verkürzen. Die Bedürfnisse und Erwartungen der Verbraucher verändern sich in immer schnelleren Schüben. Der Konkurrenzkampf in den Märkten verschärft sich immer mehr durch neue Erfindungen.

Das wiederum erhöht den Druck auf die Marken, auf ihr Reaktionsvermögen und natürlich auch auf die Beweglichkeit und Kreativität der für sie Verantwortlichen.

Kommen wir noch einmal auf Birgersons Gedächtnis und auf seine Spezialität, das Erkennen von Autos, zurück. Zu den Rätseln der Markenpflege bei Automobilen gehört für mich, in welchem Maße man von Modellwechsel zu Modellwechsel formale Änderungen in deren Design vornehmen darf, sprich: wie sehr sich das Nachfolgemodell optisch vom Vorgänger unterscheiden darf, welche Elemente – Stichwort BMW-Niere – auf gar keinen Fall verändert werden dürfen? Es zeigt sich, dass viele unserer Verbraucher hochgradig empfindlich reagieren, wenn an ihren Marken wichtige Formen über Gebühr verändert werden, so dass etwa ein neuer VW Golf auf Anhieb nicht mehr auf den ersten Blick als VW Golf zu erkennen wäre.

Da gibt es in uns allen offenkundig feste >morphologische Muster‹, d.h. Erinnerungen an gelernte Formen, auf die unser Gedächtnis sich verlässt. Wenn unser Automobilhersteller diese Formen im Übereifer aufweicht, reagieren wir Konsumenten möglicherweise sauer und wechseln schlimmstenfalls die Marke. Je länger ein Auto in seiner Ursprungsform auf dem Markt ist, desto schwieriger wird ein umfassender Relaunch. Stellen wir uns nur vor, man würde den Mini in eine neue Karosserie stecken, nur um ihn technisch wieder auf die Höhe der Zeit zu bringen. Ob das die Mini-Fahrer akzeptieren würden? Ich wage es zu bezweifeln. Die Vorstellungen, die wir von Automobilen gewinnen, die Gefühle, die wir dabei entwickeln, die Vorlieben und Abneigungen, all das ist

ganz offensichtlich an deren Form gebunden. Und das gilt natürlich auch für andere Objekte.

Das Problem existiert nicht nur bei Autos. Der Spielraum des Marketings für die Veränderungen an Marken ist letztlich begrenzt,
da darf nicht beliebig herumgefummmelt werden; Marken müssen
auf eindeutige, schnell erkennbare Weise ihre eigene Geschichte
repräsentieren, damit wir sie akzeptieren können. Sie müssen, wie
das in der Markentechnik heißt, >selbstähnlich< bleiben. In Marken
lebt offenbar nicht nur die Zukunft des Marktes, sondern mindestens ebenso dynamisch die Vergangenheit.

Möglicherweise liegt hier auch einer der Gründe für die derzeitige
Krise der japanischen Autoindustrie. Denn zunächst hatte sie den
Wettbewerb mit den USA und Europa ja im Wesentlichen über die
Faktoren Qualität und Preis ziemlich erfolgreich geführt: Japani-
sche Autos waren lange Zeit verlässlichere, deutlich weniger stör-
anfällige Fahrzeuge als die europäischen und kosteten trotzdem
weniger. Seit einigen Jahren aber haben Japans Autobauer das
Design als zusätzliches Element der Attraktivität ihrer Marken entdeckt. Und wie immer, wenn Japaner etwas tun, tun sie es gründlich, in diesem Fall vielleicht zu gründlich.

Japans Computer-Designer sind vielleicht einfach zu fleißig. Sie
produzieren unentwegt neue Formen, ehe man sich überhaupt an
die alten gewöhnt hat. Die neuen Designschöpfungen quellen
ihnen immer opulenter unter den Fingern hervor. Aber durch das
Tempo, in dem sie mit den neuen Designformen auf den Markt
drängen, nehmen sie uns Verbrauchern die Zeit, die nötig wäre,
sich innerlich, *mit den Sinnen* auf eine bestimmte Form einzustel-

len. Und zwar so, dass man sie nicht mehr vergisst, sondern sie sogar noch im Dunkeln identifiziert, so wie Birgerson im Krimi.

Was wir von der Werbung lernen können, ist: Als Verbraucher sind wir fast alle stockkonservativ. Als Konsument will ich von meinen Marken eine gewisse, auch langfristig gesicherte Ordnung haben. Ich will Marken*autorität.* Und was ich nicht will, ist das große Durcheinander im Design oder in der Kommunikation. Was ich nicht will, sind Marken, die ständig in einem neuen Look und mit neuer Werbung daherkommen. Es soll sich nicht alles ständig ändern. Mich macht es nervös und unwillig, wenn ich bei einem Auto nicht mehr weiß, ob das jetzt ein 98er Toyota oder ein 99er Honda ist. Bei solchen identitätsschwachen Marken falle ich als Käufer aus. Und nicht nur ich.

In dem Roman *Der Leopard* von Giuseppe Tomasi di Lampedusa fragt die Hauptfigur, der Fürst Salina, den abtrünnigen Neffen Tancredi, wie der es mit seinem Gewissen vereinbaren könne, als Angehöriger des Großadels zu den bürgerlichen Revolutionären des Giuseppe Garibaldi zu wechseln. Und Tancredi gibt ihm die zynisch-kluge Antwort: „Onkel, es muss sich alles ändern, damit es bleibt, wie es ist."

Das ist es im Grundsätzlichen, was jeder Werber, der sich auf die Arbeit mit Markenartikeln einlässt, unverrückbar in seinem Hinterkopf als Marschbefehl zu tragen hat. Markenartikel sind – bei allen Modifikationen, denen sie unterzogen werden, Ikonen der Unveränderlichkeit. Sie stehen über Jahrzehnte für ganz bestimmte tief sitzende Bedürfnisse der Menschen. Und sie geben auf diese Bedürfnisse die optimale, standardisierbare Antwort des Marktes.

119

Die Werbeleute müssen es möglich machen, die permanenten Veränderungen in unserer Kultur den Marken jederzeit einzuverleiben, sodass diese Marken selber in ihrer Eigenschaft als Fixsterne der Marktlandschaft, als Symbole einer unwandelbaren Kontinuität der Märkte gestärkt werden. Dass sie bei allem Wandel nach vorn doch immer verlässlich an derselben Stelle auf altvertraute Weise den Verbraucherwünschen antworten können, auch wenn diese noch so sehr im Umbruch sind. Dass auch ein Birgerson nicht die geringste Verunsicherung erfährt, sondern die Modifikationen als ganz normale Abwandlungen auf seinen nächtlichen Spaziergängen zur Kenntnis nimmt und in seinem fabelhaften Erinnerungsvermögen ohne jede Irritation abspeichert.

Eine solche Tätigkeit, über Jahrzehnte ausgeübt, wird eine Marke häufig genug verändern. Sie wird möglicherweise dazu führen, dass die Marke sich in ihrem Leistungsvermögen, ihrem Erscheinungsbild, in ihrer Rezeptur, ihrer Verpackung und Emblematik dramatisch ändert. So sehr, dass die Marke des Jahres 2010 mit der des Jahres 1970 außer dem Namen nichts mehr gemeinsam hat. Ich erwähne in diesem Zusammenhang eine berühmte Anzeige für den VW-Käfer, in der vier Teile gezeigt wurden, die als einzige vom Tag seines Erstentwurfs an unverändert geblieben waren. Alles andere an dem Auto, innen wie außen, war im Zuge der Weiterentwicklung über mehr als dreißig Jahre nach und nach erneuert worden. Dennoch blieb er für alle ewig und unwandelbar der Käfer und nichts als der Käfer – ein instruktives Beispiel für die in der Regel kundige, weitsichtige Markenführung von Volkswagen.

Am besten ist die Arbeit der Beteiligten, also auch der Kreativen, dann, wenn die Veränderungsprozesse von den Konsumenten gar nicht zur Kenntnis genommen werden. Wenn ein Relaunch so feinfühlig angelegt ist, dass er die Zielsetzungen des Marketing erfüllt, an der Vertrautheit und am Umgang der Verbraucher mit der Marke zugleich jedoch nicht das Geringste ändert.

Wenn alles – Methode Tancredi – sich so verändert, dass es nach dem Urteil der Verbraucher insgesamt letztlich so bleibt, wie es immer schon gewesen ist.

Käfer und New Beetle. Oder wie man seine Marke missverstehen kann

Seltsam, aber wahr: Der Käfer ist uns schon sehr weit entrückt. Das war noch vor einem Jahrzehnt nicht so richtig vorstellbar. Zu lange hatte die Erfolgsstory dieses Autos die deutsche Wirtschaftsgeschichte dominiert. Immerhin war der Volkswagen mit mehr als 20 Millionen verkauften Exemplaren der zahlenmäßig größte Automobilerfolg aller Zeiten. Ein wirklich weltweiter Erfolg. Aber der Käfer war ja auch mehr als nur ein Auto. Er war ein Mythos. Ein deutscher Mythos. Am Käfer konnte man erleben, was passiert, wenn deutsche Tugenden in der Welt plötzlich als positiv und liebenswert empfunden werden, was sicher nicht völlig selbstverständlich ist. Immerhin stammte die Idee zu diesem Auto ja noch aus dem Politmarketing des Nationalsozialismus: Auto für alle. (Aber sagen wir es einmal so: Auto für alle ist nicht prinzipiell politisch verwerflich.)

Nach 1945 begann für den Käfer freilich ein völlig neues Leben. Mit ihm haben weltweit Generationen von jungen Leuten Auto fahren gelernt. Er wurde tatsächlich zum internationalen Basismodell aller automobilen Fortbewegung. Er passte nach Alaska so gut wie nach New York, auf die Champs-Élysées wie in die Wüste Gobi. Man konnte als Professor, als Filmstar, als Mönch oder als Lehrling darin fahren, man fiel nie unangenehm oder unpassend auf. Man kann wohl sagen, dass für viele Leute mit dem Käfer über Jahrzehnte das Thema Auto anfing. Der Käfer war vielleicht das erste Automobil, das uns richtig menschlich kam, von dem sich auch technikungeübte Großmütter nicht ins Bockshorn jagen ließen.

Das hatte natürlich mit dem geringen Kaufpreis des Autos zu tun. Es hing aber auch damit zusammen, dass man den Käfer bedenkenlos gebraucht kaufen konnte. Dass er über hunderttausende von Kilometern klaglos seinen Dienst verrichtete, was die Autos der Konkurrenz zu dieser Zeit noch nicht unbedingt zu Wege brachten. Unter nahezu allen Bedingungen fuhr und fuhr und fuhr er, ein schieres Wunder an Beharrlichkeit und technischer Unkompliziertheit.

Der Erfolg hatte aber auch mit seinem Aussehen zu tun. Denn dieser Käfer menschelte buchstäblich. Er blickte so schrecklich sympathisch drein. Man sah ihm seine Bescheidenheit regelrecht an, aber auch seine Ausdauer. Er signalisierte mit seinen unambitionierten und dennoch unverwechselbaren simplen Formen, dass er genügsam war. Genügsam und immer einsatzfähig. Der Käfer trug seine besonderen Qualitäten in seinem Design mit sich herum. Er war seinen Tugenden wie aus dem Gesicht geschnitten. Wenn man ihn nur sah, wusste man schon, dass man sich unter allen Umständen auf ihn würde verlassen können.

Wichtig außerdem: Er entsprach in seinem Leistungsvermögen zu jeder Zeit seinem Markenmythos. Einem Mythos, der sich über die Jahre hinweg immer weiter entwickelte. In dem sich die beschriebenen Qualitäten des Fahrzeugs literarisierten. Und weil es zu den schwierigsten Aufgaben der Werbung gehört, solche Markenmythen zu pflegen, ist der Käfer ein anschauliches Beispiel für dieses Buch, erfolgreich Mythenpflege zu demonstrieren. Und sein später und eher fremdartiger Nachfolger, der kürzlich auf den Markt kam, der New Beetle, ist ein Beispiel dafür, wie es im Vergleich doch nicht geht.

Es gibt Markentechniker, die sagen: Der wahre Kern einer Marke ist ihr Mythos, dieser Überzeugung bin ich auch. Mythos – das heißt, die Ur-Botschaft, die Sage, die Legende, die die Marke spinnt. Und sie sagen weiter: Marken sind da stark, wo sie von einem starken Mythos getragen werden, der deshalb so intensiv und mit der Zeit immer intensiver empfunden wird, weil er sich über einen langen Zeitraum entwickelt hat. Wobei er sich mit starker emotionaler Kraft in die Köpfe der Menschen gleichsam einbrennt. (Der amerikanische Begriff für Marke, brand, verdankt sich der dortigen Angewohnheit, die Rinder zu *branden,* sie mit dem glühenden Eisen zu zeichnen, sodass sich aus dem Zeichen die Eigentumsverhältnisse rekonstruieren ließen: Welchem Farmer gehört das Tier?)

Und um noch einen weiteren wichtigen Punkt in diesem Zusammenhang zu erwähnen: Starke Marken nehmen nicht nur ständig Impulse von außen auf. Sie geben vor allem auch selber Energien nach außen ab, sodass die Verbraucher das spüren können, um nicht zu sagen, spüren *müssen.* Auf den Käfer angewandt: Er vermittelte den Menschen, die sich von ihm transportieren ließen, die allersolidesten Gefühle. Gefühle der Verlässlichkeit, der Sicherheit und Geborgenheit. Das waren die Energien, die der Käfer an seine Umgebung abstrahlte. Auf geradezu überwältigend starke Weise, denn sie teilten sich offenbar jedem mit, innerhalb allerkürzester Zeit. Der Käfer bewies, dass starke Marken wie Menschen mit starker Persönlichkeit sind. Sie können viel bewegen. Nicht zuletzt managen sie ihren eigenen Erfolg und irgendwann ist es so weit gekommen, dass man sie sich nicht mehr aus seinem Leben fortdenken mag.

124

All das lässt sich sehr schön am Erfolg des Käfers studieren. Oder, um beim Auto zu bleiben, an dem der Ente, des Citroën 2CV, des Renault R 4, des Austin Mini, des Porsche 911. Oder auch, um Beispiele aus anderen Branchen zu erwähnen: an dem nicht endenden Erfolg von Marken wie Persil, Coca-Cola, Bosch, Marlboro, Milka, Sony, Swatch.

Sie alle beziehen ihre unverwüstliche Stärke im Markt genauso wie der Käfer primär aus ihrem Markenmythos. Dieser Mythos ist natürlich auch in bestimmten Produktqualitäten begründet. Aber er ist eben noch mehr. Die Produktqualität von Coca-Cola ist vermutlich nicht besser als die von Pepsi, die von Persil nicht besser als die von Ariel. Und Zigaretten schmecken im Blindtest ohnehin alle gleich, auch die Marlboro schmeckt nicht besser als die Camel. Trotzdem heißen die Marktführer Jahr für Jahr unangefochten Coca-Cola, Persil und Marlboro.

Und so lange er hergestellt wurde, gehörte auch der Käfer zu diesen geheimnisvollen Marken. Sein Mythos ist leicht beschrieben: Der hartnäckige kleine Rackerer, der sparsam und anspruchslos seine Arbeit tat, der einen nie im Stich ließ, der keine Launen an den Tag legte, der keine technischen Probleme bereitete. Immer einsatzbereit, sommers wie winters, auch unter Extrembedingungen. Ein David, der es jedem Goliath zeigte.

Wenn wir dann betrachten, was die Werbung für den Käfer in all den Jahren dazu zu sagen hatte, dann wird anschaulich, was passiert, wenn die Kerntugenden einer solchen Marke intelligent und verständlich in Schlagzeilen übersetzt werden: *Da weiß man, was man hat. – Und läuft und läuft und läuft. – Der Ervolkswagen. –*

125

Ein Auto, wie es im Sparbuch steht. – Diese Werbung war bei aller Einfachheit intelligent und von jedem zu verstehen. Sie war, genauso wie das Auto auch, ein sympathisches Angebot an alle.

Aber es war auch mehr als nur Werbung. Es war unentwegte Arbeit am Markenmythos. Immer wieder dieselbe Botschaft, jedes Mal auf neue, amüsante und doch auch wieder reduzierte, einfache Weise vermittelt. Und damit zahlte die Werbung über Jahrzehnte immer wieder auf dasselbe wichtige Konto ein – auf das des Mythos und der Kernkompetenz der Marke. Der Käfer war als Produkt ein solcher Welterfolg, weil die Marke ständig diese besonderen Energien abstrahlte: Arbeitsamkeit, Sparsamkeit, Verlässlichkeit, Unkompliziertheit. Das erlebte man, wenn man die Werbung sah. Das wurde bestätigt, sobald man das Auto fuhr. Das begleitete einen, solange man das Auto besaß. Dafür ist der Käfer geliebt worden. Deshalb hat er es zur Hauptfigur als *Herbie* in einem regelrechten Kultfilm gebracht. Deshalb hat er, als er endgültig nicht mehr gebaut wurde, eine spürbare Lücke hinterlassen. Deshalb haben viele dem Käfer regelrecht nachgetrauert.

Nun geht die Zeit natürlich unbarmherzig weiter, gerade in der Technik immer schneller und unbarmherziger. Wenn wir das technische Konzept des letzten Käfers der Achtzigerjahre mit den technischen Fähigkeiten der Autos aus dem Jahrgang 2000 vergleichen, dann sehen wir: Dieser Käfer war so nicht mehr weiterentwickelbar. Er war an seinen Grenzen angekommen. Er wäre heute beim besten Willen nicht mehr konkurrenzfähig. Weder in der Technik noch im Verbrauch, noch in der Sicherheit, noch in seinen ökologischen Qualitäten. Vielleicht noch nicht einmal mehr in seiner

126

legendären Langlebigkeit. Er war zuletzt nur noch ein liebenswertes Fossil. Er hatte sich überholt.

Warum dann aber plötzlich ein New Beetle, wie 1998 von Volkswagen auf den Markt gebracht? Was will man damit bewirken? Und wen will man damit erreichen? Und warum ist dieser New Beetle in Amerika ein so spektakulärer Erfolg, während ihn in Deutschland kaum einer haben will? Hat Volkswagen den Markt, die Autofahrer hierzulande und ihre angebliche Käferleidenschaft möglicherweise falsch eingeschätzt?

Nun verlangt, wie wir wissen, der Versuch, eine Marke weiterzuentwickeln, unbedingt, sie so zu aktualisieren, dass sie durch alle Veränderungen hindurch mit sich selbst im Einklang bleibt und auf diese Weise ihren Mythos bewahrt. Beispiel Waschmittel: Seit gut 100 Jahren gibt es Persil und immer noch lebt diese Marke mit dem ultimativen Versprechen „Persil bleibt Persil". Und das, obwohl das Produkt seit seinem ersten Auftritt mindestens zehn grundlegende Relaunches durchlaufen hat, was heißt, dass seine Rezeptur und Leistungsfähigkeit und meist auch sein Äußeres und seine werbliche Ansprache jedes Mal von Grund auf erneuert, verändert, überarbeitet worden sind. Mit anderen Worten: Obwohl im statistischen Mittel etwa alle zehn Jahre unter dem Namen Persil ein in wesentlichen Produkteigenschaften völlig neues Waschmittel auf den Markt kam, ist die Marke für die Verbraucher immer das gleiche unwandelbare Persil geblieben. Das ist ein anschauliches Beispiel für die zuvor schon beschriebene Selbstähnlichkeit gut geführter Marken (siehe S. 190–192).

Auf den New Beetle angewendet bedeutet das, dass der Käfer,

wenn er denn in Anlehnung an seine Urform zurück auf den Markt gebracht werden sollte (und die Idee ist durchaus faszinierend), so dicht wie möglich an seinem ursprünglichen, gewachsenen Markenkern mit all den ursprünglichen Kerntugenden und Kernkompetenzen geführt werden musste. Auch er musste ein Mindestmaß an Selbstähnlichkeit mit der ursprünglichen Marke Käfer, eine mehr als nur formale Verwandtschaft mit seinem Vorgänger entwickeln. Die Qualitäten und Tugenden eines technisch zeitgemäßen New Beetle mussten folglich auf den Qualitäten und Tugenden des alten kleinen Herbie, des ursprünglichen Käfers, aufbauen. Sie mussten ihnen möglichst perfekt entsprechen, natürlich auf zeitgemäße, modernisierte Weise. Dazu kommen die notwendigen formalen Verwandtschaften: das heißt, es war unabdingbar, dass sich der New Beetle aus Gründen der Wiedererkennbarkeit in seiner Form am Vorbild Käfer orientierte, was er zumindest auf den ersten Blick ja auch tut. Wenn wir ihn sehen, fällt uns sofort der Käfer ein.

Bis dahin entspricht alles den klugen Gedankengängen erfolgreichen Marketings, zumindest theoretisch. Jetzt aber beginnen die Sünden gegen eine konsequente Markenführung, wie sie Volkswagen sonst so bemerkenswert beherrscht. Ich zum Beispiel habe immer bewundert, wie das Unternehmen es seinerzeit geschafft hat, die zentralen Markenwerte des Käfer geradezu nahtlos auf den in seinem Erscheinungsbild so völlig andersartigen, letztlich markenuntypischen Golf zu übertragen, also das Element *des Autos für alle,* die im Käfer verwirklichte Erfolgsidee vom demokratischen Autofahren. Dazu passend die Schlagzeile

After 30 Volkswagens, Father Bittman still believes.

In the beginning, Father Aloysius Bittman bought a bug.

That was in 1957 when he joined the staff of St. Anthony's Indian Mission in Tindaree, North Dakota.

Since then, Father Bittman has gone a long way. In 30 Volkswagens.

Owning two or three at a time, the mission staff travels 600 miles per week in each. Over dirt and gravel roads and in temperatures that have been known to go to 55 below.

A couple of Volkswagens ago, Father Bittman's '65 broke through the Garrison Reservoir ice.

Luckily, one 255 pound priest and one 1000 pound bug floated to safety. After the ice was chopped away and a quick oil change, the good father and his faithful companion were on their way.

He was a bit peeved about the oil change though.

"It was a good time for praying," he said.

"It set the Mission back $1.80," complained Father Aloysius Bittman.

Volkswagen-Werbung der 60er Jahre in den USA:
Auftraggeber: Volkswagen of America
Werbeagentur: DDB

Should you pay twice as much to get it washed?

A Volkswagen isn't any bigger than other station wagons . . . it just carries more.

That's because a station wagon shaped like a box can hold about twice as much as a station wagon shaped like a station wagon.

So it will cost you exactly the same to get it washed, but that's about all that will cost you exactly the same.

Our VW Wagon gets around 23 miles to the gallon.

You'll pay Volkswagen prices for parts. Some 35,000 miles should go by before you have to go buy new tires.

And come to think of it, maybe you should pay less for the wash job, too.

A Volkswagen is actually shorter than other station wagons. (It'll park in 4' less space.)

So next time, why not ask the man at the car wash for a discount.

Don't tell him we sent you.

Q. How many beans are in the box?

A. About twice as many beans as you'd find in a normal station wagon.

If you can put $2499.00* into a Volkswagen Station Wagon, you can put exactly 1,612,462 beans into a Volkswagen Station Wagon.

Volkswagen's unique construction keeps dampness out.

For years there have been rumors about floating Volkswagens. (The photographer claims this one stayed up for about 42 minutes.)

Why not?

The bottom of the VW isn't like ordinary car bottoms. A sheet of flat steel runs under the car, sealing the bottom fore and aft.

That's not done to make a bad boat out of it, just a better car. The sealed bottom protects a VW from water, dirt and salt. All the nasty things on the road that eventually eat up a car.

The top part of a Volkswagen is also very seaworthy. It's practically airtight. So airtight that it's hard to close the door

without rolling down the window little bit.

But there's still one thing to keep in if you own a Volkswagen. Even if it definitely float, it couldn't float indefi

So drive around the big dles. Especially if they're enough to have a name.

When they're looking up to you, are they really looking down at you?

The station wagon on the left is known in some circles as a status symbol.

The station wagon on the right is known in the same circles as a mistake.

Now the status symbol is long and low and really quite beautiful.

Whereas the Volkswagen is short and high and really quite ugly.

The status symbol features a powerful engine.

A Volkswagen engine is not as powerful, but it'll go farther on a gallon of gas.

The status symbol boasts roughly 80 cubic feet of carrying space.

The Volkswagen has twice that amount, 176 cubic feet.

Conclusion:

If you're looking for something to show how big you are, then we suggest you get yourself a status symbol.

But if you're looking for something that's just plain big, then maybe it wasn't us who made the mistake after all.

"It was the only thing to do after the mule died."

Three years back, the Hinsleys of Dora, Missouri, had a tough decision to make.
To buy a new mule.
Or invest in a used bug.
They weighed the two possibilities.
First there was the problem of the bitter Ozark winters. Tough on a warm-blooded mule. Not so tough on an air-cooled VW.
Then, what about the eating habits of the two contenders? Hay vs. gasoline.
As Mr. Hinsley puts it: "I get over eighty miles out of a dollar's worth of gas and I get where I want to go a lot quicker."
Then there's the road leading to their cabin. Many a mule pulling a wagon and many a conventional automobile has spent many an hour stuck in the mud.
Also, a mule needs a barn. A bug doesn't.

"It sets out there all day and the paint looks near as good as the day we got it."
Finally, there was maintenance to think about. When a mule breaks down, there's only one thing to do: Shoot it.
But if and when their bug breaks down, the Hinsleys have a Volkswagen dealer only two gallons away.

Every now and then a VW runs into a little trouble at the factory.

That hunk of junk was well on its way to being a Volkswagen, when it ran into a stone wall: a bunch of hard-nosed inspectors who pull enough parts off the line every day to make the equivalent of 20 cars. Or 2 freight cars full of scrap.
There are thousands of inspectors who literally pick every Volkswagen to pieces, every step of the way.
If there's a little scratch in a fender, it gets scratched. If there's a little nick in a bumper, it gets bumped.
Wherever ten people are doing something, there's an inspector to undo it. For the paint job alone, no less than 8 inspectors check every VW.
All that inspection doesn't mean the work isn't done carefully. The men who make the VW make it very well. The inspectors just make it perfect.

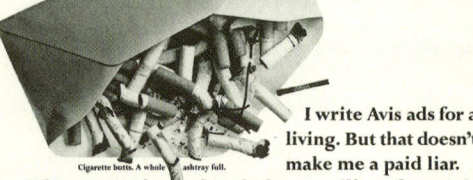

The writer of this ad rented an Avis car recently. Here's what I found:

Cigarette butts. A whole ashtray full.

I write Avis ads for a living. But that doesn't make me a paid liar.

When I promise that the least you'll get from Avis is a clean Plymouth with everything in perfect order, I expect Avis to back me up.

I don't expect full ashtrays; it's not like them.

I know for a fact that everybody in that company, from the president down, tries harder.

"We try harder" was their idea; not mine.

And now they're stuck with it; not me.

So if I'm going to continue writing these ads, Avis had better live up to them. Or they can get themselves a new boy.

They'll probably never run this ad.

USA und Großbritannien, Sechziger- bis
Achtzigerjahre:
Avis-Anzeige, USA, 1965
Auftraggeber: Avis Rent-A-Car
Werbeagentur: DDB

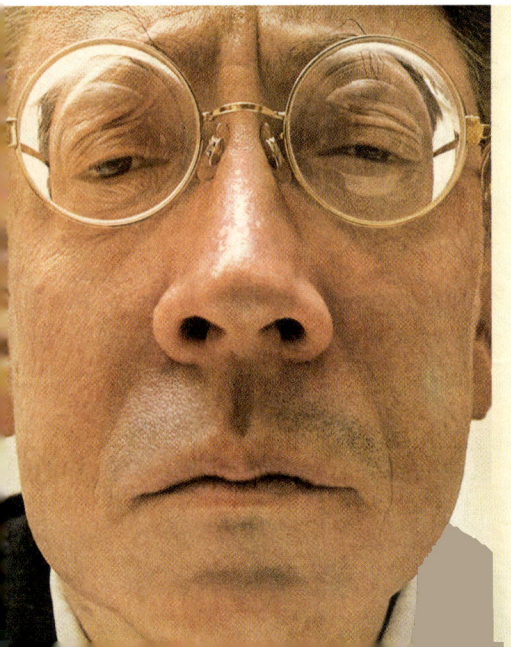

"Books are dangerous. I know what I'm talking about."

About 8,000,000 Americans will back up this statement.

They know that books can cause eyestrain, tension, fatigue and headaches. That books cause children to drop out of school and adults to virtually drop out of life.

These are people with acute visual impairments. People who wear glasses half an inch thick. Who bend over their magnifying glasses just trying to read a menu. Others whose eyesight is deteriorating with age.

For them, the act of reading is so painful, or the act of being seen reading is so embarrassing that they'd just as soon forget about books.

And that's more than just a shame. Because 8,000,000 people is too many good minds to go down the drain.

Fortunately, there's a new development that can reclaim these minds. And Olin helped pioneer it.

Large-type books.

It seems obvious today. But for years, nobody could foresee the enormous difference type size would make to the visually handicapped. (After all, they could always wear thicker glasses.)

There were also technical problems that stood in the way. Large-type books would use twice as much paper as normal books. Their bulk alone would make them impractical.

And large type could not insure legibility. The paper had to be exceptionally white, with a minimum of see-through and glare.

Olin was able to develop exactly what was needed. It's called Waylite® paper and it's nearly weightless. It's also just as opaque as ordinary paper but much whiter, with infinitely less glare.

At the moment, Waylite is being used in the first large-type dictionary.

It contains the entire vocabulary of the G. & C. Merriam-Webster Seventh New Collegiate Dictionary in 18-point type. (About double the size of the type in this ad.)

But the idea of large type is just beginning to gather momentum. In the future, Waylite will be keeping more and more large-type books a lot smaller.

To say nothing of keeping 8,000,000 minds a lot larger.

Olin

Olin-Anzeige, USA, 1968
Auftraggeber: Olin
Werbeagentur: DDB

Polaroid-Anzeige, USA, 1967
Auftraggeber: Polaroid
Werbeagentur: DDB

ony-Anzeige, USA, 1967
uftraggeber: Sony
erbeagentur: DDB

The Hunt's Catsup Story:

Hunts-Anzeige, USA, 1967
Auftraggeber: Hunt-Wesson Foods
Werbeagentur: Young & Rubicam

Say, do you know what day this is?

© Copyright 1965, Paul Masson Vineyards, Saratoga, California. (We note a deplorable tendency to dri
Champagne *anytime*, just because it tastes so good. This is all wrong. Paul Masson California Cha
pagne should be saved for special occasions; like its being Thursday or having driven home witho
getting angry once. Or because you did get angry and want to get unangry.) (Is this your birthday

Masson-Anzeige, USA, 1965
Auftraggeber: Paul Masson Vineyards
Werbeagentur: Freeman & Gossage

134

Things go better with
Coke after Coke after
Coke. With or without,
it's always refreshing.
Because ice-cold
Coca-Cola has the taste
you never get tired of.

DRINK

Coca-Cola

Coca Cola-Anzeige, USA, 1966
Auftraggeber: The Coca Cola Company
Werbeagentur: McCann-Erickson

135

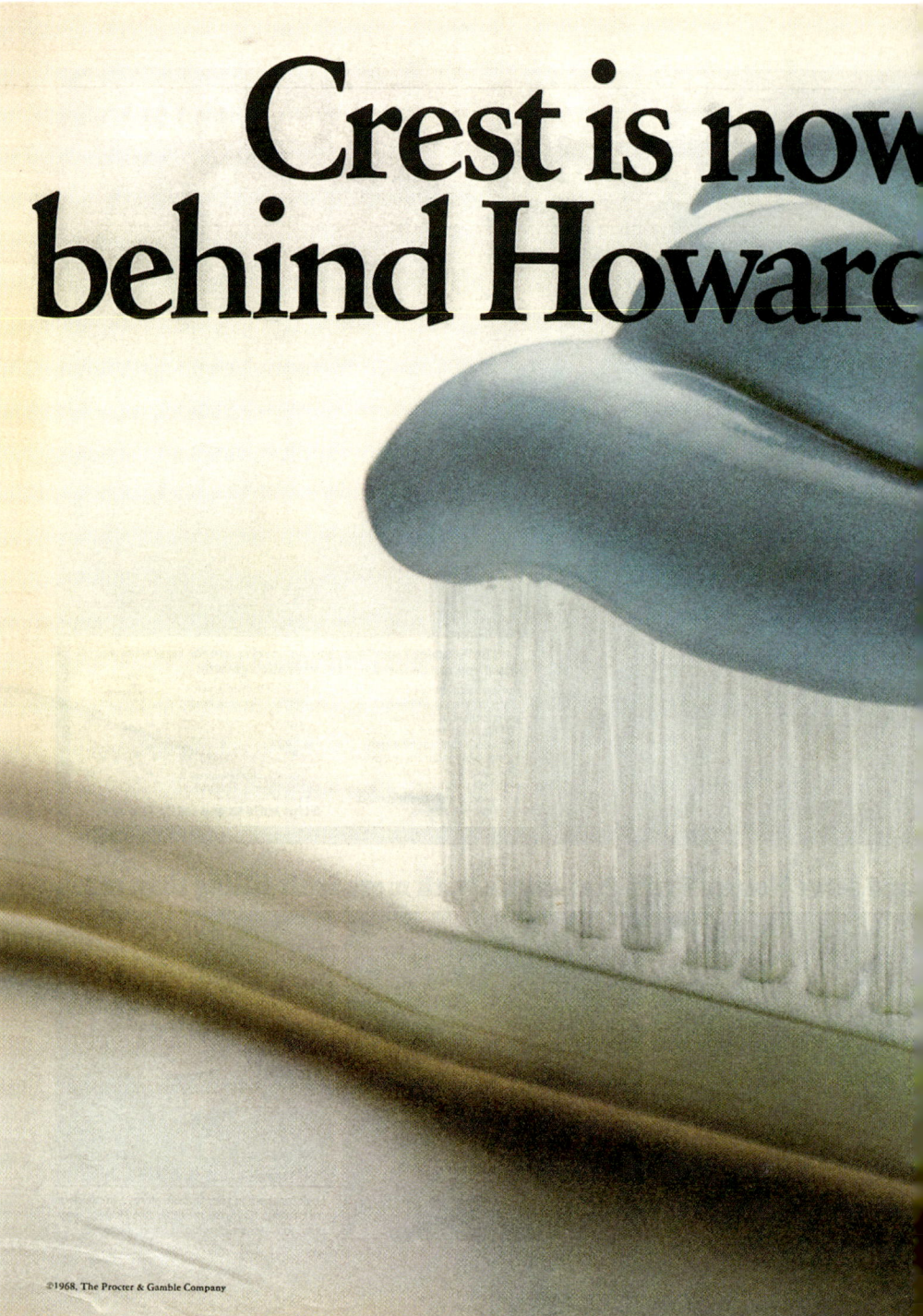

Crest is now
behind Howarc

Crest-Anzeige, USA, 1968
Auftraggeber: The Procter & Gamble Company
Werbeagentur: Benton & Bowles

only 26 flavors
Johnson's

And we're going to stay right there. Crest isn't out to make fancy flavors. Crest is in the business of preventing cavities. When we came out recently with a second flavor—new mint—we did it so more people than ever could enjoy the benefit of our exclusive cavity-fighting stannous fluoride formula.

Why are we telling you this? Well, we got this letter: "Dear Sir, My favorite is vanilla fudge. When can you make that flavor in Crest?" It was signed, Stephanie Becker, 7 years old.

We answered, "Dear Stephanie, We're sorry but you'll have to enjoy vanilla fudge from an ice-cream cone. Crest only comes in mint and regular flavors. We think both taste pretty good.

"But if you remember to see your dentist regularly, watch between-meal treats, and brush after eating with Crest—you'll enjoy your vanilla fudge a lot longer."

The next place.

Locked between two massive peaks of the Andes, and balanced at the edge of a sheer, menacing abyss, lie the ruined palaces and temples of an Incan city.

Machu Picchu.

The jungle growths that obscured Machu Picchu for centuries have been cleared away.

But the natives swear the ancient gods still linger, laughing and whispering among themselves.

Whispering of the graceful Incan maidens who filled this hidden city, who served only them.

Laughing, and waiting.

A well-traveled American once said: "I never felt anything like it. From Machu Picchu, you can see the whole world."

Near the hotel at Machu Picchu are trails along which Incan runners once carried messages.

They lead, it is said, to lost cities even more spectacular than Machu Picchu.

And to forgotten lakes, where the Incas hid their treasures from the Conquistadors.

When you come to Peru, you'll find many mysteries like these only a few hours (and a few thousand years) from the sophisticated city of Lima.

Providing you know where to look.

Since we have more flights to Lima from this country than anyone, we'll be more than happy to give you directions.

Just write Braniff International, Exchange Park, Dallas, Texas 75235. Or see your travel agent.

Braniff International's Peru.

Braniff-Anzeige, USA, 1968
Auftraggeber: Braniff International
Werbeagentur: Wells, Rich, Greene

We're so fussy, we even have a guy who picks through the bananas picked by the guy who picked through the bananas the pickers picked.

Chiquita-Anzeige, USA, 1967
Auftraggeber: United Fruit Company
Werbeagentur: BBDO

In Jamaica, when men go to work in ankle-length robes and ladylike wigs, it's The Law.

Jamaican justice is impressive. It's a quiet courtroom on a still, sultry morning. Judges and barristers in full work dress. Overhead, circling fans. In the back, packed-in spectators. Silent. Listening.

It may be a drama of passion. (He and she and she.)

Or theft. ("The accused, m'lord, stole 2 dozen brassieres, 1 dozen white, 1 dozen black, size 32A, from Woolworth's.")

Or a street squabble. (The judge's job is often just a verbal spanking.)

Every word is hung on.

A Jamaican explains: "Even under slavery, there were two places in which a person, slave or slavemaster, could feel equal. In the church he was equal in the sight of God and in court he was equal in the sight of justice. You can credit England for that."

Credit England, too, for the formal style of our courts.

And also for our good Police Constabulary (2,730), trained and run like an army.

And for our good little army (about 800). Run something like a summer camp. (Training: 3 months a year.)

And for our good newspaper. Read "The Gleaner" for world news, local shows (The Pantomime), jazz festivals (Soul Time '68!), and typographical errors. They're famous. Like the story of a man who ran off with another man's wife *and* his car and who was charged, among other things, with "petted theft."

For more about our heritage, humor and human errors, see your local travel agent or Jamaica Tourist Board in New York, San Francisco, Miami, Chicago, Los Angeles, Toronto, Montreal.

Jamaica-Anzeige, USA, 1968
Auftraggeber: Jamaica Tourist Board Werbeagentur: DDB

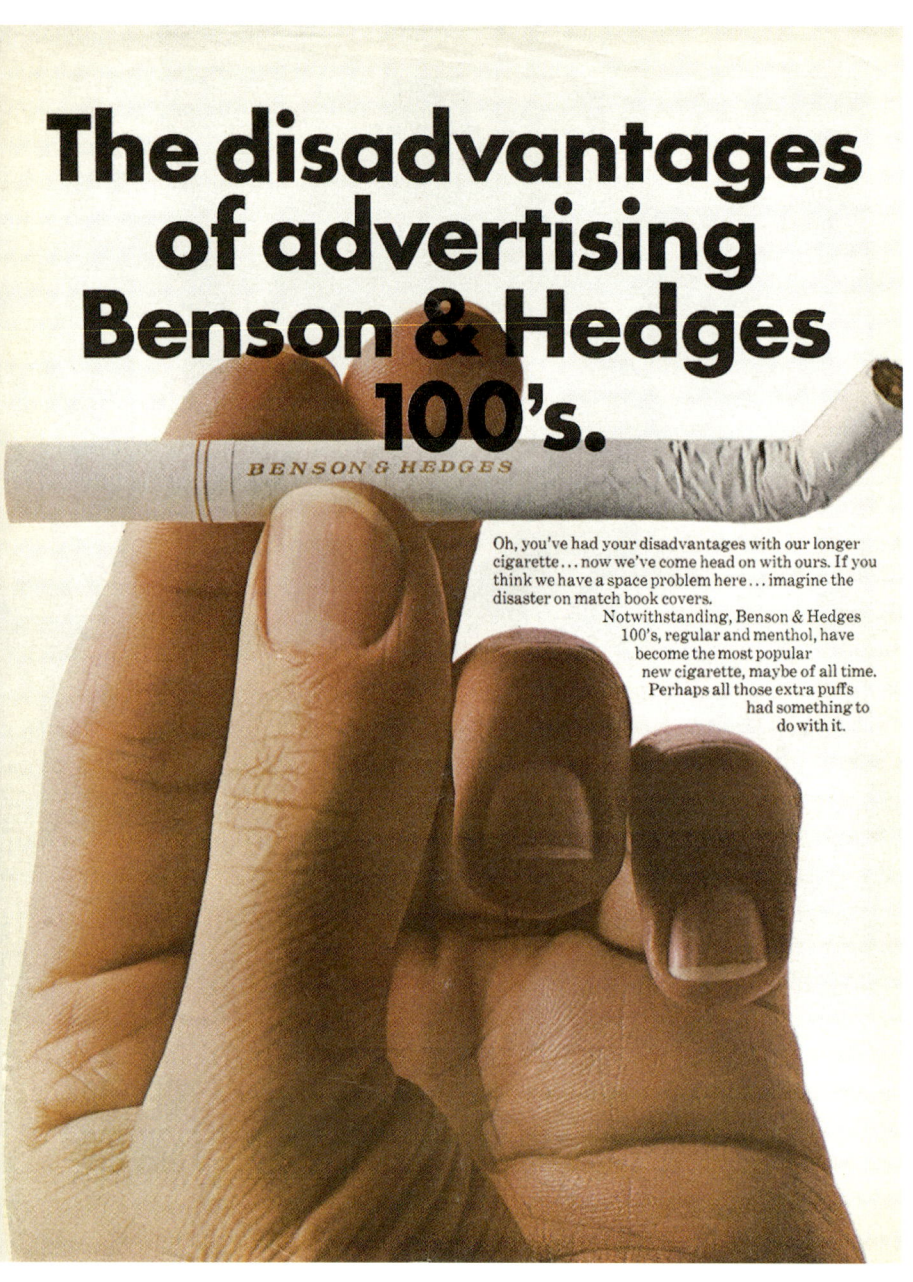

The disadvantages of advertising Benson & Hedges 100's.

BENSON & HEDGES

Oh, you've had your disadvantages with our longer cigarette... now we've come head on with ours. If you think we have a space problem here... imagine the disaster on match book covers.

Notwithstanding, Benson & Hedges 100's, regular and menthol, have become the most popular new cigarette, maybe of all time. Perhaps all those extra puffs had something to do with it.

Benson & Hedges-Anzeige, USA, 1967
Auftraggeber: Philip Morris Company
Werbeagentur: Wells, Rich, Greene

140

T TOOK A WINE MERCHANT TO BLEND A SCOTCH THIS PLEASING TO THE PALATE.

Ever since the late 1600's, BERRY BROTHERS & RUDD, have affixed their personal label to some of the world's most expensive and pleasing potions. And their shop in London has attracted a parade of peers, poets and prime ministers to its door.

Lords tippled here.

Naturally, when BERRY BROTHERS & RUDD created a Scotch Whisky, they blended it to meet the expectations of noble tastes. The result was Cutty Sark Scots Whisky. A Scotch of uncommon breeding and distinctive smoothness.

Today, you can obtain Cutty Sark from your neighborhood spirits merchant, secure in the knowledge that it will live up to its heritage. You'd expect no less from the people who provided Napoleon III with claret, Beau Brummel with chambertin, and Lord Byron with port.

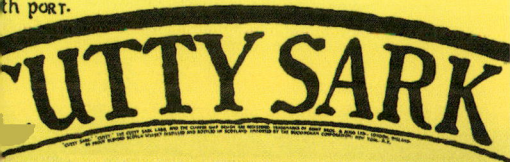

CUTTY SARK

Cutty Sark-Anzeige, USA, 1978
Auftraggeber: Buckingham Corporation
Werbeagentur: Scali, McCabe, Sloves

The first advertisement for scotch by someone who doesn't touch the stuff.

BY DAVID FROST

"WE'D LIKE YOU to write an insiders' guide to London for all those globetrotting high-livers who read our advertisements," the Teacher's people said.

"Delighted," I told them. "As long as you don't mind the fact that I only drink wine and haven't touched a drop of Scotch—even Teacher's—in years."

They checked back...no, the Teacher's people back in Scotland were very tolerant individuals...the thought of publishing the first advertisement for Scotch by someone who doesn't touch the stuff quite appealed to them, and anyway they needed the guide to London.

So here goes:

The capital of England is now in Switzerland—according to the gnomes. But London still goes on from strength to strength...London, city of trim mod beauties with long flowing hair, tight waists, ornamental handbags and rosebud lips. And the girls look pretty good, too.

American men always think that British girls are reserved. That's not true.

But it is difficult to book one at the last minute.

The great buildings and monuments of London seem more impressive than ever...

There is Cleopatra's Needle which is 69 ft. high...Cleopatra had very bad eyesight...

Covent Garden where with admirable town planning opera singers and tomatoes are placed side by side...

The house in Grays Inn where Charles Dickens wrote Little Dorrit. And the house in Old Compton Street where Little Dorrit wrote him back again.

Not to mention the memorials to King Henry the Eighth, the original host of Queen for a Day, and to Anne Boleyn, the first English Queen to go topless.

And so to Westminster Abbey where the famous men of Britain's past lie buried. And the Houses of Parliament where the famous men of Britain's present lie buried. This is the center of London, the model for constitutions which half the independent nations of Africa have overthrown.

And then there's the food.

Sometimes, when people say that English cooking is some of the best there is, they mean that London has some of the best French, Italian and Chinese restaurants in the world...but that's not altogether fair.

Admittedly London has imported from the States the penchant for the fractionally over-descriptive menu—

"Rich succulent farm-fresh dawn-gathered dew-drenched sun-kissed" means "Frozen". "From the garden of England, royal King Edward potatoes dug from the rich soil of Kent and deep-fried in sizzling olive oil" means "chips". And "A tangy elusive vanilla sauce, the secret centuries-old recipe of hooded monks" adds up to "custard".

Nevertheless, food in London can be an unforgettable experience.

It's difficult to pick the number one restaurant but, if any three from Keats, Le Gavroche, Le Coq d'Or, Chez Solange, Parkes, Carrier's and the Connaught Hotel figure somewhere on your list, you will have eaten better than anywhere else in Europe.

Europe, incidentally, is not a subject you will find on everybody's lips in London.

The Market as such remains decidedly Common; 'Europe' is still by definition a place that does not include England; and Hell to an Englishman is still a place where the Germans are the police, the Swedish are the comedians, the Italians are the defense force, Frenchmen dig the roads, the Belgians are the pop singers, the Spanish run the railways, the Turks cook the food, the Irish are the waiters, the Greeks run the government, and the common language is Dutch.

The number one exclusive store in London is still a title shared by Aspreys and Harrods—though it's no longer true that you can walk into Harrods and buy an elephant...you can walk in and order an elephant.

The number one tailor is Doug Hayward.

The number one department store is Marks and Spencer.

The number one clubs are Annabel's and the White Elephant.

And whichever statistics you look at, the number one Scotch is Teacher's.

And how's that for a happy ending?

Teachers-Anzeige, USA, 1973
Auftraggeber: Chieffelin & Co.
Werbeagentur: Della Femina, Travisano & Partners

141

Hush Puppies-Anzeige, USA, 1987
Auftraggeber: Hush Puppies
Werbeagentur: Fallon McElligott

The Economist-Anzeige, GB, 1991
Auftraggeber: The Economist
Werbeagentur: Abbott Mead Vickers . BBDO

LOW TAR As defined by H.M. Government
Warning: SMOKING CAN CAUSE LUNG CANCER, BRONCHITIS AND OTHER CHEST DISEASES
Health Departments' Chief Medical Officers

Silk Cut-Anzeige, GB, 1987
Auftraggeber: Gallaher Tobacco
Werbeagentur: Saatchi & Saatchi

144

der Einführungsanzeige: *Der neue Volkssport: Golf.* Erster Verstoß: Das Design des New Beetle ist in den Vereinigten Staaten entwickelt worden. Das ist letztlich konsequent, denn die Idee zum New Beetle hat ebenfalls in den USA das Licht der Welt erblickt. Konzernpolitisch ist es auch sicherlich zu verstehen, dass die Volkswagen-Spitze die Designer in Amerika machen ließ. Markentechnisch war es keine so gute Idee. Denn sieht man genau hin, so ist die formale Verwandtschaft des New Beetle mit seinem alten Vorbild nur auf höchst zweifelhafte Weise geglückt. Zwar kann man, wenn man das Auto von der Seite betrachtet, sicherlich sagen, dass seine Form gelungen ist: im Stil des Käfers, aber attraktiv modernisiert. Hingegen wenn man ihn von vorn, mehr noch, wenn man ihn von hinten betrachtet, muss man zu dem Urteil kommen, dass es sich bei seiner Form doch mehr um die Karikatur einer Verwandtschaft handelt. Gerade die Querfalte auf halber Höhe, die die Rückpartie des New Beetle teilt, eine Art Rockschoß, verstößt gegen die über Jahrzehnte gepflegte Formenwelt des Käfers. Und das völlig unmotiviert quadratische Rückfenster ist nicht nur formal ästhetisch unpassend. Es ist auch falsch gedacht. Es ist nämlich völlig käferuntypisch; an Käfern gibt es keine rechten Winkel. Käfer sind überall abgerundet, das beweist uns die Natur an jedem einzelnen Exemplar.

Mit anderen Worten: Der New Beetle verstößt gegen morphologische Grunderfahrungen. Gegen das, was wir alle über Käfer wissen, auch über Käfer-Autos. Seine Form zitiert zwar unentwegt den VW-Käfer. Aber zugleich denunziert sie ihn. Sie übt Verrat am alten Herbie. Sie versteht den Käfer nicht mehr wirklich, sie macht ein Design-Objekt daraus. Und das dürfte es sein, was die Verbraucher spüren und was sie letztlich vom Kauf abhält. Während man beim Original-Käfer das gute Gefühl hatte: *form follows function*, kommt der New Beetle gegenläufig daher: *function follows form*. Und das muss im Automobildesign schief gehen.

Der Käfer war ursprünglich ein deutsches, ein Wolfsburger Produkt, und das wird er immer bleiben. Kein amerikanischer, kein japanischer Designer hat die kulturellen Prägungen durchlaufen, die ihn zur Entwicklung solcher Formen befähigen, die ihm diese Formen ins Auge geben und von dort aus in die Hand. Die Kultur, aus der wir stammen, setzt sich in den Formen, die wir entwickeln, immer durch. Es ist also deshalb zu bezweifeln, ob europäische, speziell deutsche Autofahrer, die noch von der ursprünglichen Käferkultur geprägt worden sind, beim Anblick des New Beetle das erwünschte Identifikationserlebnis haben. Ob sie den New Beetle wirklich als den originären Nachfolger des alten Käfers identifizieren. Unabhängig davon aber hat Volkswagen einen zweiten Verstoß gegen den alten Markenmythos begangen, der vielleicht noch schwerer wiegt. Er betrifft den Preis.

Der New Beetle hatte bei seiner Einführung den pompösen Kaufpreis von 32.000 DM, das war den meisten potenziellen Käufern eines Fun-Autos im >Retro-Design ganz offenbar zu viel, jedenfalls hier bei uns. Aber unabhängig davon, ob das Auto vom Hersteller objektiv zu teuer eingeordnet worden war, kostete es auch *subjektiv* bei weitem zu viel. Zu den Urtugenden der Marke, zu den entscheidenden Qualitäten des klassischen Käfers gehört schließlich, dass er das *Basis*modell aller Automobile war. Wie schon gesagt:

146

Er stellte die Grundausstattung an Auto dar, das demokratische Automobil schlechthin. Und entsprechend niedrig, ja bescheiden war sein Preis. Der New Beetle durfte, gemessen an den heutigen Autopreisen und an den Eckdaten seiner Markengeschichte, bestenfalls die Hälfte kosten, d. h. 16.000 Mark. Mit diesen 16.000 Mark wäre er für die Zielgruppe der Nostalgieanfälligen wie für die agilen Yuppies, aber auch für jugendliche Einsteiger zweifellos ein interessantes Angebot gewesen.

So aber, bei 32.000 Mark, entsteht der Eindruck, als hätte der New Beetle seine Ahnen verraten, als wolle er gegen die geheiligten Grundsätze der Familie verstoßen. Als wäre mit dem damaligen Käfer ein harter Arbeiter abgetreten und mit dem New Beetle nun plötzlich ein windiger Vetter aus Dingsda in aufdringlichen Designerklamotten auf dem Plan erschienen. Das mag in den USA, wo der Käfer schon immer der Prototyp des Fun Cars war, nicht weiter ins Gewicht fallen. Wer sich dort den Spaß des New Beetle finanziell leisten kann, wird es tun. Und natürlich wird dabei ein weiteres Kapitel des amerikanischen Käfermythos geschrieben.

Hier in Deutschland und Europa aber, wo die Beteiligten viel näher am Käfer dran sind und wo die Tugenden des alten Volkswagen viel intensiver erlebt und verinnerlicht worden sind, kann der New Beetle nicht verfangen, ganz einfach, weil er, gemessen an seinem Vorgänger, kein wirklicher Käfer ist, sondern nur eine überteuerte Mogelpackung, ein Verstoß gegen den Markenmythos, den man nicht akzeptieren mag.

Zurück in die Zukunft, Teil 2

„Ich verstehe zwar nicht so viel von der Vergangenheit, schon gar nicht von der Vergangenheit von euch Werbern, mich hat es da ja noch nicht gegeben", hat Dominique gesagt, „aber schreib ruhig mal weiter dran rum. Wenn ich es richtig zusammensortiere, sagst du doch, dass für die Marken die eigene Vergangenheit ziemlich wichtig ist, dass sie davon geprägt werden und, dass sich ihre Geschichte in ihnen wieder findet. Aber die Werber wollen von der eigenen Vergangenheit lieber nichts wissen. Die tun so, als würden diese Gesetze für sie selbst nicht gelten. Kann man das so sehen?"

Man kann, Dominique. Ich will eine These formulieren, in der es um den Zusammenhang zwischen Nationalsozialismus und Werbung geht. Eine These, die die Berliner Jahre nach dem Ersten Weltkrieg zum Ausgangspunkt nimmt und die uns schließlich wieder in die Gegenwart zurückbringt auf dem Umweg über Düsseldorf und Frankfurt am Main.

Punkt 1. Der Erfolg der Nazis in Deutschland ist in der Tat bis zu einem gewissen Grad der Erfolg der werblichen Verführung gewesen. Wobei allerdings die politischen Faktoren im damaligen Deutschland, also die Kriegsfolgen aus dem Ersten Weltkrieg sowie die Weltwirtschaftskrise, nicht übersehen werden sollten. Deutschland stürzte in jenen Jahren aus der Position einer wohlhabenden, entwickelten Industrienation, ja einer Weltmacht, auf das Niveau eines verarmten Schwellenlandes und kam damit nicht klar.

Punkt 2. Es hat eine Menge Leute gegeben, denen dieser Aspekt seinerzeit außerordentlich gelegen kam und die dieses Moment der Verführung durch die Nazi-Reklame später gern besonders

148

betont haben, weil dadurch die Frage nach der eigenen Verant-
wortlichkeit in den Hintergrund rückte. Das prägte die Lebenslügen in vielen deutschen Familien, an Schulen und Universitäten,
aber auch in der Nachkriegspolitik und wurde zu einem wesentlichen Faktor der Entschuldigung sogar intelligenterer Zeitgenossen
für die Ereignisse zwischen 1933 und 1945.

Punkt 3. Wenn dem aber so war, dass der Erfolg der Nazis auch ein
Erfolg der Verführung, der Propaganda war, so diskriminierte dies
nach dem Krieg auf lange Zeit jeden Beruf, der mit solch reklame-
haften Inhalten zu tun hatte. Werbung ist nach dem bitteren Rein-
fall der Deutschen mit ihrem Nationalsozialismus zunächst ein mit
reichlich Misstrauen betrachtetes Gewerbe gewesen.

Wobei den kritischeren Zeitgenossen der vorurteilslose Umgang
mit der Werbung nicht unbedingt erleichtert wurde, weil in der
krausen Übergangszeit der Fünfzigerjahre, als in Deutschland
Wohlstand, Konsum und Frieden wieder entdeckt wurden und
parallel dazu die ersten eher erheiternden Schritte der Nachkriegsreklame zu besichtigen waren, ein nicht unwesentlicher Teil der
deutschen Werbemenschen noch immer aus Leuten bestand, die
vor 1945 als Mitarbeiter des schon erwähnten Reichspropaganda-
ministers Joseph Goebbels oder des Großdeutschen Rundfunks hervorgetreten beziehungsweise als Mitarbeiter deutscher Geheim-
dienste möglichst gar nicht hervorgetreten waren. Hier hatten sich
teilweise ganze Seilschaften in entnazifiziertes Gelände hinüber-
gerettet.

Punkt 4. Zu den Schwierigkeiten, vor die sich die Werber in diesen
Jahren in Deutschland gestellt sahen, gehörte folglich die Not-

wendigkeit, ein neues, unverdächtiges Berufsbild aufzubauen, eine ähnlich neue unverbrauchte, nicht missbrauchte Sprache und neue unverfängliche Stilmittel zu entwickeln. Es ging darum, die Werbung generell erst einmal wieder dahin zu bringen, dass sie von der Öffentlichkeit als Informations- und Unterhaltungsmittel akzeptiert wurde. Das war mehr als nur eine beiläufige Formalie.

Dies ist der Punkt, wo Düsseldorf und Frankfurt am Main ins Spiel kommen, die zu den ersten Zentren der neuen Werbung in Deutschland werden sollten. Denn diese Erneuerungsarbeit wurde ausschließlich in den beiden genannten Städten geleistet, wenn auch, wie wir sehen werden, auf ganz unterschiedliche Weise. Ich will versuchen, es an zwei Beispielen zu verdeutlichen.

Zu Beginn der Siebzigerjahre gestaltete die Düsseldorfer Niederlassung der Schweizer Agentur GGK eine Kampagne für die CMA, die Marketinggesellschaft der Deutschen Agrarwirtschaft, die Produkte der deutschen Bauern vermarktet – noch heute. Diese Kampagne hatte den plakativen Titel *Schöner Essen* und fiel ziemlich positiv auf. Sie nahm vorweg, was die Nouvelle Cuisine der Achtzigerjahre als ihre große Entdeckung offerierte, nämlich dass Essen nicht zuletzt ein Ereignis für die Augen ist. Folgerichtig tat die Kampagne aus Düsseldorf auch nicht wesentlich mehr, als die optischen Schönheiten des Essens zu vermitteln, und sie tat dies gut. Plötzlich gab es attraktive Gegenentwürfe zum biskingebrutzelten Schweinsbraten mit Standardtunke und Maggi-Fixsoßenbinder, der das Bild von der deutschen Küche bis dahin geprägt hatte. Essen war plötzlich ein Vergnügen für die Augen, nicht mehr nur eine Methode, den Hunger zu stillen.

Etwa um die gleiche Zeit brachten Walter Lürzer und Michael Conrad, damals noch bei Ogilvy & Mather in Frankfurt am Main, eine Anzeige für die Lufthansa zu Stande, die für Sondertarife warb. Das Foto dieser Anzeige stellte eine Gruppe demonstrierender Studenten dar und die Schlagzeile lautete: „Verlasst unser Land. Mit 25 Prozent Ermäßigung."

Ich behaupte, dass die *Schöner Essen*-Kampagne typisch für Düsseldorf war und ist, die Lufthansa-Anzeige hingegen typisch für Frankfurt, weil beide sehr anschaulich zeigen, welch unterschiedliche Wahrnehmungssysteme die beiden Städte besitzen und welch unterschiedliche Anregungen sie verarbeiten. Düsseldorf hat sich – pauschal gesagt – stets mehr für die äußeren Erscheinungsformen der Dinge interessiert; Frankfurt ist diesen Dingen in der Regel lieber auf den Grund gegangen.

Heute schauen wir mit einem Abstand von mehr als einem Vierteljahrhundert auf die heftige Auseinandersetzung der damaligen Jugend mit ihrer Elterngeneration. In Frankfurt fanden diese Auseinandersetzungen auf den Straßen desselben Stadtviertels statt, in dem die Banken und die großen Werbeagenturen ihr Quartier hatten – im Westend. Die Demonstrationen und Straßenkämpfe gehörten eine Zeit lang zur täglichen Realität, waren Teil der Arbeitswelt, waren eine Art Ritual, verursachten Ärger oder auch Nachdenken. Immerhin, wenn vor dem amerikanischen Generalkonsulat in der Siesmayerstraße demonstriert wurde, zogen die Tränengasschwaden vor den Fenstern von J. Walter Thompson vorbei, einem der amerikanischen Agentur-Multis, der seine Büros in unmittelbarer Nachbarschaft des Konsulats hatte. Mit anderen

151

Worten: In Frankfurt kamen die Werber täglich mit einer erheblich raueren Spielart der politischen Wirklichkeit in Berührung als in der Spaßstadt Düsseldorf. Und das hatte natürlich auch Einfluss darauf, wie man seinen Beruf verstand.

Als dann 1968 in Frankfurt auf dem Höhepunkt der Querelen die Druckereien der BILD-Zeitung in der Frankenallee von Studenten boykottiert wurden, waren zahlreiche Medienschaffende aus Zeitungen, Verlagen, Rundfunk- und Fernsehanstalten auf Seiten der Rebellen. Es wurden auch allerlei Werbeleute gesichtet, die sich mit Wasserwerfern und berittener Polizei herumschlugen.

Es ist also wohl kein reiner Zufall, wenn die Lufthansa-Anzeige in Frankfurt entstand, denn sie parodierte das für Frankfurt seinerzeit typische politische Klima mit einem dazu passenden eher intellektuellen Humor.

Bis Düsseldorf drang dieser studentische Protest seinerzeit nicht vor. Düsseldorf hatte andere Themen, andere Orientierungen. Tatsache ist (und das ist nicht unbedingt diskriminierend gemeint), dass Düsseldorf pragmatischer ist als Frankfurt, dass dort intensiver gelebt und genossen wird, dass vieles exzessiver geschieht als in Frankfurt. Jedenfalls macht es Sinn, im Zusammenhang mit unserem Thema die beiden Städte zu vergleichen, denn die ersten Erfolg versprechenden Schritte, die der Nachkriegswerbung in Deutschland zu einem eigenen Selbstverständnis und zu einem eigenen Look verhalfen, wurden nicht in Frankfurt, sondern in Düsseldorf unternommen, und zwar Mitte der Sechzigerjahre. Man kann es auch so beschreiben: Als Frankfurt noch mühevoll die Vergangenheit aufarbeitete, probte Düsseldorf bereits fröhlich und

152

lautstark die Gegenwart. Man kann es noch heute in den damaligen Jahrbüchern der Werbung sehen: Was in dieser Zeit von Düsseldorfs Agenturen entwickelt wurde, lehnte sich zunächst durchaus in vielen Fällen sehr geradlinig an ausländische Vorbilder an, vor allem an die der amerikanischen und der Schweizer Werbung. Aber allein schon dieser Blick über den Zaun hatte etwas für alle Beteiligten grundsätzlich Befreiendes. Es war der Akt der Abnabelung von den alten Gespenstern von gestern.

Die Kampagnen, die der Düsseldorfer Ableger der amerikanischen Kreativagentur DDB seinerzeit für Volkswagen machte, hatten für viele Kreative in Deutschland, auch für die Frankfurter, fundamentalen Vorbildcharakter, weil sie bewiesen, dass Werbung informativ, seriös *und* witzig zugleich sein konnte. Gleichzeitig demonstrierten sie, dass solche Werbung auch ökonomisch erfolgreich sein konnte – eine Werbung, die den Leser als denkendes Wesen erstmals richtig ernst nahm. Mit diesem aus den USA übernommenen Stil, den die Agentur geschickt auf die Mentalität deutscher Verbraucher abstimmte, übernahm die deutsche DDB-Niederlassung auf Jahre hinaus eine kreative Leitfunktion in der deutschen Agenturszene.

Anders die Rolle der GGK. In Basel in der deutschsprachigen Schweiz zu Hause, direkt an der Grenze zur Bundesrepublik gelegen, erarbeitete sich die GGK Ende der Sechzigerjahre eine führende Position unter den originär deutschsprachigen Werbeagenturen. Das hatte auch damit zu tun, dass die GGK als Schweizer Agentur frei war von den latenten politischen Belastungen deutschen Kalibers. Diese Unbefangenheit zeigte sich ein ums andere Mal in den frischen und unkomplizierten Kampagnen der Agentur, nicht zuletzt auch in einem ausgesprochen einfallsreichen Umgang mit der Sprache. Für die Sektmarke Söhnlein etwa erfanden die Schweizer einen kleinen, adrett gekleideten >Presenter und nannten ihn „das Söhnlein von Söhnlein". So was war in Deutschlands Werbung bisher, abgesehen vielleicht vom Sarotti-Mohren, der inzwischen auch der Political Correctness geopfert worden ist, noch nicht vorgekommen.

Und weil die Agentur mit sicherem Gespür wahrnahm, dass da auf dem deutschen Markt ein Nachholbedarf existierte, wagte sie folgerichtig den Schritt nach Deutschland, und zwar – ebenso folgerichtig – nicht nach Frankfurt, sondern nach Düsseldorf. Seit 1970 wuchs die Agentur gleichfalls in eine einflussreiche Position hinein, mit Kampagnen für Ford, Volkswagen, IBM, Bluna, Peter Stuyvesant und, wie erwähnt, die CMA. Wobei sie in ihren Arbeiten häufig lockerer und anarchistischer auftrat als die insgesamt sehr prinzipienfeste und rigide DDB.

Und Frankfurt? Frankfurt wies zu dieser Zeit zwei Typen von Agenturen auf. Da waren einmal die amerikanischen Multis, also McCann, J. Walter Thompson, Ogilvy & Mather, Young & Rubicam, Ted Bates, FCB, die nach Frankfurt kamen, weil die Amerikaner 1945 nach Frankfurt gekommen waren und weil Frankfurt seinerzeit tatsächlich eine Art Mittelpunkt des Wirtschaftslebens in der Bundesrepublik darstellte. Sie betrieben ihre Geschäfte auf professionelle amerikanische Art, ohne Identitätsprobleme, ohne ideologische Standortsuche. Und da waren die „klassischen" deutschen Agenturen wie Brose, Slesina und Aschke, die in den –

154

wie beschrieben – gewachsenen Traditionen der deutschen Reklame den Schritt in die Zukunft probierten, darin aber auch stecken
blieben. Von keiner dieser beiden Gruppen gingen zunächst
bemerkenswerte kreative Impulse aus.

Das änderte sich in dem Maße, in dem sich die kreativen Innovationen Düsseldorfs als spürbarer Faktor im Wettbewerb der Agenturen bemerkbar machten und die Frankfurter Kreativen von
dieser Herausforderung erreicht wurden. Das geschah etwa 1972.

Zwei Ereignisse verdienen es besonders, in diesem Zusammenhang
erwähnt zu werden. Einmal die wirklich beispielhafte Arbeit von
Pete Peabody bei Young & Rubicam in Frankfurt, die der deutschen Werbung eine Reihe von brillanten, stilprägenden Kampagnen gaben: Air France, Chiquita, Fleurop, Jim Beam, die lila Kuh
von Milka, auch sie einer der großen Markenerfolge der deutschen
Werbung – eine Werbefigur, die sich übrigens eher beiläufig und
nebensächlich aus der Idee für eine Verkaufsförderungsaktion entwickelte. Zum anderen die Gründung der deutschen Niederlassung
der französischen Agentur TBWA, mit der Walter Lürzer und
Michael Conrad unübersehbar die Szene betraten. Peabodys
Arbeit bei Young & Rubicam wurde nach seiner Rückkehr in die
USA nicht systematisch fortgesetzt. Die Tätigkeit von Lürzer und
Conrad aber, die beide vor TBWA schon sehr gute Arbeiten bei
Ogilvy & Mather abgeliefert hatten und bald eine eigene, sehr
schnell sehr erfolgreiche Agentur gründeten, sollte reiche Früchte
für die Frankfurter Werbung tragen.

Wenn wir an dieser Stelle einen Strich ziehen und die Zwischen-
summe betrachten, dann fällt sie folgendermaßen aus:

155

Hier Düsseldorf, eher naiv und vitalistisch, mit einem ungebroche-
nen, aber auch unreflektierten Glauben an die positiven Einfluss-
möglichkeiten, an das Gute der Werbung, an die allgemeine
Akzeptanz dieses Mediums, an seine politische Verträglichkeit. Die
Stadt, in deren Werbung die Bilder die Hauptrolle spielen, in der
die Art Directors wichtiger als die Texter sind. Die Stadt auch mit
dem Drang nach Selbstfeier und Selbstüberhöhung, ein Ort, wo
Werbeagenturen eine prägende Rolle im Wirtschafts- und Gesell-
schaftsleben übernehmen und wo immer wieder der Versuch
gemacht wird, tragfähige Brücken zwischen Kunst und Werbung
beziehungsweise zwischen Werbung und Wirtschaft zu bauen.
Gerade die geschickt kalkulierte These des Düsseldorfer Kreativen
Michael Schirner aus den Achtzigerjahren, Werbung sei die Kunst
von heute, die Art Directors seien die Leonardo da Vincis der
Gegenwart und die auftraggebenden Unternehmen die dazu passenden Medici der Moderne, konnte in ihrer unverhohlenen Eitelkeit, in ihrem blank geputzten Narzissmus und in ihrer Tendenz
zur Überhöhung der Werbung und ihrer Macher nur in Düsseldorf
entstehen. In Frankfurt fand man solche Überlegungen eher affig.
Und dann Frankfurt auf der Gegenseite, die Bankenstadt mit
ihrer linken Universität, zugleich mit ihren amerikanischen Profi-
agenturen – business as usual –, mit ihrer vom Kapital und der
Kapitalismuskritik gleichermaßen geprägten Stadtkultur, in der
Werbung keine übermäßig respektierte Rolle spielte. Eine Stadt
mit eher skeptisch-intellektueller, manchmal auch schon wieder
verklemmter Lebenssicht, die sich auch auf das Verständnis der
Kreativen für Werbung auswirkt, und das nicht immer positiv. In

der Frankfurter Werbung spielten die Worte eine erheblich wichtigere Rolle als in der Düsseldorfer. Frankfurt hielt es deshalb auch viel mehr als Düsseldorf mit Anzeigen als mit Filmen; die Wirkung der Frankfurter Werbung hing folglich davon ab, dass man sie nicht nur sah, sondern auch las. Die Beispiele dafür finden sich im Bildteil dieses Buches.

Freilich, die Vergangenheit kam bei alledem speziell in Düsseldorf zu kurz, das hat mit den Düsseldorfer Oberflächlichkeiten zu tun, wofür die Düsseldorfer Werber auch lange eine gewisse Verachtung von Seiten ihrer Frankfurter Kollegen ernteten. Aber das ist nicht unbedingt eine Frage von individuellem Desinteresse. Es hat vielleicht auch damit zu tun, dass die Düsseldorfer Werber lange Zeit konsequenter und purer Werbemenschen waren als die in Frankfurt. Dass sie auf diese Weise weit mehr Zeit in ihrer geschlossenen Kultur verbrachten, dass sie mehr unter sich waren, während man als Werber in Frankfurt unentwegt mit Themen von außerhalb konfrontiert wurde, seine Anregungen für die tägliche Kampagnenarbeit also einem viel dynamischeren, politischeren, widersprüchlicheren Umfeld entnahm.

An Frankfurt war zu beobachten, was passiert, wenn die Werbung die Spannungen des Alltags integriert, an Düsseldorf, wie Werbung wird, die diese Spannungen ausblendet oder übersieht.

157

Ein Bild lügt mehr als tausend Worte

Gehen wir für einen Moment zurück ins Jahr 1968. Das war das Jahr, in dem Daniel Cohn-Bendit und die französischen Studenten im so genannten Pariser Mai General de Gaulle nur fast gestürzt hatten, dafür aber Leonid Breschnew den Exponenten des Prager Frühlings, Alexander Dubček, doch ganz knapp. Nachdem die russischen Panzer in Prag eingerollt waren, begannen die östlichen Geschichtsfälscher umgehend und bienenemsig mit ihrer Arbeit, wie das spätestens seit Josef Stalin üblich war. Dazu gehörte auch, dass alle offiziellen oder offiziösen Fotografien an die neueste politische Entwicklung angepasst wurden. Die Zensoren schnitten also die Reformer kurzerhand aus allen Fotos heraus und retuschierten die Reste rabiat wieder zusammen. Danach blieben Gruppenfotos übrig, die eine völlig neue Wirklichkeit verkündeten, auf denen nur moskautreue Politiker zu sehen waren. Rein fotografisch ergab dies ein Resultat, als hätte es den Prager Frühling nie gegeben.

Freilich kam es vor, dass es auch dabei mal etwas zu lachen gab oder zu weinen. So wurde eines Tages ein solches verfälschtes Foto in den westlichen Medien herumgereicht, das mehrere tschechische Politiker der Moskauer Fraktion zeigte, wie sie fröhlich zusammenstanden. Was nur irritierte, war, dass ein Fuß mehr herumstand als nach Zahl der versammelten Politiker da hätte stehen dürfen. Die westlichen Archivare machten sich an ihre Arbeit und suchten das einstige unretuschierte Original. Und siehe da, der herrenlose Fuß gehörte im Original dem abgesetzten Alexander Dubček, den der Zensor natürlich aus diesem Bild herausgeschnitten hatte. Überlastet oder angetrunken oder beides, wie er war,

hatte er den Fuß des Geächteten übersehen. Er hatte seine Retu-
schearbeit ansonsten halbwegs ordentlich verrichtet, man sah keine
Unstimmigkeiten, bis auf den Fuß, dieses renitente antisowjetische
Subjekt, das hinter einem linientreuen Bein hervorragte.

Heute würde eine solche Geschichtsfälschungsarbeit um einiges
anders verlaufen, jedenfalls nicht mehr mit Kleister und Schere.
Die Moskauer Zensoren würden sich ihre raubkopierten Spezial-
programme auf die PCs laden und mit der elektronischen Bildbearbeitung, der Bildveränderung, beginnen. Und wenn sie schon
dabei wären, würden sie, da inzwischen ja wirklich alles geht, vielleicht ins Fabulieren kommen. Sie könnten beispielsweise zeigen,
wie Claudia Schiffer sich eine Schweinshaxe reinhaut. Wie der
Papst Klavier oder Balalaika spielt und dazu singt. Wie kleine
Außerirdische im Oval Office sitzen und dort Zigarre rauchen.
Wie Helmut Kohl im Oggersheimer Keller zufrieden vor seinen
schwarzen Kassen hockt.

Das Geheimnis dieser modernen Fakes, die elektronische Bildbearbeitung ist technisch ohne Zweifel eine großartige Erfindung.
Plötzlich ist es nämlich ganz einfach, dass in einem Fernsehspot
ein Auto mitten in New York in die Kanalisation abtaucht. So ge-
schehen für den Opel Tigra. Dennoch bedeutet diese neue Version
des *Everything goes* einen dramatischen Einschnitt in unsere
Kultur, denn mit den grenzenlosen elektronischen Veränderungs-
möglichkeiten wird den Bildern endgültig und unwiderruflich ihre
Wahrheit genommen. Es geht dabei weniger darum, was man alles
aus einem Foto machen kann. Wichtig ist eher, dass man nie mehr
wird feststellen können, was auf dem Original zu sehen war, weil

159

es kein Original mehr gibt. Weil es keine Methode gibt, den Originalfotos eine rechtsverbindliche Form zu geben. Da es keine fotografischen Beweismöglichkeiten mehr für die Originalzustände gibt, gibt es nur noch Fakes.

Und was hat das alles in einem Buch über Werbung zu suchen? Nun, wenn davon bisher auch noch nicht die Rede war – dies ist das Kapitel über Fernsehwerbung. Die Fernsehwerbung ist momentan die weltweit dominierende Art von Werbung und dafür gibt es Gründe. Um drei zu nennen: Das Fernsehen ist erstens der ideale Platz für große internationale Markenauftritte, für Marken also, die global geführt werden (Coca Cola, Pepsi, Nike, adidas, alles, was Fluglinie oder Kreditkarte heißt, Calvin Klein, L'Oréal, Philips, Microsoft, IBM, AOL, Yahoo!). Globale Marken bedürfen unabdingbar einheitlicher Auftritte, sie müssen überall auf der Welt auf die gleiche Weise zu erleben sein, und das ist per Fernsehen besser zu gewährleisten als in Anzeigen, die fast immer von der jeweiligen nationalen Sprache und ihrem Witz abhängig sind, während im Fernsehen weltweit die internationale Sprache der Bilder regiert. Die Filmer, die heute internationale Produkte herstellen, haben längst gelernt, dass visuelle Komik die nationalen Grenzen zu überschreiten vermag, verbale Komik hingegen nicht.

Das Fernsehen ist zweitens mittlerweile unabdingbar auf die Werbung angewiesen, weil es sich aus diesen Einnahmen refinanziert, weil es davon lebt, das Privatfernsehen zu 100 Prozent. Fernsehen und Werbung stehen heute in einem wechselseitig abhängigen Verhältnis zueinander, was dazu geführt hat, dass zumindest bei den Privaten die Werbung der alles dominierende Programmteil ist, dem jeder Wunsch erfüllt wird. Die Konsequenz: Werbung darf im Fernsehen das Programm jederzeit an jeder Stelle unterbrechen und sie darf das ständig tun, wann immer es ihr gefällt, ohne Respekt vor der Sendung, die gerade ausgestrahlt wird, und vor ihren Inhalten. Das bedeutet aber auch, dass solche Werbung vom Zuschauer beim besten Willen nicht zu ignorieren ist, weil sie sich in ihrer Dominanz ja praktisch überall dazwischen drängt. Das heißt, selbst wenn sie ihn überhaupt nicht interessiert, wenn er nicht zur Zielgruppe gehört, die angesprochen werden soll, ist er gezwungen, sie wahrzunehmen. Fernsehwerbung lässt sich nun mal nicht überblättern.

Und es gab drittens eine ganze Reihe von spektakulären elektronischen Erfindungen, die dazu beigetragen haben, dass für die Ideen und die Dramaturgie der Fernsehwerbung heute praktisch keine Grenzen mehr existieren. Und damit sind wir wieder bei der elektronischen Bildbearbeitung.

Die elektronische Bildbearbeitung ist die Konsequenz der immer umfassenderen Digitalisierung unserer gesamten Kultur. Sony hat im Frühjahr 2000 eine professionelle Filmkamera serienfertig auf den Markt gebracht, die digital 24 Bilder pro Sekunde aufnimmt und im Sendestandard reproduziert. Für die Filmleute ist das eine beträchtliche Sensation, denn es bedeutet, dass es in Zukunft möglich sein wird, Filme nach den gleichen technischen Bedingungen wie früher zu drehen, aber jedes einzelne Bild digital zu verändern.

Wenn aber Fotos und Filme heute beliebig digitalisierbar sind, dann ist auch jedes einzelne Element, jedes Pixel im Prinzip beliebig veränderbar. Für die Computer der Special-Effect-Studios ist das eine der leichteren Übungen, und wenn ich mich recht erinnere, dann hat sogar Dominique längst ein Programm in ihrer Work Station, mit dem sie eingescannte Gesichter auf das Komischste verändern kann.

Die Filmleute sprechen davon, dass mit diesen elektronischen Hilfen erstmals eine totale Dekonstruktion des Filmmaterials möglich ist, d.h., dass man aus allem Material, egal, was es zeigt, prinzipiell im Nachhinein das Gegenteil dessen machen kann, was ursprünglich gedreht worden ist. So erklärt sich, wie es passieren kann, dass – in einem TV-Spot von Jung von Matt für die Sparkassen – ein Neugeborenes seinem Vater eine Grimasse schneiden und ihm auch noch (tocktocktock) den Vogel zeigen kann. Oder dass ein Auto sich in einen Jaguar verwandelt. Ein Adler in ein Motorrad. Ein Rambo mit Waffe in ein Rindvieh. Dass ein Rindvieh sich in den Beiwagen eines Motorrads zwängen kann. Oder dass das Gesicht eines Schauspielers in drei Sekunden um dreißig Jahre altert oder sich verjüngt, dass es plötzlich Runzeln kriegt, Pickel oder einen schnellen Vollbart oder dass ihm Vampirzähne wachsen.

Oder nehmen wir den Film *Braveheart* mit Mel Gibson. Dessen endlose Kolonnen an Kämpfern sind einfach durch Computerverdoppelung entstanden. Man hat eine kleine Gruppe von Soldaten gefilmt und diese Gruppe im Computer dann vervielfältigt. Auf diese Weise lassen sich Massenszenen heutzutage mit minimalem Aufwand und entsprechend reduzierten Kosten drehen.

Die Notwendigkeiten der globalen Markenführung wie die unentwegten Innovationen der elektronischen Technik lassen sich beide übrigens auch an Formen und Inhalten der aktuellen Werbefilme

162

nachvollziehen. Denn für die global geführten Marken gibt es
längst schon entsprechende filmische Produkte, die in der Branche
global commercials genannt werden, enorm aufwändige Produk-
tionen, bei denen es ein Dreißigsekünder ohne weiteres auf Pro-
duktionskosten von ein paar Millionen Dollar bringen kann. Solche
Spots sollen natürlich mit ihrem erkennbaren Megaaufwand auch
die Größe der Marke demonstrieren, für die sie stehen. Und natürlich wären solche Kosten nur auf ein paar nationalen Märkten
allein niemals wieder einzuspielen. Ein solcher Aufwand an Pro-
duktionskosten kann sich nur rechnen, wenn der Film weltweit
zum Einsatz kommt. Diese Entwicklung nahm ihren Anfang mit
Filmen der Agentur Saatchi & Saatchi für British Airways, deren
enorme visuelle und finanzielle Opulenz den Slogan *The world's
favorite airline* für BA plausibel machen sollte, und sie ist zu beobachten an den Spots von adidas, an den Superbowl-Commercials
von Nike, an den Pepsi-Spots mit Michael Jackson, an den DDB-
Filmen für Volkswagen (Generation Golf), nicht zuletzt auch an
den weiter vorn beschriebenen Filmen, mit denen die US-Brauerei
Budweiser anlässlich der letzten Fußballweltmeisterschaft in Frankreich global in Erscheinung trat: den Filmen mit den Fröschen.
Die Filme gibt es ja wirklich, sie entstammen einer Kampagne der
amerikanischen Agentur Goodby und wurden 1996 in Cannes mit
Gold ausgezeichnet.

Wenn man diese Spots kritisch sichtet, zeigt sich übrigens noch
etwas: Solche *global commercials* müssen nicht nur ausschließlich
aus ihren visuellen Ideen heraus verständlich sein. Sie werden auch
nur dann erfolgreich sein können, wenn das, was sie zeigen, welt-

weit decodierbar ist, wenn es von allen Kulturen verstanden werden kann. Positives Beispiel, wo das funktioniert hat: die Pepsi-Filme mit Michael Jackson. Gegenbeispiel, wo es schief gegangen ist: die Filme für die Einführung des neuen Lexus, des japanischen Mercedes-Konkurrenten. Deren Zen-Hintergrund erschließt sich einem globalen Publikum nicht.

Und die Welle der technischen Innovationen, die die Möglichkeiten der Special Effects geradezu uferlos erweitert haben, kommt einer alten Forderung von Bill Bernbach entgegen, der der wohl bedeutendste Kreative in der Geschichte der Werbung war und dessen ganze großartige Arbeit über Jahrzehnte auf einem einzigen kleinen Satz fußte: „Be different." Unterscheide dich. Wenn man heute die vielen wirklich einfallsreichen, technisch brillant produzierten Commercials sieht, die die Werbung international hervorbringt, dann muss einem dieser Satz von Bill Bernbach wieder in den Kopf kommen. Denn im Gegensatz zu der Zeit vor zehn Jahren, als Fernsehwerbung vor allem die Pflege einiger weniger Klischees betraf, wie etwa bei der Ariel-Clementine oder Frau Sommer von Jacobs Kaffee, sind die Spots von heute gekennzeichnet von einem enormen Reichtum an Ideen und von einer ungeheuren Vielfalt der Darstellungsmuster. Was freilich auch damit zu tun hat, dass Commercials nicht mehr nur in angelsächsischen Ländern oder in Frankreich professionell produziert werden, sondern filmische Kreativität heute praktisch weltweit ausgelebt werden kann: in Brasilien nicht weniger als in Mexiko, in Norwegen und Finnland genauso wie in Singapur oder Australien.

Ich komme noch einmal auf die digitale Filmkamera von Sony

zurück. Worunter die Filmer und natürlich auch die Filme in den vergangenen Jahren zum Teil spürbar leiden mussten, war, dass mit Videokameras bei weitem nicht die fotografische Qualität erreichbar war, die bei der klassischen Filmkamera mit ihren 24 Bildern pro Sekunde erzielt wurde. Filme gewinnen ihre optischen Qualitäten zu großen Teilen aus dem Licht, das in ihnen herrscht. Das Licht ist eines der Geheimnisse aller großen Kameramänner. Diese Qualität ging bei der Videotechnik weitgehend verloren und wird nun – mit der Erfindung der neuen digitalen Kamera – in Zukunft auch mit digitalen Mitteln möglich sein. Manche Experten erwarten sich von dieser neuen Erfindung eine noch zunehmende Demokratisierung des Mediums Film, eine Art Pop Zwei, eine neue Popkultur, diesmal freilich weniger eine Kultur der Musik als der elektronischen Medien. Das kündigt sich an vielen Stellen an. Beispiele dafür sind der riesengroße Erfolg des Films *Das Blair-Witch-Projekt* oder die eher einzelgängerischen und dennoch für viele stilprägenden Filme der Dogma-Gruppe um Lars von Trier.

Am Erfolg des *Blair-Witch-Projektes* wird auch erkennbar, was heute alles möglich ist, wenn die alten Medien (Film) mit den neuen Medien optimal zusammenwirken und wenn außerdem die innovativen Möglichkeiten der digitalen Technik und Ästhetik voll genutzt werden. *Blair-Witch* zeigt auch, dass bei einer professionellen Nutzung der neuen Techniken und der mit ihnen möglich werdenden Ästhetik weltweite Erfolge sogar mit kleinsten finanziellen Mitteln möglich sind. *Das Blair-Witch-Projekt* ist vielleicht der erste Film von Leuten, die das Medium Film in seiner elektronischen Multimedia-Variante voll und ganz im Griff haben.

Guru, Guru!

„Ein Unternehmensberater ist ein Mensch, der sich Ihre Uhr ausleiht und Ihnen dann sagt, wie spät es ist." An diesen Satz des amerikanischen Werbers Carl Ally muss ich in der Regel denken, wenn ich über Neues aus der Trendforschung stolpere. Die Trendforschung verdankt ihre florierende Existenz dem täglichen Bedürfnis der Industrie, gesellschaftliche Trends und Entwicklungen möglichst frühzeitig und exklusiv zu erkennen. Was auch verrät, dass in der Wirtschaft heutzutage niemand, auch nicht der Klügste verbindlich weiß, wohin die Reise geht. Offenbar war es noch nie so leicht, aber auch noch nie so folgenreich wie heute, unternehmerische Fehlentscheidungen zu treffen.

Nehmen wir nur die feste Überzeugung der seinerzeit marktbeherrschenden Firma IBM in den Sechzigerjahren, mit bestenfalls einem Dutzend so genannter Supercomputer lasse sich der Bedarf der Wirtschaft nach den spezifischen Fähigkeiten der Computer vollauf befriedigen. Wäre es so gekommen, hätte IBM vermutlich endgültig ein Monopol gehabt, zumindest bis zur nächsten Fehlentscheidung. Es kam aber nicht so, die Computer miniaturisierten sich zunehmend und hielten Einzug in die Haushalte, dorthin also, wo IBM sie unter Garantie nicht erwartet hatte. Diese Fehleinschätzung des Marktes hatte zur Folge, dass IBM die Entwicklung der Personal Computer letztlich verpennte und auf diese Weise ihre Marktführerposition aufs Spiel setzte und verlor. Andere wie Apple kamen und besetzten den Platz. Und natürlich war IBM dann auch zu spät dran, als es um die Entwicklung der entsprechenden Software ging. Bill Gates schätzte das Potenzial der PCs anders (und richtig) ein und öffnete auf diese Weise die Schleusen für den – bis zum heutigen Zeitpunkt zumindest – unaufhaltsamen Aufstieg von Microsoft. Wobei man als ziemlich sicher prognostizieren kann, dass auch dieser Aufstieg eines Tages durch eine kapitale Fehlentscheidung beendet werden wird.

Aber mit all den bangen und letztlich unbeantwortbaren Fragen nach der Zukunft der Warenwelt ist das Ende der Ungewissheiten noch lange nicht erreicht. Es warten noch ganz andere Gefahren auf den Unternehmer. Über die eine und andere wurde in diesem Buch auch schon gesprochen. Nehmen wir nur die Überfüllung der Märkte, auch die Überfüllung der Kommunikation. Wenn die Menschen in ihrer Rolle als Verbraucher mit einigen tausend Werbebotschaften pro Tag bedacht werden – welche Marken setzen sich unter diesen Bedingungen noch durch? Eine der vielen Fragen, die auch schon ein *Kultmarken* betiteltes Buch der beiden Trendforscher Matthias Horx und Peter Wippermann zu beantworten versucht hat und dessen Untertitel angibt, wo es angeblich langzugehen hat: *Wie Waren zu Ikonen werden.*

Gewissheiten können auch solche Bücher nicht verbreiten, denn natürlich wissen auch unsere Trendforscher nicht wirklich, wohin die Reise geht. (Wüssten sie es besser als alle anderen, sie ließen sich mit saftigen Erfolgshonoraren dotieren, nicht mit vergleichsweise läppischen Tagessalären.) Dennoch ist es durchaus spannend und anregend, in ihren Büchern zu lesen, denn darin zeigt sich auch der neue Stellenwert der Werbung, die Veränderung, die sie in den vergangenen dreißig Jahren durchlaufen hat.

Marken sind für Horx und Wippermann Teil unseres kulturellen Erbes. Wobei das Bemerkenswerte ist, dass sie Aufgaben übernommen haben, die früher anderen zufielen. Die Autoren schreiben: „Wo die Markenkulte herrschen, ist die Zivilisation ein Stück weiter gekommen." Nun gut. Sie wollen damit offenbar sagen: Der Wettbewerb der Marken ist die Fortsetzung des Krieges mit anderen, allerdings friedlichen Mitteln. Zitat: „Der rituelle Krieg der Marken ersetzt den wirklichen Krieg." Allerdings belassen es die Autoren nicht dabei, sie gehen im gleichen Atemzug noch einen Schritt weiter, indem sie postulieren: „Das Zeichensystem der Warenwelt übernimmt in einer zunehmend säkularisierten Welt die Funktionen, die früher von kulturellen Normen oder religiösen Systemen wahrgenommen wurden."

Ersetzt der Wettbewerb den Krieg? Zieht in unseren Umgang mit den Marken ein religiöser Unterton ein? Bisweilen mag man das schon glauben, wenn man sich zum Beispiel daran erinnert, dass der frühere Einkaufsvorstand von Opel und Volkswagen, Lopez, ein Mann, der ja durchaus martialischen Umgang mit der Konkurrenz pflegte, seine engsten Mitarbeiter „Meine Krieger" nannte und von ihnen verlangte, als Zeichen der Zugehörigkeit zum *inner circle* die Uhr am rechten Handgelenk zu tragen. Zumindest aber lässt sich unwidersprochen sagen, dass das Funktionieren der Gesamtgesellschaft heute nahtlos vom Funktionieren der Wirtschaftsgesellschaft abhängt. Dass also das reibungslose Funktionieren der Markenwelt von entscheidender Bedeutung ist für das reibungslose Funktionieren der Welt als Ganzer. Um ein schon fast wieder absurdes Beispiel dafür zu geben, dass Horx und Wippermann nicht ganz falsch liegen: In seinem Bericht über eine Expedition nach Sarawak in Südost-Asien, betitelt *Wild unter Wilden,*

berichtet der britische Ethnologe Andro Linklater, in den Lang-
häusern, die er dort besucht habe, hätten die Markenzeichen von
Coca-Cola und Nike längst die alten kultischen Schrumpfkopf-
trophäen der Kopfjäger ersetzt, die dort früher gehangen hatten.
Es ist wohl wirklich so, dass jeder Markenartikel einen magischen
Rest in sich trägt, dass er deshalb auch nie wirklich mit ausschließlich rationalen Mitteln begriffen werden kann.

Frau Bratbecker und die Folgen

Von unserem Funkexperten Achim Szymanski

Im Fernsehen gibt es zur Zeit einen beleibten Mann zu sehen. Er sieht aus wie ein Bärchen und füllt die Samstagabende mit lustigen Sperenzchen. Jede Generation muss mit einem Entertainer dieser Bauart leben.

Unser neuer Mann für samstags heißt Bernd Stelter. Wenn Bernd Stelter nicht im Fernsehen auftritt, schultert er – pünktlich zum Karneval – seine ebenfalls beleibte Gitarre, tingelt durch kölsche Kappensitzungen und klettert in Mainzer Bütten. Bernd Stelters Thema im Karneval ist die Werbung. Einen seiner Scherze aus der vergangenen Saison kann ich auswendig. Er betrifft mich selbst:

„Boris Becker ist Vater geworden und hat überlegt, seinen Sohn Brad zu nennen, nach dem Tennisspieler Brad Gilbert ... Aber dann hat er das doch nicht so gemacht, denn dann nennen seinen Sohn ja alle Brad Becker ..." Heftiger Applaus. *Mein* Applaus.

1988 schrieb ich nämlich einen Fortsetzungsroman für das Satiremagazin *Titanic*. Der hieß „Halt durch, Steffi!" und handelte von einem Teenie-Mädchen namens Steffi Bratbecker, von seinem pfeiferauchenden Vater Papi Bratbecker, der verstorbenen Mutti Bratbecker und von Ursel Bratbecker, Papis neuer Frau. Die wollte mit Papi perverserweise einen Weltenherrscher zeugen. Und wenn nicht Opa Brahmbrink, der Dämonenjäger, damals dazwischengegangen wäre ... – aber davon ein andermal.

Ein paar Jahre später war ich Texter bei der Werbeagentur Heye+Partner geworden, die in Unterhaching, dem Fußballbundesligadorf bei München, in einem architektonischen Wunderwerk haust, das wie ein Bienenkorb aus Waschbeton ausschaut. Ihr größter Kunde ist McDonald's Deutschland und der warf damals

170

ein neues Produkt namens „McChicken" auf den Markt. Wertneutral beschrieben: ein Geflügelburger mit Sauce.

Um den zu bewerben, sollte ein Prominenter, natürlich Thomas Gottschalk, möglichst hörbar das Wort ergreifen. Laut Vertrag durfte er nur in elektronischen Medien und auf Firmenpartys auftreten. Der Rest sollte sich irgendwie ergeben. In der Werbung ergibt sich ja immer alles irgendwie, wenn die Termine drängen. Man verständigte sich also auf einen TV-Spot, in dem Gottschalk das Ding aß und seinen im Wesentlichen zustimmenden Kommentar von sich gab. Man druckte Plakate, auf denen eine Blondine an dem fotogenen Produkt (vier lange Stunden Arbeit eines >Food-Stylisten) herummümmelte. Funkspots mit Gottschalk waren auch in Arbeit. Aber dann kam es plötzlich ganz anders als geplant.

Ich hatte mir nämlich gedacht: Das kann doch nicht alles gewesen sein! Alles geht glatt. Was glatt geht, haut keinen um. Was keinen umhaut, das ist nicht meine Sache. Also setzte ich mich abends hinter meine Schreibmaschine, diesen mechanischen Vorläufer des Computers. Und schrieb „Frau Bratbecker".

Der Spot beruhte auf einer Bildidee. Ein Telefon klingelt. Ein fauler Mann sitzt daneben. Ruft angenervt „Elke, Telefon!". Aus dem Hintergrund kommt seine Frau übertrieben beschwingt herbeigehoppelt. Trompetet „Ich komm ja schon!". Hebt ab. Sagt betont sonor: „Bratbecker?!" Jemand am anderen Ende fragt arglos-tückisch: „Frau Bratbecker ...?" – „Ja ...?" Dann geht's los: Lautes, heftiges Gegacker. Wohl nicht zum ersten Mal. Denn jetzt blökt Frau Bratbecker in einer Mischung aus komischer Verzweiflung und Grausen den Satz, der zum Zitat einer Nation geworden ist: „Hermann! Das verrückte Huhn ruft schon wieder an!"

Ein verrücktes Huhn, das telefoniert – wissenschaftlich gesehen ist das eine freischwebende Situation. Mit dem Produkt hat sie nur so viel zu tun, als es irgendwie um Geflügel geht. Werbetechnisch gesehen ist es eine völlig neue Situation. McDonald's leistet es sich nämlich in diesem Funkspot, 12 Sekunden seiner wertvollen, teuren Sendezeit in den Dienst der reinen Unterhaltung zu stellen. Was hierzulande bis dato noch niemand ausprobiert hatte.

Auch nicht unbedingt routinemäßig dann der Übergang zum werblichen Teil in Form der höflich-neutralen Frage: „Was will uns diese Werbesendung sagen?" Der Rest ist klassische Reklame, kurz und knapp, gefolgt vom Jingle. Danach noch einmal, als >Reminder, kurzes höhnisches Gegacker.

Das war nun keine strategisch bis ins Subatomare ausgetüftelte Kampagne wie sonst. Es war kunterbunter Mischmasch. Ein eher durchschnittlicher TV-Spot mit einem modernen Struwwelpeter. Ein unauffälliges Plakat mit einem auch heute noch unbekannten Mannequin. Ein einziger Funkspot mit einem auch heute noch bundesweit bekannten Huhn, der für zig Millionen Mark wochenlang ausgestrahlt wurde.

Ein Jahr darauf wurde Frau Bratbecker, die nun bei ca. 100 Prozent der Bevölkerung bekannt war, verfilmt. Auch im Funk wurde die Kampagne fortgesetzt. Das Ding war ein Selbstläufer geworden. Deshalb wurden und werden bis heute immer neue Geschichten drum rum gestrickt: Das Huhn ruft Frau Bratbecker aus einem Kaffeeklatsch bei ihrer Busenfreundin Hülsenkamp heraus. Es gackert auf ihren Anrufbeantworter. Verfolgt sie unter Mallorcas

172

Ballermännern. Belästigt sie im Skiurlaub. Und wofür das alles?

Genau gesagt für 1 Silbermedaille und 5 Auszeichnungen vom Art Directors Club. Für 2 silberne Mikrofone der ARD. Für den Silbernen Funkspot-Bobby von Radio Schleswig-Holstein. Für Bronze vom Internationalen Radio Festival in New York, was nur zeigt, dass die Amis inzwischen Deutsch und/oder Hühner verstehen. Für die deutsche Hühnerpopulation war dieser Funkspot eine Katastrophe, er hat sie schwerstens dezimiert. Für McDonald's Deutschland war er folglich ein Riesenerfolg.

Was will *uns* die Geschichte sagen?

Kommen wir also zum Allgemeinen der Gestaltung von Funkspots. Ich gestehe gern, ich liebe Funkspots. Das Schönste am Funkspot ist für mich, dass kein Art Director einen schreiben oder produzieren kann. Art Directoren denken in einem „Meer aus Licht und Farben", wie Juliane Werding einstmals sang. Funkspots schwimmen nicht in diesem Meer herum. Wenn's in der Agentur mit rechten Dingen zugeht, sind es immer nur die Texter, die sich um Funk kümmern. Nur Texter sitzen im Tonstudio.

Funkspots schreiben ist wie eine Einmann-Expedition am Nanga Parbat. Kaum jemand kann einem die richtige Richtung nennen. Denn in den Werbeagenturen ist kein Mensch wirklich an Funk interessiert. Die gehobenen Kreativen meiden das Tonstudio wie ein Tropenkrankenhaus. Für die Kontakter ist es eine undurchschaubare Kostenstelle. Für die Kreativdirektoren der ideale Spielplatz für >Junioren. Für alle eben Genannten, auch für die Kunden, ist ein Tonstudio so attraktiv wie ein Reifencenter. Als Folge davon sind Texter dort die einsamen Herrscher.

173

Zur Belohnung trifft man im Tonstudio manchmal Werbe- und Synchronsprecher, die zwar eine halbe Flasche Vorlauf brauchen, aber dann richtig kooperativ sind. Oder Schauspieler, die sich mit dem Synchronisieren von Comicfiguren über Wasser halten. Oder kettenrauchende Tonmeister. Kauzige Geräuschemacher. Und eine Glasscheibe, hinter der ein dicker Mann eine Maus nachmacht, die von Käse erzählt.

Oft sondern Kunden umfangreiche >*Briefings* ab, von denen sie selbst nicht erwarten, dass das alles im knappen, eng anliegenden Zeitkorsett des Funkspots, das in der Regel 20 oder 30 Sekunden umfasst, Platz findet. Vorsicht, Gefahr! Denn weil er doch der Kunde ist, will ihm spätestens der Kontakter einen Gefallen tun. Er verspricht, möglichst viel in den Spot reinzupacken. Die Filialen in Merkstein-Herbach und Roseburg üb. Büchen mit voller Adressennennung und der Schuhgröße der Putzfrau. „Klar, bauen wir ein, wir sind ja Dienstleister." Schon liegt das Kind im Brunnen.

Wer es sich antun will, ein guter Funktexter zu werden, sollte möglichst viel lesen, sehen und hören. Mein Pflichtprogramm heißt *Krieg und Frieden* von Leo Tolstoi, *Das Steinerne Herz* von Arno Schmidt, allerlei von Poe und Neruda, zwei, drei Dramen von Shakespeare im Original, gängige Passagen der Bibel, die Barks-Ausgaben von Donald Duck, eine gute Portion Robert Gernhardt und F. W. Bernstein, Heinrich Bölls Hörspiele. Auch mehrere Folgen der britischen TV-Reihe *Monty Python* machen Sinn.

Produzierte Funkspots gibt einem das Tonstudio auf CD oder Cassette mit. Auf dem Weg in die Agentur verlieren sie in der Regel bis zu 100 Prozent an Qualität. Was einen im Studio begeisterte,

174

klingt, wenn man ehrlich ist, beim Vorspielen vor anderen flau und öde. Das ist immer so. Nicht irre machen lassen, im Radio hört sich das alles wieder sehr viel besser an.

Was mich immer wieder begeistert: Im Funk darf man sein Fachwissen rausholen und abseitigsten Leidenschaften frönen. Wer auf den Brunftschrei mongolischer Muschusochsen steht, darf sich freuen. Hier lässt sich so was alles einbauen. Es muss sogar sein. Denn nur Ungewöhnliches bringt uns weiter. Dennoch gibt es in der Werbung kein Medium, das so schüchtern auftritt wie der Funk. Vermutlich, weil das Radio glaubt, dass es seine große Zeit schon hinter sich hat. Jeder einzelne Radioapparat war ja seinerzeit von Hitler eingespannt worden; darüber wurde hier auch schon gesprochen.

Obwohl keiner diesen Vorwurf wirklich erhebt, fühlen sich die Radioleute, seit es Fernsehen gibt, immer leicht unerwünscht. Sie haben sich mit dem Privatradio zwar eine prima Geldquelle erschlossen. Aber die Begeisterung fürs eigene Medium ist vielen von ihnen abhanden gekommen. Und ohne Begeisterung bleibt nur der Spaß am Geldverdienen.

Wer einen Funkspot schreibt, muss sich aber begeistern können. Er muss in Bildern denken. Und viel mit der Sprache arbeiten. Nur die Sprache gibt den Dingen mehr als drei Dimensionen. Wer Sprache und Szenen beherrscht, erzählt in wenigen Sekunden eine Geschichte, für die andere Texter Wochen brauchen.

175

Die Werbestadt der Achtzigerjahre

Hamburg kommt in dieser Darstellung bisher nicht vor, weil wir in diesem Buch halbwegs chronologisch vorgehen und weil die Stadt erst spät zu einem Ort der Werber und der Agenturen geworden ist. Erst an der Wende der Siebziger- zu den Achtzigerjahren tat sich nämlich einiges in Hamburg, das die ganze deutsche Werbeszene umkrempeln sollte, sodass man heute zu Recht sagen kann, Hamburg sei Deutschlands Werbehauptstadt.

Damals saßen nämlich Reinhard Springer und Holger Nicolai, zwei, die zuvor in Düsseldorf Werbung gemacht hatten, in einem kleinen Büro in der Hamburger Poststraße zusammen und dachten über ihre Zukunft nach. Mit weit reichenden Konsequenzen. Es sollte zwar noch eine Weile dauern, bis die erste echte Hamburger Kampagne das Licht der Welt erblickte, aber sie kam. Sie war für das Schuhhaus Görtz gemacht. Mit der Görtz-Kampagne begann die Erfolgsgeschichte der Hamburger Agentur Springer & Nicolai, heute Springer & Jacoby, die sich in nur wenigen Jahren von der kleinen, aber feinen Kreativagentur zur einflussreichsten Werbeagentur Deutschlands entwickelte, mit Kunden wie Mercedes-Benz, Mannesmann D-2, dem *Stern* etc.

Freilich, Hamburg hatte schon lange zuvor, seit Ende der Sechzigerjahre eine wichtige Rolle für die Werbung in Deutschland übernommen. Das war das Verdienst einer Zeitschrift, des *Stern.*

Der *Stern* war das erste journalistische Medium von nationaler Breitenwirkung, das sich auf die Werbung einließ. Der *Stern* war die erste Zeitschrift, die Werbung als eine ästhetische, gestaltende Disziplin wahr- und ernstnahm. Er begriff als erster, dass es für eine Zeitschrift gut ist, wenn sie Werbung nicht als unvermeid-

176

Werbung der Neunzigerjahre, international:
Mercedes SLK-Anzeige, GB, 1996
Auftraggeber: Mercedes-Benz
Werbeagentur: Leo Burnett

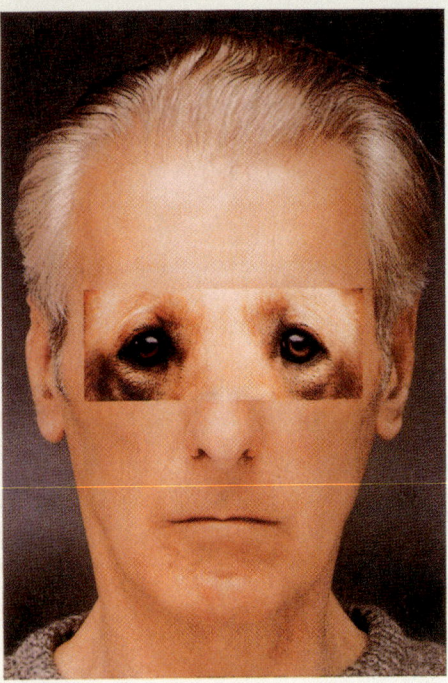

NO SURGEON IN THE WORLD CAN HELP
THIS BLIND MAN SEE. BUT A DOG CAN.

Try going blind.

Walk to the corner of the street with your
eyes closed.

Post a letter with your eyes closed.

Buy a loaf of bread with your eyes closed.

Discover how the simplest tasks become
a nightmare with your eyes closed.

Now walk to the corner of the street and
post a cheque with your eyes wide open.

THE GUIDE DOGS FOR THE BLIND ASSOCIATION
Department 3, 9 Park Street, Windsor, Berkshire SL4 1JR

Blind Man-Anzeige, GB, 1986
Auftraggeber: Guide Dogs for the Blind Association
Werbeagentur: Saatchi & Saatchi

Drive-Radio-Anzeige, Südafrika, 1994
Auftraggeber: Drive 5FM
Werbeagentur: The Jupiter Drawing Room

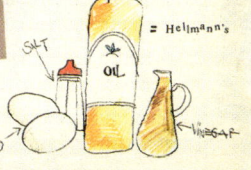
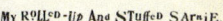

Hellmanns-Anzeige, GB,1985
Auftraggeber: CPC UK
Werbeagentur: Boase Massimi Pollitt

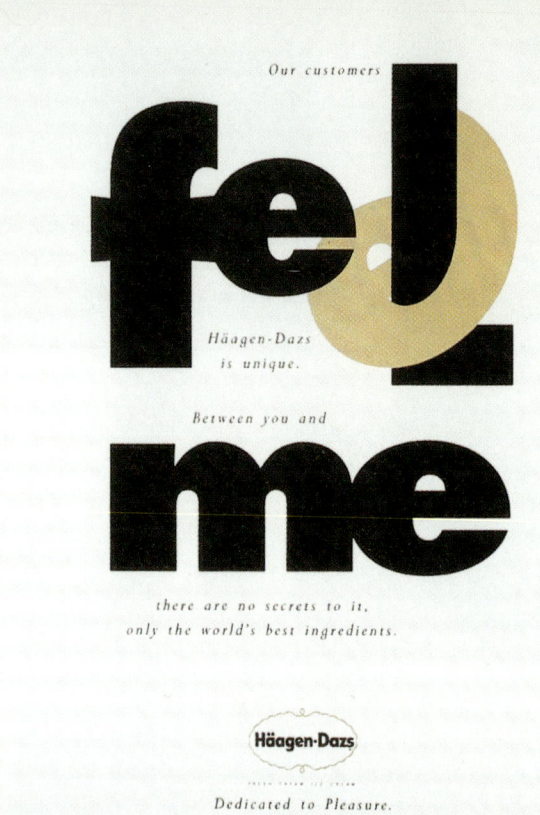
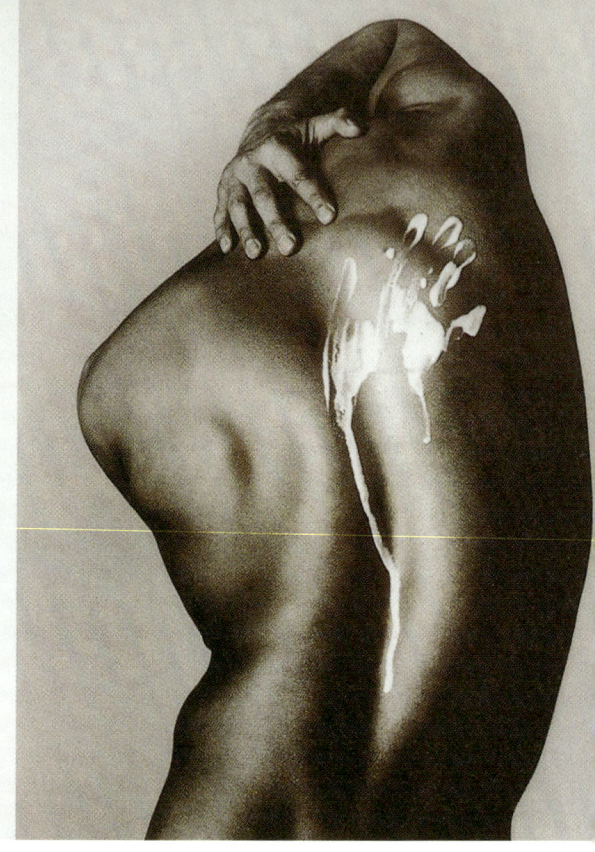

Häagen Dazs-Anzeige, GB, 1993
Auftraggeber: Häagen Dazs UK
Werbeagentur: Bartle Bogle Hegarty

QUALITY CONTROL
Out of focus.
Use the new Pentax Espio 738.
Its active auto focusing
plus programmed auto-exposure
ensures sharper pictures.
You don't need luck, you need a Pentax.
ADVICE LABEL

LIFT & PEEL HERE

ntax-Anzeige, GB, 1995
ftraggeber: Pentax UK
erbeagentur: K.Advertising

I get around to liking them after two, maybe three years.

Levis-Anzeige, GB, 1990
Auftraggeber: Levy Strauss UK
Werbeagentur: Bartle Bogle Hegarty

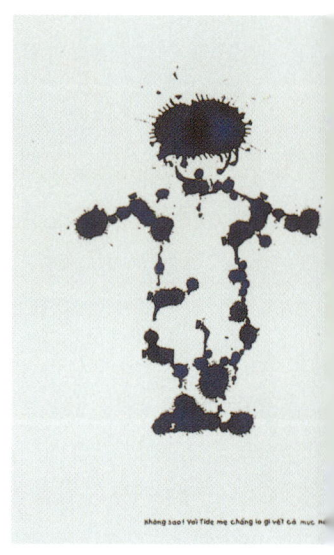

Tide-Anzeige, Vietnam, 1999
Werbeagentur: Saatchi & Saatchi

fnac-Plakat, Frankreich,1993
Auftraggeber: fnac
Werbeagentur: DDB Needham Worldwide

Coca Cola-Plakat, Brasilien,1998
Auftraggeber: Coca Cola
Werbeagentur: McCann-Erickson

Parmalat, Brasilien,1993
Auftraggeber: Parmalat
Werbeagentur: DM9DDB

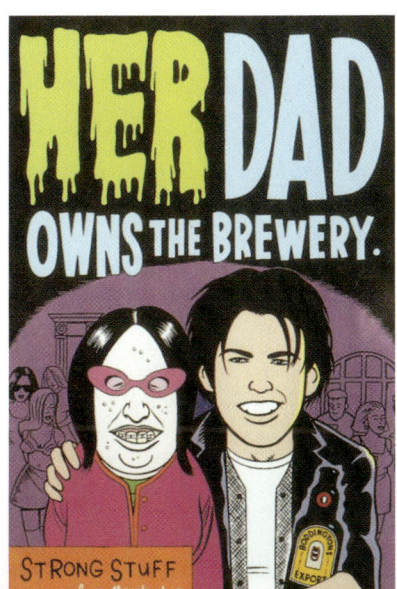

Boddingtons Export-Plakat, GB,1995
Auftraggeber: The Withbread Beer Company
Werbeagentur: Bartle Bogle Hegarty

Ein Beispiel für konsequente Markenführung
über mehr als zwanzig Jahre: Die Marlboro Werbung
Auftraggeber: Philip Morris
Werbeagentur: Michael Conrad & Leo Burnett

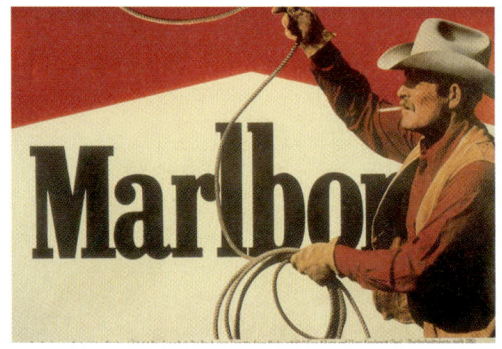

Thema Relaunch:
Die konsequente Modernisierung von Persil
von 1907 bis zum Ende des Jahrhunderts

Persil-Packungen 1907
Henkel

1938

1950

1957

190

1959

1965

1970

1973

191

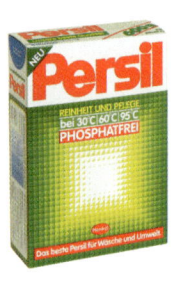

1986

1992

1994

1997

bares Anhängsel betrachtet, sondern sie annimmt und pflegt. Dass es also für die Qualität einer Zeitschrift förderlich ist, wenn auch die Werbung, die dort abgedruckt wird, ihre Qualitäten hat. Folglich antwortete der *Stern* auch schon früh auf die Herausforderungen des Art Directors Clubs, der Spielwiese der besten Kreativen, indem sich seine Art Directoren um Mitgliedschaft im Club bemühten und indem er sich engagiert an den jährlichen Ausschreibungen des Clubs beteiligte.

Es waren besonders die Arbeiten der Bildredaktion des Blattes und des zuständigen Herausgebers Rolf Gillhausen, die dafür sorgten, dass der *Stern* über viele Jahre die Bilderwelt und die optischen Bedürfnisse vieler Medienmenschen prägte. Der Hamburger *Stern* und sein scheinbar feindlicher Medienbruder, der *Spiegel,* haben die urbane Kultur der Hansestadt nach dem Krieg wesentlich mitgeprägt und dafür gesorgt, dass die Stadt zu einem bevorzugten Standort für gute Journalisten und Fotografen wurde. Und als dann zu Beginn der Achtzigerjahre der *Stern* ein generationsbedingtes Tief hatte und für einige Jahre an journalistischer und optischer Qualität und Kompetenz verlor, da füllten andere die Lücke, darunter auch neue Agenturen wie Springer & Jacoby, Scholz & Friends, Baader, Lang, Behnken, K,N,S,K. Und da gute Agenturen sich gern nach dem Prinzip der Zellteilung vermehren, haben sich aus diesen Agenturkulturen inzwischen bereits wieder zahlreiche Neugründungen abgesplittert, als prominenteste Jung von Matt, deren Gründer Holger Jung und Jean-Rémy von Matt zuvor bei Springer & Jacoby arbeiteten und deren Agentur längst eine Institution in der Werbeszene ist und momentan unter den

193

kreativen Adressen in Deutschland am höchsten gehandelt wird, dank einer Vielzahl stilprägender Kampagnen, etwa für Sixt, Audi, die Bahn oder Benson & Hedges.

All das erklärt aber noch immer nicht zufrieden stellend, weshalb Hamburg in den Achtzigerjahren zu seiner plötzlichen Blüte als Werbestadt fand. Und natürlich ist es keine ausreichende Erklärung, darauf hinzuweisen, dass in dieser Zeit plötzlich eine größere Zahl guter Werber wie Jürgen Scholz, Reinhard Springer, Konstantin Jacoby, Fred Baader, Wolfgang Behnken, Holger Jung oder Jean-Rémy von Matt die Hamburger Bühne betraten. Auch München hatte in den Siebzigern eine Zeit lang viele gute Werbeleute vorzuweisen und ist doch nie eine Werbestadt geworden.

An dem großen Hamburg-Boom lässt sich mancherlei beobachten. Zum Beispiel, dass die Werber stets auch auf der Suche nach Bühnen sind, auf denen sie ihre Tätigkeit inszenieren können. Und das ist kein übersteigerter Narzissmus, keine Frage vordergründiger Eitelkeiten. In diesem Bedürfnis kann man andere Notwendigkeiten erkennen. Zum Beispiel, dass auch Werbung nicht ohne Inhalte und ohne Orte existieren kann. Dass sie deshalb ständig Zuflüsse, Orientierungshilfen, Zeichen, Ideen, Worte, Codes aus anderen Bereichen braucht. Aus der Mode, dem Film, der Literatur, der Musik, der Architektur, dem Design, der Kneipenkultur, der Jugendkultur.

Hamburg ist heute das in Deutschland weltläufigste, urbanste Umfeld, und ein stilsichereres, das mehr Anregungen bietet, als Düsseldorf oder Frankfurt sie bieten könnten. Die Bausubstanz, der Hafen, die Speicherstadt, die Nähe des Meeres, die Medien,

194

die hanseatische Gesellschaft – all das ordnet die Werbung in Hamburg anders ein und gibt ihr möglicherweise eine Aura, die sie zuvor nirgendwo bei uns besaß.

Der Unterschied in den Rollen der Städte Frankfurt und Düsseldorf hatte ursprünglich ja darin bestanden, dass in den Gründerjahren der Nachkriegswerbung Frankfurt die Vergangenheit aufarbeitete, während Düsseldorf die Gegenwart probte. Hamburg sollte es in der Folgezeit überlassen bleiben, die Zukunft zu entwerfen.

Das ist für mich immer wieder faszinierend zu beobachten: Wie unsere postindustrielle Gesellschaft sich in Hamburg selbst inszeniert. Wie dort die Moden, die Sprachen, die Lebensstile, die Snobismen von morgen und übermorgen Gestalt annehmen. Und wie dies alles in einer eigentümlich coolen, unsentimentalen und unemotionalen Weise geschieht. In geradezu perfekter Erfolgsorientiertheit. Die Werbung, die in Hamburg entsteht, verdankt ihren Erfolg nicht zuletzt der Kultur und der Autorität der Stadt, die sie von ihr quasi übernimmt. Nehmen wir hier als Beispiel nur das Plakat für Benson & Hedges, auf dem ein Tapir abgebildet ist, dazu die Schlagzeile: *Für eine wirklich gute Cigarette kann man mit praktisch allem werben.* Das ist für mich die Hamburger Werbung von heute: Witzig, schnodderig, lässig, aber immer intelligent und vorbildlich gestaltet.

Der Vorsprung Hamburgs gegenüber Düsseldorf und Frankfurt ist heute weniger ein Vorsprung an großen kreativen Persönlichkeiten. Es ist ein Vorsprung an Urbanität und Stil, an Zukunftsorientiertheit. Hamburg lebt eindeutig urbaner und stilsicherer in die Zukunft hinein, als Düsseldorf oder Frankfurt es vermögen.

Sie halten sich für die Größten, Besten, Schönsten.

Und manchmal sind sie es tatsächlich. (Endlich das unvermeidliche Kapitel über den Art Directors Club)

Über die SPD hat einst ein Kabarettist gesagt, sie sei in Wirklichkeit gar keine politische Partei, sondern die größte Selbsterfahrungsgruppe Deutschlands. Was würde dieser Mann wohl über den deutschen Art Directors Club verbreiten? Der deutsche Art Directors Club, abgekürzt ADC, nach amerikanischem Vorbild gegründet, existiert jetzt seit fast fünfunddreißig Jahren. Er hat aktuell etwa 250 Mitglieder. Er versammelt die – zumindest nach eigener Einschätzung – besten deutschen Kreativen (als da sind Texter, Art Directors, Fotografen, Illustratoren, Regisseure und Produzenten, Designer, Kommunikationswissenschaftler – Festangestellte wie Freiberufler). Er führt alljährlich eine Ausschreibung durch, deren Ziel darin besteht, die besten im Rahmen der Werbung entstandenen Arbeiten des jeweiligen Jahres zu bestimmen und auszuzeichnen, mit den von den Kreativen so inständig ersehnten Goldmedaillen. Dies geschieht am Ende eines jeden Winters in Berlin, beim so genannten Jahrestreffen des ADC, und setzt Jahr für Jahr einen harten und hektischen Wettbewerb der besten Agenturen in Gang, bei dem sehr schnell bis zu 5.000 Einsendungen zusammenkommen. Dabei geht es längst nicht mehr nur um die Kreativenehre, obwohl wir die nicht gering schätzen wollen. Längst nämlich ist es zum immer wichtigeren Faktor im Wettbewerb der Agenturen geworden, sich kreativste Agentur (oder zumindest eine der kreativsten Agenturen) des Jahres nennen zu dürfen. Und wie schon erwähnt – natürlich steigert es den Marktwert der beteiligten Kreativen, vom ADC in der beschriebenen Weise geehrt und dekoriert und publiziert worden zu sein.

Es geht aber auch noch um etwas ganz anderes, und damit nähern

196

wir uns vielleicht auch schon dem Kern des Problems, das der ADC und seine Mitglieder mit sich selbst und mit dem Rest der Welt hat. Es geht nämlich auch um Öffentlichkeit. Es geht darum, dass die Kreativen und ihre Arbeiten wahrgenommen werden. Dass die Öffentlichkeit wenigstens einmal im Jahr sieht und begreift, dass sich mit der Werbung, mit ihren Ideen und Kampagnen auch wirklich reale Namen verbinden. Dass sich hinter den Arbeiten, hinter all den Anzeigen, Fernsehfilmen und Plakaten, die einem möglicherweise aufgefallen (und hoffentlich angenehm aufgefallen) sind, Menschen verbergen, die diese Dinge gemacht haben. Leute mit hohen ästhetischen, gestalterischen Ambitionen, meist mit dem radikalen Ehrgeiz ausgestattet, ihre Sache möglichst spektakulär und gut zu machen. Also möglichst so, wie man sie noch nie zuvor zu Gesicht bekommen hat.

Wer die Gelegenheit hat, diesen Typus von Kreativen näher kennen zu lernen, wird häufig die Erfahrung machen, dass deren Suche nach der berüchtigten Idee, nach der jeweiligen, im Rahmen der aktuellen Aufgabenstellung gerade benötigten Idee, der Suche nach dem Gral gleicht. Dass dieser Kampf um die Ideen ein grundsätzlicher Kampf ist, den jeder Kreative zunächst mit sich selbst auszufechten hat und danach in der Regel mit seinen Kollegen, mit den Kunden und schließlich auch mit der Öffentlichkeit, mit den Verbrauchern. Und dass es dabei oft genug ziemlich kompliziert zugeht, denn gute Ideen scheren sich nicht darum, ob sie einfach zu realisieren sind oder höchstkompliziert. Die legen den Beteiligten oft ziemlich mühselige Prozeduren auf.

Gute Ideen, so können wir hier lernen, sind meist reichlich sper-

197

rige Güter, die sich nicht so einfach und problemlos transportieren lassen. Und die Personen, die sich so was ausdenken, sind in der Regel nicht weniger sperrig und störrisch. Und natürlich sind sie auch mächtig eitel und von sich selbst eingenommen. Das macht sie nicht unbedingt sympathischer, aber es muss so sein. Es muss schon deshalb so sein, weil gute Ideen sich auch heute noch in der Regel nicht von selber durchsetzen. Also müssen sie durchgesetzt werden, von ihren Vätern oder Müttern, mit mal mehr, mal weniger sanfter Gewalt. Wie das vonstatten gehen kann, wurde in diesem Buch bereits in dem Kapitel mit den Fröschen und dem Krokodil beschrieben, aber natürlich ist der Vorgang vom Autor ein wenig geschönt worden, wie Werber immer gern schönen. In der harten, vom Wettbewerb gezeichneten Realität des Agenturlebens geht es dabei oft genug erheblich rauer und humorloser zur Sache. Wer als Kreativer nicht mit einer ordentlichen Portion Selbstbewusstsein ausgestattet ist, der wird auf lange Sicht Probleme kriegen, sich in dem Gewerbe zu behaupten.

Wann ist Werbung gut?, lautet eine gern gestellte Frage. Und die dazugehörige Antwort sagt, dass Werbung dann gut ist, wenn man daran glaubt. Soll heißen, wenn man als Auftraggeber und als Agentur selbst von der Arbeit gründlich überzeugt ist. Das ist in der Tat nicht unwichtig, weil eine solche Überzeugung sich auf geheimnisvolle Weise den handelnden Personen mitteilt, weil die Leute vom eigenen Marketing Director bis hin zum letzten Konsumenten sehr wohl mitbekommen, ob man mit voller Überzeugung für sie und um sie wirbt oder mit Selbstzweifeln und Skrupeln.

Die so genannten Top-Kreativen sind deshalb in der Regel mit einer Extradosis Selbstvertrauen ausgestattet. Sie haben es deshalb auch nicht leicht, untereinander Umgang zu pflegen, denn natürlich stoßen die verschiedenen, vom langjährigen professionellen Selbstvertrauen gestählten Persönlichkeiten dann kompromisslos aufeinander. Das geschieht unvermeidbar vor allem in den Jurys des ADC, in denen alle Jahre wieder darum gerungen wird, welche Arbeiten es wert sind, mit Gold ausgezeichnet zu werden. Das sind genau die Anlässe, wo die unterschiedlichsten Auffassungen und Maßstäbe, die verschiedenartigsten Philosophien und Arbeitsmethoden in schöner Regelmäßigkeit über Kreuz geraten. Diese Streitigkeiten gehören untrennbar zum Gewerbe, man fühlt sich schnell an den Hochzeitstanz von Riesenschildkröten erinnert, so krachend rustikal geht es dabei bisweilen zu.

Und die Jurys sind auch nicht der einzige Ort, wo sich die ADC-Mitglieder beharken können. Das setzt sich fort, wenn der ADC seine Prämierungen schließlich den Mitgliedern bekannt gibt, beim Jahrestreffen in Berlin. Natürlich fühlen sich dann erst einmal all diejenigen verkannt und verschoben, die diesmal keine Medaillen abbekommen haben, und oft sind die Jury-Entscheide auch wirklich von der Art, dass man stundenlang darüber streiten möchte. Also setzen sich die Auseinandersetzungen, die in den Jurys stattfanden, in der Öffentlichkeit fort und bestimmen gern die nachfolgenden Diskussionen inner- und außerhalb des Clubs.

Ich sagte, eine der wesentlichen Triebfedern, die das Handeln des ADC und seiner Mitglieder bestimmen, sei der sehnsuchtsvolle Wunsch nach Öffentlichkeit. Das wird vor allem deutlich, wenn man die so genannten >Annuals, die Jahrbücher des Clubs, besichtigt, die dieser alljährlich, im Anschluss an seine Jahrestagung mit der Preisverleihung, publiziert. Längst sind daraus ungeheuerlich voluminöse Wälzer geworden, meist mit enormer Liebe gestaltet, manchmal aber auch reichlich overdone. Da tritt die Sehnsucht der Akteure ganz unverhüllt zu Tage, wahr- und ernst genommen zu werden und den verdienten Applaus für ihre meist unter enormem Aufwand hergestellten Arbeiten einzuheimsen. Aber dabei zeigt sich auch eine ganz wesentliche Eigenart, die die Kultur ihrer Produzenten bestimmt: Ich meine die Anonymität, die in der Regel in der Werbung waltet, die chronische Unsichtbarkeit und Unbekanntheit der Autoren. Gerade an dieser Suche nach Bestätigung, nach Beifall, nach Bewunderung durch das breite Publikum (nicht durch die eigene Branche), die es im Berufsalltag nicht gibt, können wir ablesen, dass Werbung von der Öffentlichkeit letztlich doch nur als etwas empfunden wird, was einem aufgenötigt wird, was man nicht bestellt hat. Als etwas, auf das man im Zweifelsfall auch verzichten könnte, ohne dass einem etwas Substanzielles fehlt. Weshalb man auch die Leute nicht vermisst, die das alles geschaffen haben. Die leiden ihrerseits chronisch darunter, unentwegt übersehen zu werden.

Auch wenn es mancher Werbefilm heute zu Kultstatus bringt, weil man über ihn immer wieder lachen mag, kann das nicht darüber hinwegtäuschen, dass es kaum Leute gibt, die ohne Werbung nicht würden leben können. Also ist auch das Interesse der Öffentlichkeit entsprechend gering, Werber kennen zu lernen, ihnen Publicity zuzubilligen. Und diese latente Missachtung der Werber durch die Öffentlichkeit kollidiert in schöner Regelmäßigkeit mit dem beschriebenen massiven Selbstwertgefühl der Akteure, hinter dem sich oft genug ganz simple Bestätigungsbedürfnisse, kleine Sehnsüchte nach Akzeptanz, um nicht zu sagen: nach Liebe, verbergen.

Und all diese Defizite soll der Art Directors Club als Institution möglichst vollständig kompensieren. Die fehlende Wahrnehmung draußen soll er durch möglichst opulente Formen der Selbstdarstellung, die mangelnden Streicheleinheiten seitens der Öffentlichkeit durch die ausgeklügelten Bescherungsrituale der Preisverleihungen ausgleichen. Wenn mir die Verbraucher schon nicht sagen wollen, wie toll ich bin, wie sehr sie mich lieben und bewundern, dann müssen wir es uns eben gegenseitig beteuern. Oder, schlimmer noch, jeder sich selbst.

Dabei kann die hygienische Funktion des ADC gar nicht hoch genug bewertet werden, denn natürlich ist er das immer während schlechte Gewissen all derer, die uns tagein, tagaus mit ihren Massen von Schweinebauchwerbung zumüllen. Man kann wohl sagen, dass ohne den Art Directors Club und seine strengen Maßstäbe unsere Werbeszene deutlich unappetitlicher aussehen würde. Es ist eben zunächst einmal erheblich einfacher und auch preisgünstiger, Werbung ohne Ideen und auf ästhetisch bescheidenem Niveau zu produzieren. Ob man damit auf lange Sicht erfolgreich sein kann, steht auf einem anderen Blatt. Und an dieser Stelle hat sich der Art Directors Club mit seiner jahrzehntelangen und immer noch fortwährenden zähen Kleinarbeit am Geschmackssinn und am Stilempfinden der Werber, ihrer Kunden und der Öffentlichkeit bleibende Verdienste errungen.

Was man in der Werbung werden kann

Der gerade ausführlich gefeierte deutsche Art Directors Club hat ausgerechnet, dass es in Deutschland rund zweitausend Werbeagenturen gibt, die – wie es heißt – diese Bezeichnung auch verdienen. Diese zweitausend Agenturen beschäftigen im Schnitt 12 Mitarbeiter, macht etwa fünfundzwanzigtausend Werber in Deutschland, von denen die Hälfte in den zweihundert größten Agenturen tätig ist. Natürlich besteht eine solche Werbeagentur nicht nur aus Kreativen. Das daraus resultierende Chaos wäre unter Garantie nicht auszuhalten. Eine Agentur ist eben mehr als nur ein kreativer Hot Shop. Sie ist eine ernst zu nehmende Organisation, eine Organisation, die das sensible Produkt Werbung ersinnt, gestaltet, produziert, organisiert und verwaltet. Und natürlich braucht man dafür nicht bloß Kreative, obwohl in Agenturen jeder Mitwirkende einen Schuss Kreativität und Unkonventionalität mitbringen sollte, auch wenn er einen nicht ausdrücklich als kreativ bezeichneten Beruf ausübt.

Herkömmlicherweise unterscheidet man in Agenturen primär nach den Abteilungen Beratung und Kreation. In der Beratungsabteilung wird die strategische Arbeit geleistet und das Tagesgeschäft verrichtet. Das heißt, dort werden die Pläne entwickelt, wie ein Produkt erfolgreich in den Markt zu bringen ist. Und dort wird auch die Tagesarbeit verrichtet, mit der dafür gesorgt wird, dass alles zur rechten Zeit auch wirklich korrekt und planmäßig realisiert wird, was zuvor erdacht worden war. Im Wesentlichen wird diese Arbeit von Akteuren ausgeführt, die sich in die folgenden Berufsgruppen unterteilen lassen:

Der Kundenberater. In deutschen Agenturen auch Kontakter, in amerikanischen auch >*Account Manager* genannt. Er ist der Partner der Kunden in der sogenannten Tagesarbeit. Er koordiniert und wickelt ab. Er hat die Verantwortung für alle Kosten und für alle Termine und regelt die Zusammenarbeit mit allen Abteilungen in der Agentur, also mit den Kreativen, mit der Mediaabteilung, mit der Marktforschung, mit der Produktionsabteilung. Je besser der Kundenberater, desto besser fühlt sich der Kunde in der Agentur aufgehoben, und umso besser auch die Zusammenarbeit der einzelnen Abteilungen.

Der Planner. Er (oder sie, jeder dieser Berufe ist prinzipiell für männliche wie weibliche Mitarbeiter denkbar, in Werbeagenturen haben Frauen in der Regel eher überdurchschnittliche Karrierechancen, gemessen an den sonstigen Gewohnheiten unserer Männergesellschaft) ist so etwas wie das strategische Gewissen der Agentur. Er schafft der Agentur ein realistisches Bild vom Markt und seinen Möglichkeiten, indem er die vorhandenen Marketingdaten analysiert, die heute häufig internationale, ja globale Marktdaten sind bzw. sein müssen. Er prüft die Chancen für die Markteinführung neuer Produkte – er untersucht, ob die Strategie stimmt, das >*Positioning,* das >*Produktversprechen,* die Preisgestaltung, der Vertrieb. Er analysiert die Konkurrenzsituation und entwirft Szenarien des Vorgehens. Wer sind die gefährlichsten Wettbewerber, welche Konkurrenten zeigen Schwächen, wo bestehen die größten Chancen, Marktanteile hinzuzugewinnen? Der gute Planner ist ein Generalist, der gleichzeitig so viele unterschiedliche Faktoren wie nur möglich berücksichtigt.

Der Trafficer. Auch Innenkontakter genannt. Gerade Werbeagenturen brauchen Menschen, die korrekt und präzise sind, die nichts vergessen und nichts versieben, die Termin- und Arbeitspläne ernst nehmen und ihre Kollegen souverän durchs tägliche Arbeitsgeschehen leiten. Ein Trafficer sorgt für die ordnungsgemäße Binnenabwicklung der Jobs, erfasst Zeitaufwand und Kosten und stellt sicher, dass die Arbeitsgruppen für ihre Aufgaben stets zur rechten Zeit mit den notwendigen Unterlagen versehen sind.

Der Media-Experte. Media ist eine Wissenschaft für sich. Sie dreht sich um die Frage aller Fragen, über welche Medien (Anzeigen, Plakat, Funk, Fernsehen, Kinofilm, Direct-Marketing, inzwischen auch schon Internet) die als richtig und wichtig erkannten Zielgruppen für ein Produkt oder eine Dienstleistung am besten und kostengünstigsten zu erreichen sind. Konkret: In welchen Medien muss ich werben, wenn ich eine Weißbier->*Promotion,* ein zeitlich begrenztes Sonderangebot für einen Autoverleiher oder die neue Kampagne für Red Bull oder Diesel Jeans plane. Alle Medien beeilen sich mehrmals jährlich, ihre Leistungsfähigkeit zu beweisen, indem sie sich regelmäßigen >*Mediaanalysen* unterziehen. Die Leistungswerte, die dabei bekannt werden, sind die Basis für die Arbeit der Media-Experten, deren Aufgabe darin besteht, für jede Kampagne eine geeignete Media-Strategie zu entwickeln.

So weit der kaufmännische, organisatorische, planende und verwaltende Teil der Agentur. Auf der anderen Seite finden sich die kreativen Berufe. Dort entstehen die Kampagnen, mit denen die Werbung letztlich sichtbar wird. Die Kreation setzt sich aus folgenden Mitarbeitern zusammen:

Der Texter. Er ist für die Sprache der Kampagnen verantwortlich, für den verbalen Stil, der mit den Schlagzeilen entwickelt wird. Den Texter tritt in der Regel gemeinsam mit dem Art Director auf, denn die großen Kampagnen werden in der Praxis immer von einem Team entworfen, in dem der Texter und der Art Director als die Verantwortlichen für Text und Bild das Zentrum bilden. Das ist schon deshalb notwendig, weil der besondere Mechanismus von erfolgreicher Werbung auf einem engen, möglichst verblüffenden Zusammenwirken von Text und Bild beruht. Ein guter Texter denkt deshalb immer auch in Bildern, ein guter Art Director stets auch in Worten und Sprachideen.

In der Regel wird der Texter übrigens nicht nur die Schlagzeilen und das Kleingedruckte verfassen, er ist im Allgemeinen auch das Sprachrohr der kreativen Arbeitsgruppe, er ist derjenige, der die die kreative Strategie in Worte fasst und die Präsentationen für die Kundenmeetings schreibt.

Der Art Director. Er ist verantwortlich für den visuellen Auftritt der Kampagne, für ihren Look. Wie schon beschrieben, ist der Art Director gemeinsam mit dem Texter Autor der Kampagnen, er sucht sich für die konkrete Realisationsarbeit die Leute, die ihm ihr Spezialistenwissen zur Verfügung stellen, also Fotografen, Illustratoren, Typografen, Werbefilmer, Messebauer, Internet-Designer, Spezialisten für >Desk Top Publishing (DTP). Diese Leute arbeiten unter seiner Anweisung die Kampagne aus, er gibt die Richtung für das so genannte >Art Work vor, deshalb auch Art Director.

Der Creative Director. Der Creative Director ist sozusagen die Steigerungsform des Texters oder Art Directors. Eines von beiden ist er in seinem früheren Leben nämlich gewesen, bevor er zum Creative Director ernannt wurde. Der Creative Director hat die kreative Gesamtverantwortung für die Entwicklung und Gestaltung von Kampagnen. In besseren Agenturen ist er in der Geschäftsführung vertreten, womit auch demonstriert wird, dass man dort die verrückten Gestalter ernst nimmt und ihre Produkte auch. In der Regel ist er auch der für die gestalterischen Fragen verantwortliche Gesprächspartner des Auftraggebers.

Der FFF-Producer. FFF steht für Film, Funk, Fernsehen, also für die elektronischen Medien. Der FFF-Producer hat die Aufgabe, die von den Kreativen der Agentur entworfenen Funk- oder TV-Spots oder Kinofilme zu realisieren. Er wählt dafür die geeigneten Funk- oder Filmproduktionen aus. Er hat häufig auch die Verantwortung für die Besetzung solcher Spots. Das heißt, er trifft die Vorauswahl beim >Casting, der Entscheidung für die Schauspieler bzw. Models. Dabei sind oftmals spezielle Anforderungen zu erfüllen, insbesondere wenn es um Filme oder Anzeigen für Kosmetik geht. Da braucht man nämlich häufig besonders attraktive Hände, Füße, Haare, Zähne, Augen, Haut, für die es auf dem bunten Markt der Werbung natürlich auch ganz spezielle Models gibt. Es gibt auch FFF-Producer, die selbst als Kreative tätig sind und ihre Filmerfahrungen in die Arbeit der Kreation einbringen.

Die Art Buyerin. Hier ist ausdrücklich die weibliche Form gewählt, denn gutes Art Buying ist wirklich Frauensache. Die Art Buyerin ist sozusagen die Bibliothekarin der Kreativen. Sie sichtet kontinuierlich die Arbeitsproben von Fotografen und Illustratoren, von >Stylisten, Computergrafikern und >Internet-Designern. Außer-

206

dem verwaltet sie den Fundus an >*Set Cards* und Arbeitsproben von Fotomodellen, Schauspielern und Sprechern und hält ihn immer auf dem neuesten Stand. Die Bestände ihres Sammeleifers sind das Archiv, aus dem sich die Kreativen bedienen, wenn sie über die Realisation neuer Kampagnen nachdenken.

Der Produktioner. Ist vom Producer zu unterscheiden. Der Produktioner hat die technische Verantwortung für alles, was im Auftrag einer Agentur gedruckt oder produziert wird, also für die handwerkliche Qualität von Anzeigen, Plakaten, Prospekten, Katalogen, Büchern, Werbegeschenken, Thekenaufstellern, Banderolen, Aufklebern, Spezialverpackungen und was den Werbern sonst noch zum Wohl der Verbraucher einfällt.

Natürlich gibt es noch weitere Experten, etwa für Verkaufsförderung, für >*Business-to-Business*-Maßnahmen, für Direktwerbung, die so genannte >*One-to-One-Kommunikation,* die immer wichtiger wird und mit der auch große Unternehmen heute möglichst jeden einzelnen Kunden mittels gezielter, direkter Maßnahmen (Briefe, Zeitschriften, Kundenkarten, Spezialangebote, Clubs, Reisen) an sich zu binden suchen.

Diese Berufe sind deshalb nicht separat erwähnt, weil es sich dabei in der Regel um spätere Abzweigungen von der Tätigkeit etwa des Kundenberaters oder des Texters bzw. Art Directors handelt.

Und es gibt die vielen Zulieferer der Kreativen, von denen schon die Rede war, die Fotografen, Film-, Funk- und Fernsehproduzenten, Illustratoren, Typografen, DTP-Experten, Software-Entwickler, Internet-Designer, Drucker und Messebauer. Wer in solch einem Beruf arbeitet, ist mittelbar immer auch in der Werbung tätig.

207

Wie man in die Werbung hineinkommt

Das war bekanntermaßen die Eingangsfrage von Dominique. Natürlich kann man bestimmte Tätigkeiten heute mit einem entsprechenden Studium vorbereiten. Marketing, Grafik, sogar die Texterei werden heute von den verschiedensten Hoch- und Fachhochschulen angeboten. Prinzipiell ist solch ein Studium als Berufsvorbereitung nicht falsch, die Anschriften der empfehlenswerten Bildungsinstitute sind im Anhang aufgelistet (ab S. 267). Auch die Agenturen bieten zunehmend Ausbildungsplätze an.

Allerdings setzt die Ausbildung in einer Agentur voraus, dass man sich dort erfolgreich bewirbt, und damit sind wir bei einem schwierigen Thema angekommen, dem der Erfolg versprechenden Bewerbung. Ein Abiturient in München, so schreibt Reinhard Siemes, wollte unbedingt zum Werbefilm. In einem Brief bat er eine Münchner Agentur, die für gute TV-Spots bekannt ist, um eine Praktikantenstelle. Weil die Antwort ausblieb, schickte er den Brief noch mal, aber leicht vergrößert – auf zwei Meter Länge. Und – noch einmal Siemes – eine Düsseldorfer Agentur erhielt eines Tages per Post von einem Bewerber eine zehn Kilo schwere Eisenplatte mit der Gravur: „Ich habe den eisernen Willen, Texter zu werden." Er wurde es.

Diese Geschichten illustrieren sehr anschaulich: Auch eine Bewerbung ist bereits Werbung. Für einen selbst. Sie ist die allererste Werbekampagne, die man selbst entwirft. Und je intelligenter und origineller die Form der Bewerbung, umso einfacher der Rückschluss, dass der Bewerber für die Werbung geeignet ist.

Freilich – wer sich zur Ausbildung in eine uninspirierte Agentur verirrt, der wird gleich zu Beginn seiner möglichen Berufslaufbahn aufs Empfindlichste zurückgeworfen. Die Faustregel für gute Ausbildung lautet: Je besser die Agentur ist, in der ich beginne, desto größer sind meine Chancen, später Karriere zu machen.

Das ist logisch: Je besser nämlich das kreative Klima ist, umso größer die Chancen, dass auch der Nachwuchs sich entfaltet. Gerade in der Werbung gilt, dass der Einzelne umso besser wird, je besser die Leistung des Ensembles, also der ganzen Agentur ist. Das macht der interne Wettbewerb, der in der Regel nicht weniger scharf ist als der der Branchenkonkurrenz. Es ist also für den Berufseinsteiger ungemein wichtig, bei einer wirklich qualifizierten Agentur zu beginnen. Und die Beurteilung ist im Grunde ganz einfach: Eine Agentur ist umso besser, je besser ihre Kampagnen sind.

Dominique, die immer den direktesten Weg nimmt, hat sich meine Annuals vom Art Directors Club unter den Arm geklemmt. Sie ist ins Kino gegangen und hat sich die >Cannes-Rolle angesehen, und zwar gleich dreimal hintereinander. Und sie sieht sich in SAT 1 gern eine Sendung an, betitelt *w.w.w. Die witzigsten Werbespots der Welt*, eine schräge, meist ziemlich unterhaltsame Präsentation all dessen, was tagtäglich rund um den Globus an intelligenter, komischer, bisweilen auch schockierender Fernsehwerbung entsteht. Ich habe sie im Verdacht, dass sie international inzwischen besser und aktueller informiert ist als ich.

Wie man in der Werbung bleibt

Ein Beitrag von unserer Gastkolumnistin Kristin Ulbricht

Über mich. Bevor ich meine Hintergründe beleuchte, hier erst einmal meine Vordergründe. Kristin mein Name, 28 mein Alter und mein ausgeübter Beruf Texterin in einer Werbeagentur. Tatsächlich kann ich ohne Übertreibung und schlechtes Gewissen bemerken, dass es eine renommierte Agentur ist, mit großen Kunden und großen Kampagnen. Und – gleich viel Lob vorweg – auch mit großen Köpfen, die das alles ausbrüten.

Über meinen Werdegang. Mir ist die Werbung buchstäblich in die Quere gekommen. Als Quereinsteiger gehöre ich zu den Werbern, die von fernen, oft kuriosen Fachgebieten kommen, wie etwa der Anthropologie mit Schwerpunkt Griechische Geschichte, oder wie ich: Psychologie mit Schwerpunkt Kriminologie. Wieso man für Eigentum kriminell wird, beschreibt meine Diplomarbeit, wieso man immer wieder für (potenzielles) Eigentum kreativ wird, beschreibe ich hier. Wenn ich eine Schlagzeile liefern müsste, die meinen Werdegang beschreibt, dann hieße sie: „Von der Kriminalität zur Kreativität". Recht so?

Zur Werbung bin ich gekommen, wie nicht anders zu erwarten, durch Werbung. Durch Mund-zu-Mund-Propaganda. Einige meiner liebsten Kommilitonen, die besonders gern feierten und auch sonst den subtilsten Humor der Uni besaßen, wollten in die Werbung. In den ersten Semestern noch als Texter, in den höheren Semestern dann am liebsten gleich als Geschäftsführer oder – dem Psychologenfach entsprechend – als Trendforscher. Einer dieser Kommilitonen weissagt heute erfolgreich Produkt-Neuentwicklungen und erkennt daraus auch noch die Lage der Nation. Dazu braucht er noch nicht einmal Kaffeesatz.

210

Nüchterner Kliniker, der ich bislang war, stieß bei mir anfangs die Verführung der Seelen durch Werbung auf sture Ablehnung. Dann entschloss ich mich jedoch zu einem Praktikum in solch einer Teufelsküche, und zwar bei der Agentur Wilkens Ayer in Frankfurt.

Und war verdorben. Mein Entschluss stand bald fest. Ich wollte Werbetexterin werden. Nicht nur, weil man offiziell am Arbeitsplatz *Titanic* lesen durfte. Nicht nur, weil ich irgendwie Talent dazu in mir erahnte. Es war mehr das vage Gefühl, auch hier für meine Persönlichkeit allerhand lernen zu können. Ein halbes Jahr nach dieser ersten Erfahrung beendete ich jedenfalls mein Studium ordnungsgemäß mit einem gut benoteten Diplom und fuhr in derselben Woche noch nach Hamburg (siehe oben) mit dem Ziel, Texterin zu werden.

Die ersten Personalgespräche in den Agenturen erlebte ich mehr unter Schock als willentlich gesteuert, das allererste bei Jung von Matt mit Stefan Zschaler. Das ist der kreative Kopf der herrlich absurden Bluna- und Benson-and-Hedges-Kampagnen. Der Ton war schockierend direkt. Ohne Umschweife wurde mir eingeschenkt, dass ich noch viel zu lernen hätte, dass Diplome hier überhaupt nicht interessierten und dass ich gerade mal mit einem Praktikumsplatz für schlappe 500 Mark monatlich zu rechnen hätte. Beleidigt zog ich wieder ab. Es folgte Gespräch Nummer zwei bei der Agentur K, N, S, K. Werner Knopf sagte all das noch einmal, freilich diplomatischer, und empfahl mir, nicht mehr völlig überraschend, es erst einmal mit einem Praktikum zu versuchen. Wieder ging ich beleidigt weg.

Aber wie das so im Leben ist: Hat man sich für etwas wirklich entschieden, dann läuft der Rest von allein. Statt in der Werbung fing ich erstmal in der Trendforschung an, bei Matthias Horx im Trendbüro. Hier schrieb ich zum ersten Mal einen Text für richtiges Geld. Dazu arbeitete ich als >Ghostwriter für zwei Berliner Psychologen, ausgerechnet über Bewerbungen – wie praktisch. Dann noch ein paar Rezensionen für das *Hamburger Abendblatt* und schließlich fühlte ich mich ausreichend gerüstet. Ein Jahr freies Schreiben für Geld sollte die Waffe sein im Kampf um mein erstes richtiges Gehalt. Im Januar 97 trat ich dann tatsächlich bei Springer & Jacoby an: Etwas bang war mir schon. Dazu meine unklaren Erwartungen, was sich in diesem geheimnisvollen Edeltempel der Kreation wohl abspielen mochte.

Die prägenden ersten Jahre. Die frühen Jahre, das gilt sicher für jeden Beruf, sind die schwersten und am meisten prägenden. Einstellungen werden gebildet, Erfahrungen bestätigt oder enttäuscht. Ich hatte Glück. Die erste Kampagne, an der ich mitarbeitete, wurde auch gleich ein richtiger Erfolg. Die Hamburgischen Elektrizitätswerke bekamen 1998 eine Bronzemedaille beim deutschen Art Directors Club und eine internationale Auszeichnung auf der Short List in Cannes. 1999 vergab der Art Directors Club noch einmal bei seiner alljährlichen Preisverleihung in Berlin Auszeichnungen für zwei Motive der Kampagne.

Es gab also viel zu verdauen. Einerseits den Reichtum an Medaillen und Erfahrungen. Andererseits den völlig ungewohnten enormen Arbeitsdruck. Eine Art Directorin kündigte, weil sie nicht noch einmal solchen Stress erleben wollte. Feiertage und Wochenenden fielen flach. Die ewige Angespanntheit wirkte sich aus auf meine

Freundschaften und, was nicht weniger schlimm war, auch auf meinen Schlaf.

Es war alles bald überhaupt nicht mehr so locker, wie ich mir das vorgestellt hatte. Und auch das Texten fiel nicht ganz so leicht. Es fehlte wohl noch das nötige bisschen Schreibroutine. Und nicht nur das, vielleicht auch das nötige Gespür, wie solche Texte sich anfühlen sollen. Ich musste etwas ändern. Ich wechselte versuchsweise den Arbeitsplatz, aber das hielt nicht sehr lang vor. Nach einer kurzen Stippvisite bei Scholz & Friends Berlin kehrte ich in mein geliebtes Hamburg zurück und begann bei der anderen, innen wie außen straff organisierten, großen Kreativagentur der Stadt: bei Jung von Matt.

Wie man in der Werbung bleibt. Nicht aufgeben! Man muss es sich in den Kopf gesetzt haben, ein guter Texter zu werden, und man muss mit aller Macht darauf beharren. Aber das heißt jeden Tag erneut harte Arbeit an sich und an seinen Ideen. Man braucht eiserne Selbstdisziplin, aber auch Selbstliebe. Da es in solch einer Schmiede in der Regel heiß ist, sollte man darauf achten, dass man nicht schnell verbrennt. Und man muss lernen, dem Druck der eigenen Erwartungen standzuhalten, genauso wie dem Leistungsdruck, der von außen kommt. Es gehört sicher einiges an Mut dazu, durchzuhalten. Vielleicht auch ein paar Parolen, so wie ich sie für mich selbst verfertigt habe.

Parole 1: Du bist der, der du sein wirst. Du bist gut. Sonst hätten sie dich nicht genommen. Und du wirst noch besser werden. Man hat ja auch gar keine andere Wahl, als ständig besser zu werden, denn solch eine Agentur holt dich und deine Leistungen auf den

Zenith. Sie verlangt von dir, dich unter den Besten zu behaupten. Deine Aufgabe besteht darin, diese Spannung für deine Antriebe zu nutzen, aber nicht daran zu zerbrechen. Oder möglicherweise lustlos und apathisch zu werden. Deswegen:

Parole 2: Nimm dir Zeit, auch unter Druck. Nur du kannst beurteilen, wie weit du gehen kannst und gehen musst, ohne zu verkrampfen. Auch hier muss es immer wieder heißen: nicht aufgeben. Und für die Zarten: nicht sich selber hauen. Nicht zu streng mit sich selbst ins Gericht gehen. Zum Trost bietet Jung von Matt seinen Kreativen eine Galerie mit schlechten Arbeiten aus dem eigenen Haus an. Das Tröstliche: Die dafür Verantwortlichen arbeiten immer noch in der zur Zeit wohl besten Kreativagentur Deutschlands. So was baut auf. Deshalb auch:

Parole 3: Immer locker bleiben. Konzentrier dich auf deine Aufgabe und bleib ganz ruhig. Irgendwann muss der Knoten platzen. Du merkst auch, wie du im Lauf der Zeit souveräner wirst. Wie du nicht mehr panisch von einem Problem zum nächsten schlidderst. Wie du allmählich lernst, einen Text in all seinen Verzweigungen zu beherrschen. Wie du anfängst, deine Leser zu führen, sie nach deinen Vorstellungen zu führen.

Parole 4: Freiheit ist auf engstem Raum. Setz dich mit deiner Firma auseinander, mit ihrer Philosophie, mit ihren Regeln. Such dir darin deinen Freiraum. Meist sind solche Regeln nicht völlig blöde, man muss sie kennen und begreifen, dann findet man darin auch Platz für seine eigenen Rechte, die man verteidigen kann. Was nicht selbstverständlich ist, denn natürlich spürt man ständig die übermächtige Autorität, die eine solche Agentur ausstrahlt.

Wichtig in diesem Zusammenhang: Gute Ideen polarisieren. Wenn also der eine oder andere nicht so angetan ist von dem, was du dir hast einfallen lassen, oder schlicht „Scheiße" zu deinen Ideen sagt, heißt das nicht, dass du unfähig bist. Manchmal brauchen Ideen auch in Agenturen ihre Zeit, manchmal ist es einfach auch nur Geschmackssache.

Parole 5: Nicht verrückt machen lassen. Denke immer daran: Du wirst an der Qualität deiner Arbeit gemessen. Meist ist es der vermaledeite Termindruck, der dafür sorgt, dass Sorgfalt und die Lust am Schreiben flöten gehen. Auch hier gilt wieder: Nimm dir die Zeit, die du brauchst, um etwas so gut zu machen, dass du selbst damit zufrieden bist. Denk immer dran: Du sammelst damit auch Perlen für deine Arbeitsmappe.

Parole 6: Die Einstellung bringt's. „Die ersten zehn Jahre in der Werbung werden Sie nur in der Agentur verbringen", kommentierte Rainer Baginski meine Klagen über Wochenend- und Nachtschichten. Dem möchte ich hier widersprechen. (Aber ich werde es wohl auch bekräftigen.)

Warum der Widerspruch? Verbringt man nur noch alle Freizeit in der Agentur bzw. glaubt man nur noch für die Agentur leben zu müssen, wird die Freude an diesem Beruf schnell wieder verfliegen. Und weshalb dann die Bestätigung? Wird der Job zur Berufung und nimmt man seine Aufgaben plötzlich unter die Dusche und in den Urlaub mit, dann beweist das, dass man seine Arbeit anders zu erleben beginnt: befreiend. Ich habe eins bei mir festgestellt: Es macht den Menschen offensichtlich Spaß, Probleme zu lösen. Daran kann man sich erfreuen. Und das erst recht, wenn sie

215

eines Tages attraktiv verpackt über den Bildschirm flimmern.

Parole 7: Trau keinen Parolen. Sondern mach dir deine eigenen. Schließlich weißt du immer noch am besten, was gut für dich ist und was nicht.

Wie ich mich selbst motiviere. Was den Kreativen auszeichnet, sind nicht die Medaillen. Es ist die Empfindsamkeit. Wie er sie einsetzt, wie er sie schützt, das ist seine tägliche Aufgabe, die wichtigste. Er muss immer aufs Neue dafür sorgen, sich die Fähigkeit zu erhalten, die unterschiedlichen Seiten eines Produkts oder eines Themas wahrzunehmen und zu begreifen. Spielerisch den Vorteil für potenzielle Kunden zu erarbeiten und kreativ an den Mann zu bringen. Mit List, mit Charme, mit Frechheit. Wenn aber die Sinne blockiert sind, wird auch die größte Selbstdisziplin nichts bringen. Ein paar kleine Tricks können da helfen.

Raus aus dem Haus. Rein ins Leben. Straße, Café, Park, Kino oder Zoo bieten nicht nur Ablenkung und Entspannung, sondern auch die schönsten Geschichten und Situationen, die nur das Leben schreiben kann.

Spicken, klauen, kupfern. Bei Filmen, Büchern, Musikvideos und natürlich auch bei der Konkurrenz hinschauen, hinhören, wie die ihre Probleme gelöst haben. Und vor allem, wie du das noch besser machen kannst.

Nach Hause gehen. Wenn alles nichts hilft und das Schlafdefizit durchschlägt, ist es das Beste, einfach die Arbeit liegen zu lassen und nach Hause zu gehen. Und nur noch zu schlafen.

Bewegen. Auch meine größte Angst nimmt ab, wenn ich mich bewege. Der Taktgeber Körper muss doch wohl immer wieder neu eingestellt werden. Nach einer Joggingrunde um den See oder irgendeiner anderen körperlichen Ertüchtigung erlebe ich in der Regel erst angenehme Hirnleere und Müdigkeit, dann einen neuen Energieschub.

Gut ist uns nicht gut genug

Sagen wir es noch einmal ganz ausdrücklich mit leicht warnendem Unterton: Die Werbung ist kein sanftes Ruhekissen für Lebenskünstler. Einfälle haben ist – wie gesehen – ein stressreiches, kräftezehrendes Gewerbe, auch dann, wenn man zu den wenigen Glücklichen zählt, denen die Ideen vergleichsweise reichlich zufließen. In den Siebzigerjahren kursierte ein Comic von Robert Crumb, der mir immer wie die allerletzte Wahrheit über meinen Beruf vorkam, die Geschichte eines Mannes, der durch den Wahnsinn des amerikanischen Alltags stolpert, der dabei tiefer und tiefer fällt und nichts begreift. So jedenfalls signalisieren es die dicken Fragezeichen, die sein Kopf in jeder neuen Situation unentwegt produziert. Erst im allerletzten Bild, der Mann liegt inzwischend verdurstend in der Wüste, den Tod vor Augen, verwandelt sich das Fragezeichen in ein Ausrufungszeichen. Nun hat er Gewissheit. Sehr krass, freilich auch ausgesprochen komisch.

In der Tat ist man als Kreativer, wenn man denn nicht nur gut sein, sondern auch gut *bleiben* möchte, gezwungen, im Grunde unentwegt zu suchen, zu fragen, nach Verbesserungen der eigenen Ideen zu fahnden, Tag und Nacht, werktags wie am Wochenende, auf dem Klo wie in den Ferien. Es gibt keine Arbeit, mit der man jemals wirklich fertig werden würde, keinen Etat, auf dem man sich mal einfach nur entspannen könnte, es sei denn, die Agentur verliert den Kunden. Und das bedeutet auch, dass es nie wirkliche Ruhe vom Job gibt. Die Werbung verfolgt jene, die sich kreativ davon ernähren wollen, bis in ihre allerletzten Träume. Ich weiß es von mir selbst, denn eine meiner liebsten Lebenslügen besagt, dass ich nur ganz wenig Schlaf brauche. Die Wahrheit müsste

218

eher lauten, dass ich nur ganz wenig Schlaf *finde,* denn wie der Beruf es will, habe ich es mir bereits vor vielen Jahren angewöhnt (gezwungenermaßen, nicht freiwillig), täglich gegen vier Uhr in der Früh wach zu werden und meine Fragezeichen zu produzieren. Fast alle meine wirklich guten Ideen kamen mir zwischen vier und sieben Uhr morgens. Inzwischen kann ich gar nicht mehr anders, als so früh wach zu werden. Ich kann andererseits abends leider auch nicht früh einschlafen. Vor Mitternacht ist an ein Zubettgehen deshalb nicht zu denken, sodass ich seit Jahrzehnten im Durchschnitt mit nicht mehr als maximal fünf Stunden Nachtschlaf vorlieb nehmen muss, das gilt selbst für die Wochenenden. Und auch wenn man so etwas nicht gern wahrhaben will: es zehrt.

Was aber möglicherweise die Physis wie die Psyche der Gestalter noch viel mehr strapaziert, ist der unentwegte massenhafte Verlust an Ideen, den niemand draußen bemerkt, all der Einfälle, die – obwohl erkennbar gut – vergebens produziert wurden. Die Beziehung zwischen Kreativen, Agentur und Kunden ist offenbar eine Art Bermuda-Dreieck, in dem ständig ungeheure Mengen an kreativen Leistungen unwiderruflich verloren gehen, weil sie nicht durch die Entscheidungsprozesse kommen, weil sie an den Klippen von Karriereängsten oder Marktforschungsstudien zerschellen. Weil die neuen Ideen, eben gerade weil neu, häufig schon in der Agentur oder später auf Kundenseite niemanden finden, der das Neue an ihnen begreift oder sich damit identifizieren will. Neue Gedanken fordern vor allem Mut. Und das ist vor allem anderen der Mut, sie öffentlich zu machen. Dahinter verbirgt sich erkennbar ein Risiko, auch ein unentwegtes Risiko für die Karriere. Also arbeiten Kreative einen Großteil ihres Lebens vergeblich, sie produzieren einen beträchtlichen Teil ihrer Lebensleistung für den Papierkorb oder für ihr eigenes imaginäres Museum. Kein wirklich guter Kreativer, der bzw. die nicht in der Lage wäre, ein dickes Buch aus brillanten, nicht erschienenen eigenen Kampagnen seiner langen Berufsjahre zu machen – viele in der Regel besser als alles, was von ihnen je gedruckt wurde.

Und das alles hat ja auch seine emotionale Seite. Jedes Nein eines Kunden ist ein kapitales Misserfolgserlebnis für die betroffenen Kreativen. Es ist immer auch eine ganz persönliche Zurückweisung, selbst wenn es nicht so gemeint ist. Das sind die Momente, in denen Gestalter merken, dass Idee und Ideengeber sich nicht einfach voneinander trennen lassen, dass die Ideen unsere Kinder sind, dass wir sie lieben, uns mit ihnen freuen, mit ihnen leiden. Es ist deshalb immer enorm schmerzhaft, eine gute und folglich geliebte Idee nicht realisieren zu dürfen.

So bewegt man sich unentwegt auf einer Achterbahn der Gefühle, freilich auf einem Parcours, der ungeheuer viele, meist nicht vorherzusehende Abstürze aufweist. Hervorragende Idee, machen wir auch nicht!

Soll einerseits heißen: Gut ist uns nicht gut genug. Aber zu gut ist letztlich auch wieder nicht gut. Man pendelt unentwegt zwischen den enormen, meist nicht näher zu definierenden Erwartungen der Auftraggeber, die auch völlig zu Recht bestehen und die man zu befriedigen trachtet und deren meist nicht vorhersehbaren Schwierigkeiten, wirklich Gutes dann auch zu sehen, zu verstehen und zu akzeptieren. Das kostet Kraft. Jeden Tag.

Natürlich erlebt man eine solche Existenz irgendwann überhaupt nicht mehr als ungewöhnlich. Man passt sich elastisch an diese seltsamen Begleitumstände an und nach einiger Zeit kann man es sich gar nicht mehr vorstellen, dass dieses nicht ganz Alltägliche etwa nicht die Norm sein sollte. Aber wenn man sich als Werber ein wenig genauer erinnert, dann muss man sich eingestehen, dass dieses Leben überdurchschnittlich strapaziös ist und dass es Kollegen gibt und gab, deren Organismus und deren Psyche das nicht so gut verarbeiten konnten.

Wobei man sehr schnell merkt, dass es noch viel mehr Gründe gibt, die den Stress bewirken und immer weiter steigern. Nehmen wir nur die Halbwertzeit von Ideen. Auch die von wirklich guten Einfällen sinkt nämlich mit immer größerer Geschwindigkeit. Es geht in unserer ultrahochbeschleunigten Welt immer schneller, dass das Neue sich abnutzt, sodass der Kunde seinen kreativen Nachschlag auch immer schneller haben muss. Und natürlich kommt die Antwort der Konkurrenz ebenfalls immer schneller, weil auch in deren Agenturen gute, witzige Kollegen sitzen, die ganz urplötzlich einen eindeutig besseren Gedanken ausgebrütet haben. Es findet ein immer größerer Verbrauch von Wirklichkeit statt. Und die Werbung ist einer der Orte, wo dies ganz besonders augenfällig wird.

Aber auch in diesem von Beschleunigung geplagten Gewerbe gibt es Momente, in denen man weiß, dass einem trotz Zeit- und Konkurrenzdruck etwas gelungen ist, was sich nicht so leicht noch einmal wird steigern lassen. Was allerdings voraussetzt, dass *alle* Beteiligten dieses Besondere wollen und begreifen. Auch der Kunde. Auch die Agenturkollegen.

221

Um wenigstens an dieser Stelle einmal eigene Erfahrungen auf-
zugreifen: Einer meiner wenigen Klienten, die mit neuen Ideen
stets locker umzugehen wussten, Hans O., war Importeur von
russischen Spirituosen. Wenn man so will, Importeur aus Überzeugung, denn er war selbst ein so genannter *heavy user*, regel-
mäßiger Konsument der von ihm auf den Markt gebrachten
Schnäpse, Weine und Liköre, weshalb er seine unternehmerischen
Entscheidungen, auch die zur Werbung, stets an den Vormittagen
traf. Da war er garantiert noch nüchtern. Ein Mann, den wir
außerordentlich schätzten, denn er hatte Humor und – nicht all-
täglich bei Kunden – ein wirklich gutes Auge für witzige Ideen.
Er hatte allerdings auch reichlich ausgefallene Wünsche, mit
denen er uns bisweilen zur Verzweiflung trieb („Machen Sie mir
eine Osteranzeige für meinen russischen Wodka!"). Eines Tages
verlangte er geradezu ultimativ von uns, ihm eine so genannte
Sortimentsanzeige zu gestalten, auf der alle seine Importspirituo-
sen abgebildet sein sollten, eine Anzeige, die er – zum Ansporn
seines Außendienstes – im *Spiegel* publizieren wollte.
Das war kein sehr motivierender Auftrag. Schließlich begann mein
Art Director Hansjoachim Dietrich (der auch dieses Buch gestaltet
und typografiert hat) in stiller Verzweiflung mit einem Layout.
Darin ordnete er alle etwa zwei Dutzend Getränke – Wodka,
Krimsekt, grusinischen Wein und Weinbrand, Danziger Goldwasser,
Rigabalsam, Kvas – zu einer Buntstiftzeichnung (er war damals in
seiner Buntstiftphase), zu einem schönen >Still life mit einem Fond,
der unten hell war und sich nach oben immer weiter verdunkelte,
was dem ganzen Arrangement eine ganz eigene Dramatik verlieh,

222

weil das Ensemble irgendwie an durch Stromausfall hervorgerufe-
ne düstere Moskauer Nächte erinnerte. Dieses Layout händigte er
mir mit dem Kommentar aus: „Jetzt brauchst du nur noch eine
gute Schlagzeile dazu zu schreiben." Und ich verbrachte meine
nächste Nacht wie üblich ab vier Uhr wach und kam am nächsten
Morgen mit einem Notizzettel zu ihm, auf den ich die erbetene
Zeile geschrieben hatte. Die gefiel dem Art Director zwar über
alle Maßen, dennoch weigerte er sich kategorisch, sie ins Layout
zu übernehmen, denn, so seine Überzeugung, „Die werden uns
rausschmeißen, du wirst es sehen."

Die Anzeige wurde schließlich dennoch wie geplant ausgeführt,
denn wir hielten es in diesen Dingen mit Groucho Marx, der einmal gesagt hat: „Besser einen guten Freund verloren, als einen
guten Witz nicht erzählt." Und beim nächsten Treffen mit dem
Kunden – morgens, wegen der nachmittäglichen Entscheidungs-
probleme – wurde sie präsentiert. Und O., strotzend vor morgend-
licher Entscheidungskraft, warf einen Blick darauf und sagte nur
lapidar: „Ist genehmigt, meine Herren, das sind wir haargenau."

Wir trinken so viel wir können, den Rest verkaufen wir. So stand
es da zu lesen und so ist die Sortimentsanzeige auch erschienen,
wie geplant im *Spiegel*, zur höheren Motivation des Außendienstes und als seltenes Beispiel dafür, dass Werbung auch subtilere
Wahrheiten verkünden kann.

PS. Weil es ja ständig Jubiläen geben muss, wurde irgendwann in
einer der Werbefachzeitschriften auch die Kampagne abgefeiert,
die wir Hans O. für seinen Wodka Moskovskaja verfertigt hatten
und die er – seltener Glücksfall – genehmigt hatte und die der Art

Directors Club sogar mehrmals für würdig befunden hatte, mit einer Goldmedaille ausgezeichnet zu werden. Und natürlich wurden die Macher von einst aufgefordert, ein paar freundliche Zeilen dazu zu schreiben. Ich ließ mich nicht lange bitten und verfasste eine glühende Hommage für Hans O., der uns so tolle Anzeigen machen ließ, auch die oben beschriebene Sortimentsanzeige. Ich schrieb, wie sehr wir ihn dafür geliebt hatten. Wie sehr wir ihn überhaupt geliebt hatten. Wie gern wir stets für ihn gearbeitet hatten. Wie viel Spaß die Meetings mit ihm bereiteten usw.

Was ich nicht wusste – unser damaliger Kundenberater Dr. Winfried Hildebrandt, neben Hansjoachim Dietrich das dritte Mitglied der Produktgruppe für russischen Wodka in der Agentur, hatte sich in der gleichen Ausgabe der Fachzeitschrift ebenfalls erinnert, und zwar in einem Beitrag gleich neben meinem. Und was musste ich lesen, zu meiner Überraschung? Rainer Baginski, der ewig nörglerische Moskovskaja-Texter, so stand da, habe dem so heiß geliebten Kunden Hans O. unentwegt Briefe mit beleidigendem Inhalt geschrieben, sodass der Umgang mit dem Kunden mit der Zeit immer schwieriger geworden sei. Und Baginski habe von dieser Gewohnheit auch partout nicht abgelassen, obwohl die Agentur ihn mehrfach mit Nachdruck ermahnt habe. Es sei der Agentur in ihrer Not schließlich nichts anderes übrig geblieben, als Rainer Baginskis Briefe an Herrn O. regelmäßig aus der Geschäftspost auszusondern und – leider unter Bruch des Briefgeheimnisses – festzustellen, ob darin wieder Grobheiten standen. In solchen Fällen seien die Briefe dann einfach einkassiert worden und im Papierkorb gelandet.

Wie bitte? Briefe mit beleidigendem Inhalt? Ausgerechnet an Hans O.? Das soll ich getan haben? Also bitte schön, was sagt man dazu, wie diese Agentur mit meiner Post umgegangen ist?

Zweites PS. „Sag mal", hat Hansjoachim Dietrich mich gestern amüsiert lächelnd gefragt, als wir zusammensaßen und über den Titel des Buches beratschlagten. „Hast du wirklich vergessen, dass die Schlagzeile für diese Sortimentsanzeige von damals überhaupt nicht von dir ist? Die hast du doch seinerzeit aus einer frühen Benton & Bowles-Anzeige für irgendein Bier übernommen; die war doch irgendwann im Lauf der Sechzigerjahre in den Staaten erschienen. ‚We drink all we can. The rest we sell.' Tja, vielleicht solltest du doch den Satz von Walter Lürzer als Motto über dein Buch stellen, du weißt schon welchen: *Immer noch besser gut geklaut als schlecht erfunden.*"

Was ich dann auch getan habe.

Wie wird das alles enden? Ein konstruktiver Vorschlag

Die Landesmedienanstalten beschäftigen sich zur Zeit mit einer interessanten Frage. Sie rechnen aus, um wie viel die Gebühren von ARD und ZDF erhöht werden müssen, wenn man in Zukunft beide Programme wieder werbefrei halten will. Erste Überraschung: Die beiden öffentlich-rechtlichen Kanäle finanzieren sich heute lediglich zu 13 Prozent aus Werbeeinnahmen. Die restlichen 87 Prozent werden mit den Gebühren der Teilnehmer gedeckt. Das Problem dabei: Die Werbung, mit der diese bescheidenen 13 Prozent Deckungsbeitrag erwirtschaftet werden, prägt das Programm von ARD und ZDF zu 100 Prozent.

Wir lernen also, dass mit einer vergleichsweise geringfügigen Anhebung der Funk- und Fernsehgebühren pro Haushalt in Zukunft zwei große Kanäle völlig frei von Werbung bleiben können. Zwar haben Kritiker schon angemerkt, das werde nur dazu führen, dass die privaten Anbieter noch mehr Werbegeld abgreifen, aber dagegen ist wirklich nichts einzuwenden, auch wenn die Privaten mit den zusätzlichen Werbeerlösen noch höhere Preise für attraktive Sportsendungen bezahlen können. Sollen sie doch, mir kommen die Champions-League-Spiele, die Super-9-Tennisturniere und all die dopingverseuchten Radrundfahrten schon heute zu den Ohren heraus. Ich finde jedenfalls solch eine Lösung, die ARD und ZDF von aller Werbung befreien würde, aus den verschiedensten Gründen ausgesprochen erstrebenswert, und dies nun wirklich nicht, weil ich mich plötzlich von der Werbung distanzieren möchte.

Der erste und wichtigste Grund: Wir hätten es auf diese Weise mit einer völlig neuartigen Wettbewerbssituation zu tun. Denn hier konkurrieren plötzlich rein durch Werbung finanzierte Programme

226

mit solchen, die völlig frei von Werbung sind. Wer sich von der Allgegenwart der Werbung, wie wir sie heute Tag für Tag erleben, gestört fühlt, fände plötzlich neue Freiräume, in die er sich auch beim Fernsehen zurückziehen kann. Das unübersichtliche Tollhaus mit seiner totalen Verfilzung und Verhäckselung aus Werbung und Programm, wie es uns heute beim Durchzappen begegnet, könnte sich plötzlich nach völlig neuen Kriterien ordnen. Mit Betonung auf *ordnen.* Umgekehrt gilt: Wer weiterhin im Fernsehen wirbt, sieht sich neuen Qualitätskriterien ausgesetzt. Denn plötzlich ist Fernsehwerbung nichts mehr, was jeden Zuschauer zwangsweise ereilt. Und das bedeutet, dass man sich auch als Werber erheblich mehr anstrengen muss, um sein Publikum zu halten. Es entsteht ein neuer Wettbewerb: Fernsehen mit Werbung gegen Fernsehen ohne Werbung, wer ist attraktiver? Das aber kann der Werbung nur gut tun, denn plötzlich konkurriert sie nicht mehr nur mit anderer Werbung, sondern auch mit redaktionellen Angeboten.

Andererseits: Wen die Werbepausen im Spielfilm nicht stören, der ist bei den Privaten auch in Zukunft bestens aufgehoben, zumal deren Filmangebot in der Regel besser ist. Er soll sich dann aber bitte nicht mehr über die ständige Berieselung beschweren.

Es gibt freilich noch einen zweiten Grund, der dafür spricht, dass ARD und ZDF in Zukunft wieder völlig frei von Werbung bleiben. Damit entfällt nämlich das Argument, dass sich die Programm-gestaltung unentwegt nach der Quote richten müsse. Die Quote, also die Zahl der eingeschalteten Geräte pro Kanal, ist heute ange-sichts der Allgegenwart der Werbung das unumstößliche zentrale Argument, der Fetisch der Programmgestaltung. Es ist die Quote, die die Qualität der Programme gnadenlos nach unten zieht. Auch dafür gibt es in der gegenwärtigen Situation gute Gründe, denn je höher die Quote, je mehr Zuschauer ich bei einer Sendung habe, umso mehr Geld kann ich für die Fernsehminute von meiner Werbeklientel verlangen. Entfällt das Quotenargument für ARD und ZDF, dann ist es durchaus denkbar, dass die Qualität beider Programme im Zuge einer solchen Neuregelung ganz neue Anstöße erfährt.

Mit anderen Worten: Eine derartige Neuordnung der Werbung im Fernsehen enthält auch ungeahnte Möglichkeiten für alle Wettbewerber, die Programmqualität zu steigern. Aus einem ganz simplen Grund: weil die Regeln für den Wettbewerb der Kanäle neu geschrieben werden. Noch einmal, das wäre keinesfalls eine werbefeindliche Lösung. Die Einnahmemöglichkeiten der Privaten werden ja sogar nochmals erweitert. Entscheidend für die Qualitätsdebatte ist an einem solchen Modell, dass die Öffentlich-Rechtlichen nicht mehr gezwungen sind, für irgendwelche Werbekunden auf die Quote zu achten. Der schmerzhaften Flut von Soaps, Talk- und Gameshows, japanischen Comic-Serien und Musikantenstadln kann dann endlich wieder mit Angeboten begegnet werden, die dem ursprünglichen journalistischen Anspruch der öffentlich-rechtlichen Fernsehanstalten besser gerecht werden.

Und auf der anderen Seite ist es zugleich eine Möglichkeit, die Qualität der Werbung zu erhöhen. Wenn nämlich mein Zuschauer die Möglichkeit hat, sich mir zu verweigern, muss ich mit meiner Werbung besser und unterhaltsamer werden. Denn – wie schon gesagt – meine Werbung muss sich dann nicht mehr nur gegen andere Werbung behaupten. Sie muss sich zugleich auch gegen anderes *Programm* durchsetzen. Ich finde: So soll es sein.

Dieser Effekt der Qualitätsverbesserung lässt sich übrigens derzeit sehr gut im Kino beobachten. Heute werden in den Filmtheatern nur noch Werbefilme akzeptiert, die sich qualitativ auch gegen das Programm behaupten können, das dort gezeigt wird. Vor *Men in Black* will man natürlich absolut geile Werbefilme sehen, das meist jugendliche Publikum ist da gnadenlos. Was bei solchen Gelegenheiten als gut erlebt wird, hat alle Chancen, Kultcharakter zu erwerben. Was durchfällt, fällt stets dröhnend durch und ist gleich megaout. Wobei natürlich immer die Drohung der Jugendlichen im Raum schwebt, dass sie aus den Kinos wegbleiben, wenn ihnen zu viel dröges Reklamezeug serviert wird. Das passiert im Fernsehen zwar auch, da zappen sie sich weg. Aber das wird für die Fernsehsender nicht so schnell und schmerzhaft spürbar wie im Kino, wo dann einfach plötzlich Ebbe in der Kasse herrscht.

Online-Werbung, das Ende der Romantik

Die Werbung ist eine Disziplin, die keine Schwachheiten kennt und keine Nostalgie. Was für den Konkurrenzkampf nicht mehr taugt, wird aussortiert, da gibt es kein Erbarmen. Auch in der Entwicklung der Kommunikationstechniken ist dieser Prozess zu beobachten und darüber muss ebenfalls gesprochen werden.

Erinnern wir uns: So wie wir bis heute Werbung erleben, ist sie geworden, weil es den Produzenten ursprünglich nicht möglich war, den Verbrauchern, um die sie sich bemühten, tatsächlich in der Wirklichkeit zu begegnen, d.h. direkte systematische Kontakte zu ihnen aufzubauen. Die Werbung funkt ihre Botschaften bis heute in die Öffentlichkeit, quasi in einen riesengroßen Raum, in dem sich die Verbraucher bislang stets verborgen halten konnten, in friedlicher Anonymität. Wenn sich ein Konsument angesprochen fühlte und – der Werbung folgend – ein ausgelobtes Produkt kaufte, so war das zwar erfreulich, aber nur selten wirklich überprüfbar und noch weniger systematisierbar. Anders gesagt: Die Werbung hat seit ihren Anfängen immer in Gewässern gefischt, die letztlich unüberschaubar waren. Und auch das Direktmarketing, das mit den konkreten Anschriften von Kunden arbeitet, war bis vor kurzem noch ein relativ mühevolles Unterfangen, weil jeder Direktkontakt zunächst umständlich per Post hergestellt und abgearbeitet werden musste.

Diese grundsätzliche Verborgenheit der Verbraucher ist der Grund dafür, dass sich die Werbung in Anzeigen, Plakaten, Funk- und Fernsehspots an sie wendet. Überspitzt gesagt: Die Werbung muss ihr Publikum auf diese Weise überall in der Öffentlichkeit heimsuchen, weil es sich im Prinzip überall verstecken könnte.

Allerdings – diese Anonymität wird nicht mehr lange Bestand haben, die Techniken des >Online-Marketings, das unaufhaltsam vordringt, machen ihr unaufhaltsam ein Ende. Mit ihm hat sich ein völlig neues Medium in der Szene etabliert, das die virtuelle Wirklichkeit des Cyberspace und die Grenzenlosigkeit des Internets für jeden potenziellen Teilnehmer interaktiv erschließt und den allerdirektesten, schnellsten Zugang zum Verbraucher schafft, der überhaupt denkbar ist. Welche Veränderungen in der Kommunikation durch dieses neue Medium möglich werden, lässt sich aus einer Prognose des Trendbüros Hamburg, einer der Guru-Adressen in Deutschland, ablesen. Dort steht: „Der Konsument bekommt über diesen interaktiven Markenzugang eine gänzlich andere Beziehung zur Marke. Die Marke kann zu einem interessanten Gesprächspartner werden. Per Homepage lädt die Marke alle Interessenten zu sich nach Hause ein, versammelt bei sich eine virtuelle Gemeinde von Gleichgesinnten und unternimmt alles, damit sich die Netsurfer wie zu Hause fühlen."

Die neuen technischen Möglichkeiten, die terminologischen Veränderungen, all das gibt zu erkennen, dass hier ein Wechsel der Rahmenbedingungen im Gange ist. Wer hätte vor fünf, sechs Jahren schon gewusst, was die Homepage einer Web-Site ist und wie man sie gestaltet? Dieser Wechsel der Rahmenbedingungen aber betrifft nicht nur die technischen Details der Kommunikation. Er schließt auch grundlegende Veränderungen in der Rolle der Teilnehmer an diesem Kommunikationsprozess mit ein.

Den Verbrauchern wird im Online-Marketing nämlich eine grundsätzlich andere Rolle zugewiesen. Der Verbraucher ist plötzlich der,

der im Kommunikationsprozess das aktive Handeln übernimmt.

Grundsätzlich gilt: Vor der Einrichtung der Online-Dienste war die Werbung hinter den Konsumenten her. Sie umwarb sie mit allen Mitteln, die wir heute kennen – von der Anzeige über den Fernsehspot bis zur Postwurfsendung und zum Product Placement. Es war stets die Werbung, die aktiv auftrat, dabei in jüngster Zeit immer allgegenwärtiger, mit immer mehr Nachdruck. Der Konsument blieb dabei im Wesentlichen passiv und wurde nur dann aktiv, wenn er als Käufer auftreten wollte, wenn er sich an einem Gewinnspiel beteiligte oder wenn er sich der Werbung kurzerhand per Knopfdruck entzog – wenn er nicht mehr hinsah.

Im interaktiven Kommunikationsprozess kehren sich diese Rollen um. Jetzt ist es plötzlich die Werbung, die ihre Angebote nur noch passiv machen kann. Nicht sie bestimmt mehr die Regeln der Kommunikation, das tut jetzt der Konsument. Die Web-Sites der Werbetreibenden liegen reglos in ihren elektronischen Regalen, und wenn sie nicht vom Kunden aufgerufen werden, bleiben sie dort auf ewig nutzlos liegen. Es sind die Konsumenten, die sich in den Datendiensten die Themen suchen, die sie interessieren. Es sind die Konsumenten, die sich *aktiv* informieren – wenn sie es tun, was so sicher noch gar nicht ist. Um es in der Terminologie der Werbung auszudrücken: Bislang war die Werbung ein >Push-Markt, also ein Anbieter-Markt. Jetzt wird sie zum >Pull-Markt, zum Nachfrage-Markt. Ein ziemlich großer Unterschied.

Natürlich bedeutet das nicht, dass die erprobten Systeme der Reklame plötzlich untauglich werden. Noch nehmen die Kanäle des kommerziellen Fernsehens, noch nimmt die Zahl der Radio-

232

stationen und Publikumszeitschriften zu. Allein durch den Start des fünften Astra-Satelliten, des Astra 1E, sind im Orbit Kapazitäten für weitere einhundert Fernsehsender geschaffen worden. Und längst stehen zahlreiche zusätzliche Spartensender in den Startlöchern und warten darauf, dass ihnen ihre Frequenz zugeteilt wird.

Allerdings wie so oft bei Push-Märkten: Die Vielfalt des Machbaren liefert ein schiefes Bild, weil nur gezeigt wird, was die Anbieter können, aber völlig ungeklärt ist, was die Verbraucher davon wirklich auch haben und nutzen wollen. Und außerdem bedeutet die Verhundertfachung der Kanäle, Netze und Programme ja keinesfalls eine Verhundertfachung der Verbraucher, ihrer Kaufinteressen und ihrer Kaufkraft. Es werden in Deutschland auch in Zukunft nicht mehr als 80 Millionen Zuschauer an den Bildschirmen sitzen können, Babys eingeschlossen. Und jeder wird im Schnitt nicht mehr als dreieinhalb Stunden pro Tag, maximal 1277 Stunden pro Jahr fernsehen. Und keiner von ihnen wird mehr als einen Kanal gleichzeitig sehen können.

Mit den Online-Diensten gibt es erstmals einen Bereich der Kommunikation, in dem die Werbung allein durch Masse und Mediadruck nichts mehr bewirken kann. Bei den interaktiven Diensten, also auf den Web-Sites im Internet, kann sie nur Angebote bereitstellen. Es ist der Verbraucher, der entscheidet, ob er diese Angebote *wahrnimmt,* nicht mehr die Lautstärke der Werbung, nicht mehr die Millionensummen der Mediabudgets. Es bleibt die nur durch die Praxis zu beantwortende Frage, ob es seitens 80 Millionen Menschen genügend Nachfrage nach diesem technisch gigantischen Online-Angebot der Kommunikationsindustrie geben kann. Auch die Tatsache, dass es bald zehn Millionen Internet-Anschlüsse in Deutschland geben wird, heißt ja nicht, dass diese Anschlüsse allesamt intensiv im Sinne von Online-Werbung und E-Commerce genutzt werden.

Von den Kreativen freilich fordert die Werbung in den Online-Diensten nach meiner Überzeugung nichts Unmögliches. Natürlich wird dieses Medium nach seiner eigenen Dramaturgie verlangen. Das war beim Commercial im Radio nicht anders als beim Fernseh- oder Kinofilm. Und natürlich braucht man eine Weile, bis man solch ein Medium gestalterisch im Griff hat. Viel schwerwiegender als derartige Kinderkrankheiten der Gestalter wiegen in meinen Augen technische Probleme, die zu langen Wartezeiten führen. Wenn – wie prophezeit – der Prozess des Downloadings bis zu einer halben Stunde Zeit in Anspruch nimmt, sind außer ein paar unverbesserlichen Freaks alle potenziellen Teilnehmer aus solch einem Programm vertrieben. So viel Zeit will niemand in Lange-weile umgewandelt wissen. Andererseits aber hat das Internet Qualitäten, die überhaupt nicht gewürdigt werden. Ich meine seine Datentreue und Datentransparenz. Die Möglichkeiten des Mediums, Daten detailliert zu dokumentieren, werden den Ton der Werbung ändern und diesem Medium im Internet zu einer völlig neuen Glaubwürdigkeit verhelfen.

Bisher, so haben wir gesagt, ist Werbung mit der Wahrheit so ungenau wie möglich umgegangen. Das war wie eine Berufs-krankheit, die sich nicht beheben ließ. Die Struktur der Online-Dienste hingegen ist so beschaffen, dass man praktisch auf jede

Antwort, die man erhält, mindestens eine neue Frage stellen kann, die in der Regel ernsthaft und genau beantwortet werden wird.

Die sprichwörtliche Grenzenlosigkeit des neuen Mediums beweist ihre besonderen Qualitäten gerade hier, in dieser detaillierten Datentreue. Darin, dass praktisch *jede* Frage beantwortet werden kann. Jede Frage – das heißt auch jede Frage nach Preisen und Lieferkonditionen von angebotenen Produkten. Und da im Internet auch die politischen Grenzen hinfällig werden, kann man per Online z. B. jederzeit herausfinden, in welchem europäischen Land das Auto, das man sich kaufen will, am günstigsten zu haben ist. Und niemand wird mich daran hindern können, es mir dann auch tatsächlich in Griechenland oder Portugal zu kaufen.

Das heißt, dass es den Multis mit der Werbung in den interaktiven Diensten so ähnlich geht wie vor einigen Jahren noch den sozialistischen Staaten mit dem allgegenwärtigen westlichen Fernsehen. Die Unfassbarkeit und Allgegenwart des Internets, gegen das man sich mit keiner Mauer und keinem noch so raffinierten Waffensystem mehr abschotten kann, macht auch die bisherigen Marktgrenzen und deren Abschottungssysteme hinfällig.

Hier wird die Welt des Kaufs und des Verkaufs grenzüberschreitend neu entworfen, bis hin zum virtuellen Einkauf. Und nebenbei: Vielleicht wird die politische Welt auf diese Weise ebenfalls neu entworfen. Es ist sicherlich kein Zufall, dass der Schriftsteller Lars Gustafsson im Magazin der *Neuen Zürcher Zeitung* in einem Beitrag zu den Konsequenzen des Internets die Frage stellt, ob damit nicht auch die politischen Grenzen hinfällig werden, weil sich der klassische Begriff der staatlichen Souveränität, der ja an territoriale Herrschaft gebunden ist, im Zeichen des Cyberspace unwiderruflich überholt hat. Gustafssons Befund lautet: „Die Souveränität ist auf dem Weg anderswo hin."

Was heißt das praktisch für unsere Zukunft als Konsumenten? Ich will ein Beispiel geben: Wenn ich bisher ein Buch kaufen wollte, dann bin ich in die Stadt gefahren, bin in meine Buchhandlung gegangen, habe mir das Buch aus dem Regal gegriffen, habe es bezahlt, habe gegrüßt und bin wieder gegangen. Und niemand hat mich aufgehalten, um meine Adresse zu notieren, geschweige denn meine speziellen literarischen Interessen.

In Zukunft wird das erheblich anders vonstatten gehen können. Ich suche mir zum Beispiel im Internet einen Buchversender, sagen wir *amazon.de,* logge mich dort ein, bestelle einen Titel, gebe eine Kreditkartennummer an und habe das Buch 48 Stunden später in der Post. Der grundsätzliche Unterschied zwischen diesen beiden Kaufvorgängen liegt darin, dass *amazon.de* nach einem solchen Kauf über meine komplette Anschrift verfügt und mich von diesem Tag an als konkreten, identifizierbaren Kunden führt. Mehr noch: Habe ich erst einmal ein halbes Dutzend Bücher bestellt, dann ist die Datenbank von *amazon.de* in der Lage, meine literarischen oder wissenschaftlichen Interessen klarer zu erkennen, mit jedem weiteren meiner Käufe noch ein Stückchen besser. Und der Tag wird nicht mehr fern sein, an dem *amazon.de* mir erste Buchempfehlungen per E-Mail zukommen lassen wird. Was auf lange Sicht dazu führen dürfte, dass sich zwischen *amazon.de* und mir ein engerer Kontakt ergibt. Dass ich auf diesem Weg über Neuerscheinungen informiert werde, die mir sonst vielleicht entgangen wären. Es wird sich eine zunehmend systematische wechselseitige Kundenbeziehung zwischen *amazon.de* und mir aufbauen, wie sie zuvor im Umgang mit meiner klassischen Buchhandlung selten üblich war. Eine Beziehung, die sich elektronisch immer enger vernetzt.

Und so wie mit dem Buchversender wird es mir auch mit anderen Herstellern und Lieferanten gehen: CDs, Lebensmittel, Bankdienstleistungen, Konzert- und Theaterkarten, Möbel, Urlaub, Klamotten werden längst im E-Commerce, im elektronischen Einkauf, angeboten und in unmittelbar absehbarer Zeit sicher auch Wohnungen, Autos oder Lebensversicherungen. Auch der Stellenmarkt verlagert sich schon jetzt zunehmend aus den großen Tageszeitungen ins Internet, was sich auf lange Sicht durchaus existenzbedrohend für die Zeitungen auswirken könnte. Die Amerikaner sprechen längst davon, dass sich die Beziehungen der Hersteller zu den Verbrauchern grundsätzlich neu ordnen werden. Man rechnet damit, dass sich die Zahl der Haushalte, die *online,* also übers Internet, einkaufen, von 1998 bis 2002 von 27,7 auf 80 Millionen steigen wird.

Das wären aber nicht nur Veränderungen der Einkaufsgewohnheiten. Das wäre eine substanzielle Veränderung in unserem alltäglichen gesellschaftlichen Leben: Die klassische Öffentlichkeit, in der wir alle bisher leben, wird möglicherweise entfallen, in immer größerem Umfang. Während unsere Politiker in Berlin noch darüber streiten, ob sie die Einkaufszeiten lockern sollen, entwickeln sich längst Bereiche, in denen man problemlos 24 Stunden am Tag einkaufen kann.

Freilich, auch hier gilt: Nichts Genaues weiß man nicht. Ein Gutachten des Basler Prognos Instituts bringt die Ungewissheit auf den Punkt: „Alle multimedialen Anwendungen erfordern vom Nutzer in weit höherem Maß als die klassischen elektronischen Medien und auch als die Printmedien eine selbstbestimmte aktive Orientierung, ein selektives Verhalten, hohes emotionales Engagement und Konzentration ... Insofern wird die Vision der über Netze jederzeit erreichbaren, stets aktiv kommunizierenden und informationssuchenden Menschen generell, aber auch für die 75 Prozent, die im Jahre 2010 über einen Zugang zur >Multimedia-Welt verfügen, eine Illusion bleiben."

Was wir offenbar gern übersehen, ist, dass alle Medien, ob neu, ob älter, für die Mehrzahl unserer Zeitgenossen in erster Linie die vergleichsweise unambitionierte Aufgabe erfüllen, ihnen die Zeit auf möglichst schmerzlose, unterhaltsame Weise zu vertreiben. Es soll nicht anstrengen. Es soll möglichst keine Eigenleistungen erfordern. Es soll möglichst nicht zu viel Neues beinhalten, auf das man sich erst mühsam einzustellen hätte.

Die Mehrzahl der Verbraucher ist speziell in ihrem Medienverhalten weit konservativer und anspruchsloser, als wir vermutlich glauben wollen. Ich denke, auch der massenhafte Erfolg von Radio und Fernsehen ist nicht zuletzt darauf zurückzuführen, dass man da nichts tun muss, außer einen Knopf zu drücken und dann nur noch passiv hinzuhören beziehungsweise passiv zuzusehen.

Helmut Thoma, lange Jahre Chef von RTL, könnte Recht behalten, wenn er sagt: „Den meisten Zuschauern reicht in puncto Interaktivität derzeit immer noch der Aus- und Einschaltknopf und die Fernbedienung ihres Fernsehgerätes."

PS. Es war in diesem Buch die Rede davon, dass die deutsche Werbung sich seit ihren Anfängen immer wieder neue Orte geschaffen hat, an denen sie real stattfand, wo sie zelebriert wurde. Berlin in den Dreißigerjahren, Düsseldorf in den Sechzigern und frühen Siebzigern, Frankfurt in den Siebzigern, Hamburg in den Achtziger- und Neunzigerjahren. Da sind wir heute, und was kommt jetzt? Wie heißt die nächste Werbestadt? Wieder Berlin?

Das glaube ich persönlich nicht. Ich kann mir nämlich nicht vorstellen, dass es noch einmal eine neue Werbestadt geben wird. Auch nicht Berlin. Ich bin inzwischen überzeugt, dass die Virtualisierung des Mediums, seine Ortlosigkeit und Allgegenwart, wie sie sich heute schon zeigt, auch dafür sorgen wird, dass sich die räumlichen Strukturen in der Agenturszene auflösen. Die Zentren werden nicht mehr benötigt, wenn sich ohnehin jeder mit jedem jederzeit im Internet treffen kann und wenn alle sich daran gewöhnt haben, dass es so ist.

Zum Abschluss eine Schneeballschlacht

Die erste moderne Anzeige der Werbegeschichte ist inzwischen über hundert Jahre alt. Sie erschien in den Neunzigerjahren des vorigen Jahrhunderts für Kodak Kameras und trug die auch heute noch perfekte Schlagzeile: *You press the button. We do the rest.* Sie drücken den Knopf. Wir erledigen den Rest. Allerdings enthält diese Schlagzeile in komprimierter Form auch schon das Dilemma der heraufziehenden Moderne, und davon soll an dieser Stelle noch die Rede sein.

Wir sagten bereits, dass die Geschichte der Werbung auch eine Geschichte der Beschleunigung und der Vereinfachung der Industriegesellschaft ist – der Beschleunigung der Menschen und der unentwegten Vereinfachung ihrer Lebensweisen. Ein Großteil des so genannten Fortschritts dient ausschließlich den Möglichkeiten, alles noch mehr zu vereinfachen, noch weniger Energie und Grips für die Verrichtung unserer Tätigkeiten von uns zu fordern.

Beschleunigung? Helmut Schmitz, lange der kreative Kopf der frühen Vorzeigeagentur DDB, hat Anfang der Siebzigerjahre einmal gesagt, seine Texter hätten ihren Job perfekt getan, wenn sie eine einzige erstklassige Schlagzeile pro Monat schrieben. Das würde heute vermutlich noch nicht mal mehr als tägliche Quote genügen. Natürlich ist die Beschleunigung nicht zuletzt durch die neuen Techniken gefördert worden. Man denke nur an die enorme Erleichterung, aber eben auch Beschleunigung der Arbeit, die dadurch entsteht, dass wir heute E-Mails in Sekundenbruchteilen rund um die Welt von Computer zu Computer schicken bzw. ständig das Internet anzapfen können.

Aber diese fabelhaften technischen Möglichkeiten haben schwerwiegende inhaltliche Konsequenzen. Produkte werden heute viel schneller, oft sogar um ein Vielfaches schneller entwickelt oder überarbeitet als je zuvor. Ihre Lebenszeit sinkt konsequenterweise ebenfalls immer schneller. Nicht weil sie schlechter würden, sondern weil sie immer schneller verbessert und vereinfacht werden können (*You press the button. We do the rest*), was einen entsprechend erhöhten Verbrauch von Rohstoffen und Energie zur Folge hat.

Zugleich wird es zunehmend schwieriger für die Unternehmen, sich durch neue Erfindungen Konkurrenzvorsprünge zu erwirtschaften, die über einen längeren Zeitraum anhalten. Denn nicht nur wir können alles unvergleichbar viel schneller als früher. Auch die Wettbewerber können natürlich entsprechend schneller auf unsere Maßnahmen reagieren: Wir alle arbeiten inzwischen quasi mit real time, mit Lichtgeschwindigkeit. An dieser Stelle hat sich in unserer nachindustriellen Informationsgesellschaft ein ungeheurer Hunger nach dem Neuen entwickelt, weil dieses Neue die einzig vorstellbare Möglichkeit zu sein scheint, Konkurrenzprodukte vorschnell alt erscheinen zu lassen – mit der Konsequenz, dass sie in den Augen der Verbraucher ihre Wettbewerbsfähigkeiit einbüßen und nicht mehr gekauft werden.

Früher betraf dieser Hunger nach dem Neuen nur die Kommunikation. Art Directoren blätterten prinzipiell von morgens bis abends in ausländischen Zeitschriften auf der Suche nach neuen Layouts und Bildideen. Und wurden sie fündig, dann wurde so was umgehend in die eigene Arbeit integriert, was Walter Lürzer zu seinem eingangs zitierten, mir von Hajo Dietrich aus bekanntem

241

Anlass unter die Nase geriebenen Satz inspiriert hat: *Immer noch besser gut geklaut als schlecht erfunden.* Heute äußert sich der Hunger aus den genannten Gründen ständig auch in neuen Produkten, in neuem Design, in neuen Benennungen, in neuen Vermarktungsstrategien. Die Werbeagenturen werden auf diese Weise zu Instrumenten ihrer Klienten, die unentwegt vermeintlich Neues aus aller Welt in sich aufsaugen. *Es muss im Leben noch mehr als alles geben* – dieser einst so unschuldige Wunsch des Scotch Terriers Jennie, der Hauptfigur in Maurice Sendaks Kinderbuch *Higgelty-Piggelty-Pop*, die aufbricht, um sich in der so komplizierten Welt als Kindermädchen durchzuschlagen, ist längst zum erbarmungslosen Motto unseres Berufs geworden, dem Tag für Tag neu geopfert werden muss.

Unter den Aspekten der Zeitersparnis ist dieses Wahnsinnstempo in den modernen Arbeitsprozessen natürlich zu begrüßen, wenn ich auch bisweilen denke, dass manche sich zu früh gefreut haben. Denn dadurch, dass die Distanzen, in unserem Fall die zeitlichen Distanzen, im Konkurrenzkampf immer unbedeutender werden und immer leichter vernachlässigt werden können, haben plötzlich auch Wettbewerber eine Chance, die man noch vor wenigen Jahren nicht ernst genommen hätte. Solange das Produkt, um das sich der Wettbewerb dreht, in Daten darstellbar und über Netze transportierbar ist, so lange spielt es keine Rolle, ob der Zulieferer in Offenbach sitzt oder in Bombay. Unter der Voraussetzung von Lichtgeschwindigkeit ist er in Bombay so sehr in unserer Nachbarschaft wie in Offenbach, freilich zu unterschiedlichen Arbeits- und Arbeitsnebenkosten. Aber die Geschwindigkeit macht es natürlich

242

ebenfalls möglich, dass Unternehmen, die den Anschluss an neueste Entwicklungen verpassen, schneller als früher abzustürzen drohen, von heute auf morgen. Beispiele für solche Gefährdungen hat es in der jüngsten Vergangenheit zur Genüge gegeben. Es kann letztlich jeden einmal treffen, auch gute Namen sind nicht davor gefeit. Um nur einige zu nennen, die in den letzten Jahren solche krisenhaften Phasen zu bewältigen hatten: Volkswagen, Porsche, IBM, SAP, Hoechst, Opel, Hewlett-Packard, Mannesmann, Lufthansa. Heute sind es die japanischen Autobauer wie Nissan, die den Würgegriff des globalen Wettbewerbs zu spüren kriegen, und morgen wird es wahrscheinlich Microsoft sein, das viel zu lange gnadenlos auf Kosten anderer wuchs und nun zu groß ist, um noch beweglich zu sein. Das Gerichtsverfahren gegen Bill Gates und sein Unternehmen könnte der Beginn eines langsamen und nur schwer aufzuhaltenden Verfallsprozesses sein.

Ernst Jünger, ein umstrittener, aber auch kluger Schriftsteller, hat den Satz geprägt: „Die Geschichte der Zivilisation ist die der Verdrängung der Menschen durch die Dinge." Das war lange vor der Erfindung und Perfektionierung der Computer. Aber im Grunde ist das Prophetische dieses Satzes erst durch die Fähigkeiten der Computer so richtig an den Tag gekommen. Denn noch keine Erfindung in der Geschichte der Menschen hat so viele Leute um ihre Arbeit gebracht wie eben die immer perfekteren Wunderwerke der Computer. Früher konnten wir uns jederzeit der bequemen Ausrede hingeben, jede neue Maschine diene letztlich nur dazu, uns das Leben zu erleichtern. Beim Computer bin ich mir da nicht mehr so sicher. Vielleicht ist er letztlich doch angetreten, um mir das Leben und die Arbeit *abzunehmen.* Um mich und die anderen Menschen aus dem Leben zu verdrängen.

Ob Dominique also von ihrem Freund, dem Computer, und seinen Qualitäten letztlich profitieren wird – wie gesagt, ich bin mir da nicht sicher. Ich möchte den Computer auch nicht einfach bloß verdächtigen oder dämonisieren. Denn natürlich ist er ein unglaublich fabelhaftes Hilfsmittel, um Dinge zu tun, die noch vor kurzer Zeit undenkbar waren. Ein universelles, perfektionistisches Spielzeug, dem auch ich mich persönlich beim besten Willen nicht entziehen kann. Noch ist der Computer für Dominique und mich genau das Hilfsmittel, das er nach dem Wunsch unserer Gesellschaft gefälligst sein soll.

Andererseits – um ein anschauliches Beispiel für sein Verdrängungspotenzial zu geben: Im alljährlich stattfindenden Loebner-Turing-Wettbewerb gewinnt derjenige Programmierer 100.000 Dollar, mit dessen Computer die Jury 15 Minuten lang eine normale getippte Konversation führen kann, ohne dass dabei erkennbar wird, ob nun die Maschine oder der Mensch die Antworten gegeben hat. Und die Jury darf sich dabei jeder nur denkbaren Fangfrage bedienen. Bereits 1991, beim ersten Wettbewerb dieser Art, konnte das Programm *PC Therapist* fünf von zehn Juroren überzeugen, dass es ein Mensch sei und keine Maschine. Und wir ahnen alle, wie rasend schnell die Computertechnik sich seither perfektioniert hat, was die Programme folglich heute können, um sich erfolgreich als Menschen zu tarnen.

Mit anderen Worten: Es ist schon heute durchaus vorstellbar, dass die elektronischen Wunderkisten zu einem System heranreifen, das, wenn es menschliche Hervorbringungen plant, des Menschen gar nicht mehr bedarf. Weil sie es schon längst gelernt haben, uns zu simulieren.

Howard Luck Gossage hat sich ebenfalls vergleichsweise prophetisch geäußert. In seinem erwähnten Buch *Ist die Werbung noch zu retten?* nennt er unser Wirtschaftssystem den „Inbegriff des Schneeballsystems" und kommentiert eher bitter: „Das Beste, was man für sich erhoffen kann, ist, ganz nach oben in der Pyramide zu kommen oder zu sterben, bevor irgend etwas passiert ... und das Ganze in sich zusammenbricht." (Er wählte für sich selbst leider die zweite Möglichkeit.)

Dass an Gossages Diagnose zumindest ein Hauch von Wahrheit ist, lässt sich allein schon aus den Werbekosten belegen, mit denen unsere Wirtschaft ihr System in Schwung hält. Seit 1965 sind sie national um rund 1200 Prozent gestiegen, nämlich von 2,29 auf 27,14 Milliarden Mark (1997). Und wir wissen alle sehr wohl – siehe Japan –, dass auch große nationale Volkswirtschaftssysteme bereits in dem Augenblick zügig in die Krise fahren, in dem sie nur ein einziges Jahr mit wirtschaftlichem Nullwachstum absolvieren. Wenn also die Schneebälle plötzlich nicht mehr fliegen.

Zurück zu den Computern, zur Beschleunigung und zur Werbung. Reinhard Siemes, mehrfach erwähnt, hat in einem seiner weniger fröhlichen Augenblicke die Zukunftsvision vom *Choice Copywriter* entwickelt. Das ist der Kreative von morgen, einer, der nicht mehr selber textet, sondern der nur noch die Auswahl aus dem trifft, was der Computer für ihn vorgetextet hat. Er ist kein Texter mehr, sondern nur noch ein Text*auswähler* – deshalb *Choice Copywriter*.

245

Ist so etwas für die nähere Zukunft denkbar? Eine schwierige Frage, die wir möglicherweise überhaupt nicht sachgerecht beantworten können, an deren Antwort sich aber viel entscheidet.

Ich habe meine eigene Arbeit, diesen Beruf des Kreativen, vor allem deshalb lieben gelernt, weil darin besondere menschliche, individuelle Möglichkeiten zum Vorschein treten. Es ist das Schöpferische, die Inspiration, das Spielerische, das Unerwartete, was mich über all die Jahre in der Werbung gehalten hat. Das hatte ich nicht erwartet, als ich – eher zufällig – in die Werbung eintrat. Und das hätte ich, so einfach die Aufgaben oft auch ausfielen, kaum woanders finden können.

Das plötzliche unvermittelte Erscheinen der Idee im Kopf, in der Hand, auf dem Papier – das ist es, was mich immer wieder fasziniert hat. Solange es dabei bleibt, solange die Computer uns dabei nur helfen, als Menschen schöpferisch zu sein, solange sie uns nicht entmündigen und die Sache kurzerhand auf ihre Festplatten umbuchen, so lange halte ich die Werbung für ein Gewerbe, dem sich einfallsreiche Menschen widmen können. Wenn allerdings ... Ja? *Was ist? Aber ja doch, natürlich, komme gleich, kein Problem ...*

Tut mir Leid, aber ich muss jetzt leider Schluss machen, ich muss nach nebenan zu Dominique. Ich glaube, sie hat gerade wieder eine neue Idee.

Anhang

Glossar

Fachbegriffe, die im Text mit einem > gekennzeichnet sind

Account Manager Auch Kontakter genannt. Der in der Agentur für die Beratung eines Kunden und die organisatorische und kaufmännische Führung seines Etats zuständige Mitarbeiter.

Annual Publikation von Standesorganisationen wie dem Art Directors Club, in der die beste, jeweils prämierte Werbung eines Jahres zusammengefasst ist. Annuals des ADC gibt es in Deutschland seit Ende der Sechzigerjahre, in anderen Ländern wie den USA und Großbritannien schon erheblich länger. Annuals sind die besten Informationsmittel, um einen Überblick, aktuell wie historisch, über die Bandbreite guter Werbung beispielhaft zu gewinnen.

Art Director/in Grafiker/in, dem/der die gestalterische Verantwortung für einen oder mehrere Etats in der Agentur übertragen ist.

Art Work Gesamtheit der Bild-Text-Gestaltung für einen Werbeauftritt.

Bauhaus 1919 von Walter Gropius in Weimar gegründete Hochschule für Gestaltung. Mitarbeiter unter anderem Lyonel Feininger, Gerhard Marcks, Paul Klee, Oscar Schlemmer, Wassili Kandinsky, Laszlo Moholy-Nagy, Johannes Itten. Ab 1930 unter der Leitung von Ludwig Mies van der Rohe. Arbeitete nach dem pädagogischen Prinzip, Kunst und Handwerk zusammenzubringen, weshalb ein handwerklicher Beruf Pflicht für alle Bauhaus-Studenten war. Auch das Verhältnis von Kunst und Technik wurde im Bauhaus produktiv verstanden. Das Bauhaus vertrat eine radikal moderne Ästhetik, die sich vom Ornament befreit hatte und bis in die Architektur eine neue Sachlichkeit verkörperte. Das Bauhaus, das unser Jahrhundert bis in die Gegenwart geprägt hat, wurde 1933 von den Nazis aufgelöst und 1937 von Gropius, Mies van der Rohe, Moholy-Nagy und Johannes Albers in Chicago als New Bauhaus neu gegründet. Heute heißt es *Institute of Design.*

Briefing Das Briefing ist die für ein definiertes Projekt vom Kunden verfasste Aufgabenstellung. Es stellt die Grundlage für jede Arbeit der Agentur dar. Am Briefing müssen sich später die Lösungsvorschläge der Agentur messen lassen. In der Regel wird, zumindest bei größeren Aufgaben, das Briefing des Kunden durch ein Re-Briefing der Agentur beantwortet. Dieses Verfahren dient dazu, mögliche Unklarheiten und Verständigungsprobleme zwischen Kunden und Agentur vor dem Beginn der Agenturarbeit verlässlich auszuräumen.

Business-to-Business Marketing- und Kommunikationsmaßnahmen, die nicht der Pflege der Beziehungen zwischen Hersteller und Verbraucher, sondern zwischen verschiedenen Herstellern bzw. Geschäftspartnern dienen sollen. Im Business-to-Business werden direkte Beziehungen geknüpft, die im Markt ohne direkte Öffentlichkeit dennoch für Geschäft sorgen (z. B. der Geschäftsverbund von Bahn AG, Sixt und BMW). Wenn zum Beispiel ein Autohersteller anderen Unternehmen Sonderkonditionen für Fahrzeugflotten anbietet, dann im Rahmen des B-to-B. Auch so genannte Coop-Werbung, gemeinschaftliche Werbemaßnahmen verschiedener Unternehmen mit einer zu vereinbarenden Zielsetzung, gehören hierhin.

Cannes-Rolle Die Cannes-Rolle enthält all die Werbefilme, die in einem bestimmten Jahr in Cannes ausgezeichnet wurden oder zumindest eine ehrenvolle Erwähnung erhielten. Die Cannes-Rolle ist so etwas wie das jährliche Annual für elektronische Medien, heute die Quelle von allem, was Kult-Status gewinnen kann.

Cast Die Auswahl an Schauspielern oder Models, die beim Casting für ein bestimmtes Projekt getroffen worden ist.

Casting Maßnahmen, um geeignete Models für Foto-Shootings, Darsteller für Werbefilme oder Sprecher für Maßnahmen im Rundfunk auszuwählen.

Commercial Amerikanischer Fachjargon für Werbefilm.

Copywriter/in Werbetexter/in.

Corporate Design Gestalterische Maßnahmen, die zum Erscheinungsbild eines Unternehmens beitragen. Dazu gehören Vorschriften zur Verwendung von Schriften genauso wie Regeln für die Verwendung und den Stand von Firmenzeichen sowohl in der Werbung wie auch in Druckwerken oder auf Web-Sites, bei Messeständen genauso wie bei der Außenwerbung oder der Showroom-Gestaltung.

Corporate Identity Unternehmensauftritt, im übertragenen Sinn auch Haltung eines Unternehmens als Summe der unterschiedlichen Maßnahmen der Gestaltung von Produkten, Informationen, Schriftwerken, Werbung, Architektur und Ethik. Auch die

Kleidung der Mitarbeiter (wie bei Bahn und Lufthansa oder bei Autovermietern und Burger-Bratern) kann zum Gesamteindruck einer Corporate Identity beitragen.

Creative Director Der Creative Director verantwortet alle kreativen Arbeiten und gestalterischen Maßnahmen einer Agentur.

Design Das gestaltete Bild, die erarbeitete, gewollte Form eines Produktes oder auch der gesamten Produktpalette eines Unternehmens. Es gibt Unternehmen, deren Designqualitäten von den Verbrauchern so hoch eingeschätzt werden, dass das Design zum Grund für den Kauf werden kann. Beispiele: Audi, Erco, Vitra, Bulthaup, Siemens, ehemals Braun.

Designer/in Mit den für das oben beschriebene Design erforderlichen Formgebungsprozessen betraute/r Gestalter/in.

Deutscher Werberat Gremium der deutschen Werbung zur Selbstkontrolle der eigenen Arbeit. Der Deutsche Werberat achtet darauf, dass vor allem keine rassisch oder weltanschaulich diffamierende Werbung erscheint. Er wendet sich auch gegen sexuelle Diskriminierung und gegen Aussagen, die gegen das Wettbewerbsrecht verstoßen.

Dialog-Marketing Werbemaßnahmen, die zu direkten Kontakten zwischen Herstellern und Verbrauchern führen. In der Vergangenheit liefen Direkt-Werbeaktivitäten in der Regel über den Postweg. Inzwischen entwickelt sich das Internet immer mehr zum zentralen Instrument der direkten Kundenpflege.

DTP (Desk Top Publishing) Durch die Totalcomputerisierung ermöglichte Technik, mit der Drucksachen der verschiedensten Art von den Gestaltern direkt inhouse bis zur Produktionsreife vorangetrieben werden können.

Etat Das definierte Budget, das für Marketing- und Werbemaßnahmen für ein Produkt oder eine Dienstleistung zur Verfügung steht. Dieser Etat ist der finanzielle Rahmen für alle Vorschläge, die die etathaltende Agentur ihrem Kunden unterbreitet.

FFF Abkürzung für Film-Funk-Fernsehen, die inzwischen schon etwas antike Abkürzung der Abteilung für elektronische Medien.

Flankierende Maßnahmen Aktivitäten, die zur Markenpflege beitragen, ohne dass sie zu den werblichen Kernleistungen der Agentur zählen. Um ein Beispiel zu geben: Der Film *Herbie – Ein toller Käfer* war keine Agenturleistung und sicherlich auch kein Produkt der Marketing-Strategie von Volkswagen. Dennoch war er eine brillante flankierende Maßnahme, die den Markenmythos des Käfers gesteigert hat.

Food Amerikanischer Oberbegriff für Nahrungsmittel, der zur Gattungsbezeichnung in der Werbung geworden ist. So genannte Food-Werbung folgt besonderen Regeln, die beispielsweise besagen, dass die Abbildungen von Food stets einen besonderen *appetite appeal*, also ein besonders leckeres Aussehen haben müssen. Dies zu erreichen ist das Ziel der Arbeit der Food-Stylisten. Auch im Film und in der Fotografie finden wir zahlreiche ausgewiesene Food-Spezialisten.

Food-Stylist/in Experte zur Gestaltung von Szenarien, in denen Food besonders attraktiv und appetitanregend wirkt.

Ghostwriter Ghostwriter arbeiten speziell für Prominente, insbesondere als Redenschreiber und Buchautoren für Politiker und Vorstände von Unternehmen. Geschätzt ist der folgende Witz: Zwei Vorstände treffen sich am Flughafen. Sagt der eine: „Brillante Rede, die Sie letzte Woche auf der Aufsichtsratssitzung gehalten haben. Wer hat sie Ihnen denn geschrieben?" – Erwidert der andere: „Hat sie Ihnen gefallen? Das freut mich. Wer hat sie Ihnen denn erklärt?"

Global Marketing Marketing-Maßnahmen von global, also weltweit arbeitenden Unternehmen. Global Marketing ist die logische Konsequenz der Marktbearbeitung, seit durch das Internet Informationen prinzipiell weltweit zugänglich sind.

Goldmedaille Die nicht nur bei Olympia am heißesten ersehnte Auszeichnung. Alljährlich werden bei den Ausschreibungen des ADC in Deutschland Goldmedaillen für die besten Arbeiten der Werbung vergeben, mal viele, mal ganz wenige. Erst durch eine oder mehrere ADC-Goldmedaillen avancieren Kreative zu so genannten Top-Kreativen.

Internet-Designer Gestalter von Web-Sites und Internet-Architektur; derzeit stark boomender Beruf.

Junior In der Werbung übliche Bezeichnung für noch in der Ausbildung befindliche Kreative, speziell Texter und Art Directors. Sie werden Junior-Texter oder Junior-ADs genannt.

Kreative(r) Mit Aufgaben in oder für Agenturen oder für Kunden beauftragter Gestalter, in der Regel Art Director, Texter, Film-, TV- oder Funkproduzent, Fotograf, Illustrator, Typograf, Graphic Designer oder Internet-Designer.

Kaufkraft Das Geld, das einer Person, Familie oder Gruppe monatlich netto zur Verfügung steht.

Kontakter/in Deutsche Bezeichnung für Account Executive bzw. Account Manager.

Layout Begriff für den Entwurf von Anzeigen, Plakaten und sonstigen Druckwerken wie Büchern und Broschüren. Mittlerweile haben natürlich auch Web-Sites ihr Layout.

Lead Agency Die Agentur, die für multinational operierende Kunden die Grundlagen der Werbung, also auch für international eingesetzte Kampagnen, verbindlich vorgibt.

Location Ein Ort von besonderer Qualität, wo Foto- oder Filmaufnahmen gemacht werden können, geeignet aufgrund besonderer Eigenheiten (Swimmingpool, Skipiste, Restaurant, Unterwasserszenario, Landschaft, Schloss, Rennstrecke etc.) oder wegen der für solche Aufnahmen besonders geeigneten Lichtverhältnisse.

Long List Erste Auswahl von möglichen Partneragenturen, wenn ein Klient einen Agenturwechsel plant.

Management Supervisor Für die Führung von mehreren Kontaktgruppen und ihren Etats verantwortlicher Kundenberater.

Managing Director/in Agenturgeschäftsführer, zuständig für das operative Geschäft.

Markenartikel Markenartikel sind Produkte, die auf spezielle Bedürfnisse der Verbraucher antworten, die stets über bestimmte garantierte Produkteigenschaften verfügen; über ein wiedererkennbares Erscheinungsbild, also einen eigenen Namen, ein unverwechselbares Packungsdesign und eine eigenständische Rezeptur. Aus solchen Produkteigenschaften setzt sich die sogenannte Markenpersönlichkeit zusammen, die sich dann in den Kommunikationsmaßnahmen des Markenartikels, also auch in seiner Werbung äußert.

Markenpersönlichkeit Die Gesamtheit der Eigenschaften, die eine Marke über ihre Produkte verkörpert und in ihrer Kommunikation pflegt. Die ursprüngliche Markenpersönlichkeit von Volkswagen, entwickelt am VW-Käfer, enthielt in der Summe folgende Eigenheiten: sparsam, redlich, hartnäckig, dauerhaft, langlebig, bescheiden, verlässlich, passend für alle, ohne Ansehen der Person.

Marketing Die Gesamtheit aller Marktbearbeitungsmaßnahmen, die für notwendig erachtet werden, um einer Marke den erforderlichen Erfolg zu verschaffen, also Produktentwicklung, Werbung, Verkaufsförderung, Packungsgestaltung, Merchandising, Messeaktivitäten, Internet-Kommunikation, Direktwerbung, Business-to-Business, Public Relations, Sponsoring, Product Placement.

Marketing Director/in Die im Unternehmen für das Gesamtmarketing verantwortliche Person.

Marktanteil Der Anteil an den gesamten Verkäufen in einem definierten Segment (Gesamt- oder Teilmarkt), den ein Produkt auf sich vereint. Am Wachsen oder Schrumpfen eines Marktanteils über längere Zeiträume hinweg kann man erkennen, wie es um die Stärke oder Schwäche von Marken in Wirklichkeit bestellt ist. Im Falle von Marktanteilsverlusten entscheiden Unternehmen sich, sofern sie einem Produkt Zukunft zuerkennen, in der Regel dazu, dieses zu relaunchen. Siehe auch das Stichwort Relaunch.

Marktforscher/in Untersucht mit empirischen Methoden den Markt, also mit Konsumentenbefragungen und Gruppendiskussionen, um beizeiten die Akzeptanz von neuen Produkten oder von Produktverbesserungen, aber auch die Wirksamkeit neuer Kommunikationsmaßnahmen zu erfahren. Besonders gefürchtet bei Kreativen sind so genannte Pretests, Vorab-Tests, in denen neue Kampagnen dem Urteil von Verbrauchern ausgesetzt werden. Die erbitterte Diskussion um die Berechtigung von Marktforschung bei der Entstehung neuer Kampagnen dreht sich um den Punkt, dass Verbraucher noch gar nicht wissen können, ob eine neue Kampagne von ihnen auf lange Sicht akzeptiert werden wird oder nicht.

Mediaanalyse Ein standardisiertes Verfahren, mit dem Zeitschriften, Fernsehsender und Rundfunkstationen ihre Leser-, Zuschauer- oder Hörerschaft quantitativ und qualitativ bestimmen, also Zahl der Leser, Gucker oder Hörer, sowie die Reichweite, also das Verbreitungsgebiet. Daraus lässt sich der materielle Wert eines Mediums errechnen, also der Preis für eine Anzeigenseite bzw. für eine Sendesekunde.

250

Media Director Für die Mediaberatung seitens der Agentur verantwortlicher Mitarbeiter.

Mediaplaner/in Erarbeitet die für das jeweilige Produkt ökonomischste und wirkungs-vollste Mediastrategie. Die Mediastrategie baut auf der Zielgruppe des Produktes und ihrem Medienverhalten auf, d.h. sie berücksichtigt, was in der Zielgruppe bevorzugt gelesen, gesehen und/oder gehört wird und versucht, aus den bevorzugten Medien einen Media-Mix zu bilden, der sowohl der verkäuferischen Zielsetzung des Kunden als auch der Größe seines Media-Etats gerecht wird.

Medien Zeitungen, Zeitschriften, Plakate, Fernsehen, Radio, Kino, mittlerweile auch das World Wide Web des Internets als all die Instrumente, über die Unternehmen in kommu-nikative Beziehung zu den Verbrauchern treten können.

Merchandising, Merchandiser Im Merchandising wird nach Wegen gesucht, zusätzliche Vermarktungsstrategien für Produkte oder für bestimmte Verkaufskanäle zusätzliche Produkte zu entwickeln, die für einen höheren Besuch von Kunden und für zusätzlichen Umsatz sorgen. Im Buchhandel kann man beispielsweise inzwischen allerlei Dinge erwerben, die als so genannte Non-Books bezeichnet werden (Spiele, Lesezeichen, Comicfiguren etc.), die vor allem dem Merchandising zu verdanken sind.

Morphologie Wissenschaft von der (natürlichen und künstlichen) Formgebung. Für Pro-dukte insofern wichtig, als der Konstanz der Formen insbesondere bei Markenartikeln eine große Bedeutung zukommt. Eines der wesentlichen Kennzeichen der Markenartikel ist die Konstanz ihrer Formen und die daraus resultierende Wiedererkennbarkeit. Bei Weiterentwicklungen und Relaunches müssen die Markentechniker deshalb darauf ach-ten, dass gegen bestimmte morphologische Grundsätze nicht verstoßen wird. In diesem Fall spricht man von der notwendigen Selbstähnlichkeit von Marken und ihren Produk-ten, die es zu sichern gilt.

Multimedia Das Zauberwort der neuen Kommunikationskultur und der kommunikative Zustand, auf den wir alle hinsteuern. Das multimediale Ideal ist in dem Moment erreicht, wo ich in der Lage bin, alle denkbaren Medien optimal miteinander zu verknüpfen. Die multimediale Zukunft wird vom Computer geprägt sein, über den ich im Internet surfen kann, um dort jeden beliebigen Partner zu finden, mit dem ich sowohl Bücher als auch Zeitungen und Zeitschriften werde lesen können und sowohl Fernseh- als auch Musik-programme sehen und hören werde.

Network Das Unternehmensgeflecht von internationalen Agenturmultis mit klassischen Werbeagenturen, Spezialagenturen und gegebenenfalls eigenen Produktions- und Zulie-ferbetrieben. Weltweit operierende Kunden suchen sich heute in der Regel Network-Agenturen, die für alle denkbaren Maßnahmen rund um den Globus Experten zur Verfügung stellen können.

Neue Sachlichkeit Bezeichnung für eine Stilrichtung, die zu Beginn des 20. Jahrhunderts bestimmend wurde und mit Nachdruck die Ornamentik von Jugendstil und Kaiserreich bekämpfte. Die Neue Sachlichkeit stand für einen nüchternen, rationalen, zweckmäßigen Umgang mit den Dingen und für eine entsprechende Gestaltung in der Kunst, in der Typografie, in der Buchkunst, der Architektur und dem Industrie-Design. Ein gutes Beispiel für die Philosophie der Neuen Sachlichkeit sind die Designleistungen der AEG etwa von 1910 bis 1933, die im Wesentlichen von Peter Behrens verantwortet wurden.

New Business Die Aktivitäten von Werbeagenturen, um an neue Kunden zu kommen, von guten Agenturen mit System betrieben. Beliebte New-Business-Ziele sind Kunden, bei denen Personalwechsel von Vorständen und Marketingdirektoren oder Werbeleitern stattgefunden haben, weil dadurch häufig die Verankerung der Agentur im Unter-nehmen, ihr Beziehungsgeflecht geschwächt wird.

One-to-One-Kommunikation Modernste Form der Direktwerbung, bei der sich Hersteller an einzelne Verbraucher wenden können, mit Namen und Anschrift, in – wie es heißt – personalisierter Kommunikation. In immer mehr solcher One-to-One-Maßnahmen kann auf persönliche Bedürfnisse und Möglichkeiten Bezug genommen werden, mit immer besser maßgeschneiderten Angeboten, weil die Welt der computerisierten Kommunika-tion immer transparenter wird und weil sich immer mehr Detailinteressen einzelner Verwender zu regelrechten Charakterbildern zusammenfassen lassen, wozu natürlich auch die finanzielle Situation des jeweiligen Verbrauchers zählt. Im Sinne des ursprüng-lichen Datenschutzes sicherlich umstritten.

Online-Marketing Marketing, das sich die Möglichkeiten des Internets zu Nutze macht.

Hier kommt der Begriff des Echtzeit-Marketings ins Spiel, bei dem beispielsweise in jedem beliebigen Moment überblickt werden kann, wie der Abverkauf in Coca-Cola-Automaten verläuft. Dies ist in Japan schon Realität.

Pitch Wettbewerb um einen Etat zwischen mehreren Agenturen.

Planner/in Agenturmitarbeiter/in, der/die für das strategische Marketing verantwortlich zeichnet. Die Rolle der Planner ist in den vergangenen Jahren wichtiger geworden, weil es auf global bedienten Märkten immer mehr Faktoren zu berücksichtigen gilt. Der Planner ist der, in dessen Kopf alle diese oft kontroversen Daten zusammenlaufen und der aus solchen Datenbildern die bestmögliche Kommunikationsstrategie erarbeitet.

Positioning Der Platz, der einem Produkt strategisch zugewiesen wird, im Markt und in Relation zu den vorhandenen Konkurrenzprodukten. Ziel des Positionings ist es, für sein Produkt eine ausreichende Alleinstellung zu erreichen, ihm auf diese Weise eine Existenzberechtigung im Markt und eine ausreichend große Verbraucherschaft zu sichern.

Presenter Werbefigur, die – in der Regel im Fernsehen, manchmal auch in Anzeigen – ein Produkt in aller Form vorstellt, präsentiert. Bekanntestes Beispiel über viele Jahre: die Ariel-Clementine, die typologisch und mit ihrem wetterfesten Strubbelcharme die Lindenstraße vorweggenommen hat.

Product Placement Die erkaufte geschickte Platzierung von Markenartikeln in nichtgewerblichen Filmen oder Fernsehsendungen. Geeignet für Produkte, die auf den ersten Blick identifizierbar sind wie zum Beispiel Autos, Zigaretten, Getränke, Uhren, Kameras. Besonders erfolgreiches Beispiel für Product Placement: die Einführung des Z 3 und Z 8 von BMW durch den Einsatz in James-Bond-Filmen. Product Placement wird heute von Spezialagenturen betrieben.

Produktdesign Das Erscheinungsbild, in dem ein Produkt Form annimmt. Produktdesign kann dann als gelungen angesehen werden, wenn in der erreichten Form die Idee des Produktes Gestalt annimmt. In der Designtheorie nennt man dieses Aufscheinen der Idee in der Form das Pursivische. Gute Beispiele für pursivisch gelungenes Design: Erco, Vitra, Bulthaup, Montblanc, Audi, Porsche, der VW-Käfer.

Produktioner/in Agenturmitarbeiter/in, der/die für die technisch einwandfreie Umsetzung von Druckwerken verantwortlich ist, sozusagen der verlängerte Arm des Art Directors in die Technik hinein. Der Augenblick der Wahrheit ist für den Produktioner die Druckabnahme, bei der er beispielsweise dafür zu sorgen hat, dass Farbreproduktionen in ihren Farbwerten genau der zu reproduzierenden Vorlage entsprechen – ein Vorgang, bei dem man unglaublich leicht unglaublich viele Fehler machen kann.

Produktversprechen Die Leistung eines Produktes, speziell eines Markenartikels, die dieses den Verbrauchern quasi garantiert, etwa wenn in einem TV-Spot jemand einem anderen unbemerkt dessen Tasse Kaffee gegen entcoffeinierten Kaffee tauscht und der dann im Brustton der Überzeugung sagt: Sehen Sie, so muss Kaffee schmecken. In diesem Fall ist das Produktversprechen des koffeinfreien Kaffees, dass er genausogut wie richtiger Kaffee schmeckt.

Promotion Verkaufsförderungsmaßnahme, um den Abverkauf eines Produktes im Handel in Schwung zu bringen.

Psychobiologie Etwas abartige Abart der Marktforschung, die versucht, die emotionalen Bindungen zwischen Verbrauchern und Produkten mithilfe von Blutdruckmesser, EKG und Lügendetektor zu erforschen.

Public Relations Kommunikationsdisziplin, mit der Unternehmen versuchen, durch Hintergrundinformationen Einfluss auf die redaktionelle Berichterstattung in den Medien zu nehmen. Ziel der Public Relations ist es häufig, in Krisenfällen Publikationen zu verhindern. Dies vor allem dann, wenn an Produkten Mängel festgestellt wurden. In solchen Fällen ist es die edle Aufgabe der PR, kritische Veröffentlichungen möglichst zu verhindern und dem Unternehmen so die Möglichkeit zu geben, die Schwachstellen am Produkt ohne Imageschäden zu beseitigen. Beliebtes Beispiel: Rückrufaktionen bei Autos.

Pull-Markt Markt, der durch die Nachfrage seitens der Verbraucher bestimmt wird.

Push-Markt Markt, der von Hersteller-Angeboten bestimmt wird. Ein beliebter Scherz über Push- und Pull-Märkte ging früher so: Was ist der Unterschied zwischen Kapitalismus und Sozialismus? Im Kapitalismus laufen die Verkäufer den Käufern nach. Im Sozialismus laufen die Käufer den Verkäufern nach. Im ersten Fall handelt es sich also um einen Push-, im zweiten um einen Pull-Markt.

Reason for Being Begriff aus dem amerikanischen Marketing, der die zentrale Frage schlüssig beantworten muss, die da lautet: Warum soll es dieses Produkt geben? Nur ein für die Verbraucher überzeugender reason for being gibt einem geplanten Produkt die Sicherheit, auf dem Markt eine Chance zu haben.

Relaunch Erneuerung einer alten etablierten Marke, die an Aktualität, Kraft und Marktanteilen verloren hatte und nun mit neuer zeitgemäßer Produktausstattung, eventuell neuer Rezeptur und neuer moderner Kommunikation wieder um ihren Platz im Markt kämpft. Beispiele für einen erfolgreichen Relaunch: adidas, Guhl Haarkosmetik, Porsche.

Reminder Ein kleines Stück Werbung, das letztlich nur als Erinnerungsstütze, als Eselsbrücke zur Kampagne dienen soll. In der TV-Werbung hat es sich eingebürgert, dass am Ende von Werbeblöcken manchmal noch ganz kurze 5- oder 7-Sekunden-Spots nachklappen, die sich auf vorher ausgestrahlte Langversionen von Spots beziehen. Solche Kurzversionen sind Reminder.

Research Zu Deutsch Forschung, in der Regel systematische Markt-, Zielgruppen- oder Medienuntersuchungen, deren Ziel es ist, das Informations- oder Kaufverhalten, die Freizeitgewohnheiten oder die Denkmuster von bestimmten Zielgruppen genauer zu erforschen. Ziel solcher Untersuchungen ist in der Regel, Marketing- und Kommunikationsstrategien für etablierte oder neue Produkte empirisch abzusichern.

Retro-Design Design, das gezielt alte Formen aufgreift und auf diese Weise bestimmte nostalgische Bedürfnisse der Klientel bedient. Aktuelles Beispiel: der New Beetle, der sich ganz gezielt an die Formensprache des ursprünglichen VW-Käfer anlehnt und auf diese Weise alte Markenloyalitäten zu kapitalisieren trachtet.

Sales Promotions Zu Deutsch Verkaufsförderungsmaßnahmen. Gehört als Instrument zu den unverzichtbaren Kernmaßnahmen des klassischen Marketings. Die Aufgabe der Sales Promotions liegt darin, interessierte Kunden mit dem beworbenen Produkt in konkrete Verbindung zu bringen (durch Preisausschreiben, Probieraktionen, Sonderverkäufe) bzw. Kaufanlässe zu schaffen, etwa die große Frühjahrsaktion für das neue Cabrio oder die Sonderverkäufe für den AlpenMäc.

Selbstähnlichkeit Wichtiger Begriff in der Designtheorie und -praxis. Heute gilt es als unverzichtbar, in der Produktgestaltung zu einer eindeutigen Selbstähnlichkeit zu kommen, das heißt, die Produkte so zu designen, dass sie als Erzeugnisse einer bestimmten Marke aus sich heraus erkennbar werden und, sofern es unterschiedliche Produktreihen gibt, auch bei deutlicher Verschiedenheit aufeinander verweisen, ihre Verwandtschaft also auch formal demonstrieren. Ein Unternehmen, dem diese Selbstähnlichkeit von früh an wichtig war und das auch heute noch beispielhaft darin ist, ist BMW; die BMW-Niere gilt als die Ikone der Selbstähnlichkeit schlechthin. Auch Audi hat eine hohe Selbstähnlichkeit in seinen verschiedenen Modellreihen vorzuweisen.

Senior Account Manager Kundenberater, der es in der Agenturhierarchie eine Stufe höher geschafft hat. Der Senior Account Manager steht mehreren Produktgruppen zugleich vor und verantwortet die Arbeit seiner verschiedenen Account Manager.

Set Card Die Set Card ist sozusagen der Arbeitsausweis eines Models. Darin stellt das Model, ob weiblich, ob männlich, sich fotografisch vor und demonstriert seine Vorzüge. Es gibt Models für die unterschiedlichsten Themen (Mode, Familie, Auto, Zigarette, Gesundheitsprodukte) und für die verschiedensten Altersklassen vom Kleinkind bis zu den neuen Alten. Auch Models mit besonderen körperlichen Vorzügen (schöne Haare, Zähne, Hände, Füße, Haut usw.) können gute Geschäfte machen. In der Regel werden Models von so genannten Modelagenturen vertreten.

Short List Die Short List enthält die endgültige Auswahl der Agenturen, die ein Unternehmen zu einer Wettbewerbspräsentation einzuladen pflegt.

Still Life Auch einfach nur Still genannt. Fachbegriff für Fotos, auf denen nur Produkte bzw. Objekte abgebildet sind, aber keine Lebewesen. Die Still Life-Fotografie ist eine besondere Disziplin, auf die sich Fotografen regelrecht spezialisieren. Es gibt nicht allzu viele gute Still Life-Fotografen, die zum Beispiel zugleich auch gute People-Fotografen sind.

Stylist/in Spezialist/in für das optische Erscheinungsbild von inszenierten Fotografien bzw. von Models. Gute Stylist(inn)en (meist Frauen) sind für erstklassige Fotos nicht weniger wichtig als gute Fotografen, häufig arbeiten Fotografen mit bestimmten Stylistinnen über viele Jahre zusammen.

Trafficer/in Auch Innenkontakter genannt. Ist für die reibungslose und termingerechte Abwicklung der einzelnen Aufträge in der Agentur zuständig. Trafficer sorgen für den nötigen Fluss der Arbeitsmaterialien und Dokumente, überwachen die Termine und achten darauf, dass die Mitarbeiter ihren zeitlichen Aufwand auf den einzelnen Jobs exakt notieren.

Trend- oder Zukunftsforscher Die Seismografen für die kulturellen Erdbeben von morgen. Die Trendforscher füllen eine Lücke, mal mehr, mal weniger gut, die immer spürbarer wird. Sie versuchen nämlich die Frage zu beantworten, wohin sich die Verbraucher mit ihren Interessen und Geschmäckern in naher Zukunft orientieren. Das soll es den Herstellern erleichtern, für diese Verbraucher morgen die richtigen Produkte herzustellen, die – größte Schwierigkeit – schon heute konzipiert und entwickelt werden müssen.

TV-Producer/in Die Aufgabe von TV-Producern besteht darin, alle technischen und logistischen Probleme einer Fernsehproduktion zu lösen. TV-Producer sorgen also für die Auswahl der Produktionsfirma, für den Regisseur, die Besetzung, die Locations und für eine professionelle Kalkulation des Spots und die notwendige Kostenkontrolle.

Typografie Die Gestaltung der Schriften für Anzeigen und Plakate, Zeitungen und Zeitschriften, Broschüren und Bücher. Der klassische Beruf des Typografen ist im Zuge der Computerisierung abhanden gekommen, weil die Computer immer mehr Schriften parat halten. Allerdings hat dies auch dazu geführt, dass die Schriftgestaltung vielerorts stark gelitten hat. Auch die Werbeagenturen sind von diesem qualitativen Schwund betroffen. Ein seit Jahren schönes Beispiel für erstklassige Typografie: die Andere Bibliothek, die von Hans Magnus Enzensberger herausgegeben wird.

Werbespot Auch Commercial oder Werbefilm genannt. In der Regel bei uns 30 Sekunden lang, es gibt aber auch erfolgreiche Spots von 5 Sekunden oder zwei Minuten Dauer.

Werkbund 1907 gegründete Vereinigung von Architekten und Entwerfern sowie Vertretern von Handel und Industrie. Wichtige Vertreter unter anderem Peter Behrens, Hermann Muthesius und Richard Riemerschmid. Geht zurück auf die englische Reformbewegung um William Morris. Der Deutsche Werkbund bemühte sich besonders um gültige Formgebung und um einen zweckmäßigen und angemessenen Umgang mit dem Material, was in der Forderung nach einer „Veredelung der gewerblichen Arbeit" seinen Ausdruck fand. In den Gedanken zum Umgang mit dem Material finden sich durchaus schon Vorläufer des heutigen ökologischen Denkens. Wie das Bauhaus wurde der Werkbund 1933 von den Nationalsozialisten aufgelöst und nach dem Zweiten Weltkrieg neu gegründet.

Zielgruppe Eine nach qualitativen, soziodemographischen und ökonomischen Kriterien (Alter, soziale Schicht, Einkommen, Freizeitinteressen, Informationsgewohnheiten, ökologisches Bewusstsein, modische Interessen, Trendorientiertheit usw.) bestimmbare Gruppe von Verbrauchern, die so homogen ist, dass sie mit speziell auf sie zugeschnittenen Kommunikationsmaßnahmen angesprochen werden kann. Eines der Probleme der Werbung von heute besteht darin, dass die Biografien der einzelnen Verbraucher nicht mehr einfach und linear verlaufen, sondern immer häufiger Veränderungen und Wendungen durch zunehmende Individualisierung unterliegen. Das hat zur Folge, dass die großen, einfach zu beschreibenden Zielgruppen sich auflösen und dass immer kleinere, immer schwerer zu definierende Spezialzielgruppen entstehen, die ihrerseits höchst instabil sind aufgrund der immer schnelleren Umorientierung ihrer Mitglieder (berufliche Wechsel, neue Moden, neue Themen, Ortswechsel, Partnerwechsel usw.).

Entwicklung der Brutto-Werbeumsätze ausgewählter Werbeträger seit 1960
(Angaben in Mio. DM)

Jahr	Insgesamt Mio DM	Tages- zeitungen	Zeit- schriften	Funk	TV	Plakat	Film
1960	2.292,0	1.187,6	744,3	48,8	132,1	82,4	96,8
1965	4.248,2	1.932,6	1.507,0	91,5	470,9	182,0	64,2
1970	6.293,2	3.117,3	2.005,3	205,7	645,5	262,2	57,2
1975	6.199,9	2.995,9	1.851,7	200,5	844,9	246,0	60,9
1980	11.211,8	5.298,4	3.881,8	398,4	1.118,7	422,0	101,5
1985	13.282,7	5.892,9	4.821,5	526,9	1.461,0	461,0	119,4
1990	18.282,2	8.062,7	5.556,5	908,7	2.858,2	681,5	214,6
1991	21.013,3	9.297,0	6.064,9	948,3	3.704,6	773,0	225,5
1992	22.828,7	10.025,1	6.410,5	981,0	4.328,2	843,0	240,9
1993	22.869,2	9.972,8	5.966,6	1.005,2	4.827,4	836,1	261,1
1994	24.395,8	10.366,4	6.030,8	1.135,0	5.630,4	956,7	276,5
1995	25.941,9	10.721,7	6.417,9	1.162,9	6.342,0	1.001,6	295,8
1996	26.482,0	10.678,7	6.381,7	1.162,9	6.896,9	1.038,2	299,9
1997	27.146,9	10.869,7	6.355,2	1.176,0	7.438,2	1.002,4	305,4

Ab 1990 TV, Funk, Plakat inkl. neuer Bundesländer.
Ab 1992 Zeitungen, Zeitschriften, Film inkl. neuer Bundesländer.
Quelle: ZAW, Statistisches Jahrbuch

Die Top-Fünfzig-Werbebranchen (1999)
(Angaben in TDM)

1	Auto-Markt	2.715.057,4	26	Oberbekleidung	271.678,2
2	Massen-Medien	2.124.305,8	27	Konserven + Fleisch + Fisch	248.540,1
3	Telekommunikation	1.757.209,8	28	Hotels + Gastronomie	245.250,9
4	Handels-Organisationen	1.493.553,6	29	Nährmittel	236.963,1
5	Schokolade + Süßwaren	1.006.587,1	30	Fremdenverkehr	229.196,2
6	Pharmazie Publikumswerbung	826.753,8	31	Haustier-Nahrung	223.554,6
7	Banken + Sparkassen	787.659,3	32	Suppen, Würzen, Soßen	218.210,7
8	Rubrikenwerbung, Sonstiges	737.733,0	33	Körperschaften	217.109,3
9	Bier	616.734,5	34	Mundpflege	216.266,3
10	Spezial-Versender	580.561,8	35	Baustoffe, Bauzubehör	201.926,8
11	EDV Hard-/Software, Services	550.396,8	36	Bild- + Tonträger	196.293,3
12	Versicherungen	489.580,5	37	Dekorative Kosmetik	182.078,6
13	Milchprodukte	448.268,7	38	Parfums + Duftprodukte	177.655,8
14	Alkoholfreie Getränke	432.047,6	39	Tiefkühlkost	170.355,2
15	Buch-Verlage	414.067,1	40	Luftfahrt	169.205,5
16	Unternehmenswerbung	407.357,3	41	Kunst + Kultur	154.503,9
17	Haarpflege	400.708,2	42	Foto + Optik	150.760,6
18	Reise-Gesellschaften	378.336,5	43	Brot + Dauerbackwaren	149.559,7
19	Waschmittel	363.913,9	44	Spirituosen	143.270,7
20	Möbel + Einrichtung	305.014,2	45	Straßen- + Schienenverkehr	136.169,4
21	Kaffee, Tee, Kakao	302.121,6	46	Elektrogeräte Haushalt	128.380,8
22	Energieversorgungsbetriebe	297.014,2	47	Bausparkassen	125.276,5
23	Putz- und Pflegemittel	289.995,3	48	Deodorants	121.012,4
24	Finanz-Anlagen + -Beratung	285.756,0	49	Lotterien / Lotto + Toto	119.904,0
25	Pflegende Kosmetik	281.762,1	50	Audio-Video-Geräte	105.021,9

Quelle: Horizont 1999

Die 30 größten Werbungtreibenden 1999
(Angaben in TDM)

		1999	1998
1	Procter + Gamble, Schwalbach	651.156	691.096
2	Deutsche Telekom, Bonn	532.874	317.506
3	Ferrero, Frankfurt am Main (Süßwaren)	440.301	414.581
4	Volkswagen, Wolfsburg	361.898	271.750
5	Adam Opel, Rüsselsheim	329.830	307.550
6	Effem, Verden (Tiernahrung)	312.354	292.082
7	L'Oréal, Düsseldorf (Haarpflege, Kosmetik)	302.562	223.732
8	Media-Märkte + Saturn, München	301.855	277.285
9	Deutsche Renault, Brühl	289.528	257.791
10	T-Mobil, Bonn	271.993	184.464
11	Beiersdorf, Hamburg (Haar- und Körperpflege)	267.045	248.060
12	Kraft Jacobs Suchard, Bremen	264.321	281.686
13	Henkel, Düsseldorf (Waschmittel)	261.750	285.587
14	Ford, Köln	240.456	204.908
15	Daimler Chrysler, Stuttgart	225.565	271.749
16	Maggi, Frankfurt am Main	208.751	168.386
17	McDonald's Deutschland, München	208.491	166.288
18	Mars, Viersen	204.055	168.107
19	C&A, Düsseldorf	194.329	252.793
20	Mannesmann Mobilfunk, Düsseldorf	183.989	122.497
21	Coca-Cola, Essen	179.404	126.432
22	Rewe, Köln	168.916	116.067
23	Deutscher Sparkassen- und Giroverband, Stuttgart	163.878	171.774
24	Fiat, Frankfurt am Main	159.245	145.452
25	Viag Interkom, München	158.698	76.546
26	Peugeot Deutschland, Saarbrücken	157.931	141.581
27	Albrecht, Mühlheim (Aldi)	156.885	142.622
28	Union Deutsche Lebensmittelwerke, Hamburg	154.080	164.177
29	Schwarzkopf + Henkel Kosmetik, Düsseldorf	147.609	166.931
30	Audi, Ingolstadt	146.160	137.224

Quelle: Horizont 1999

Mediakosten von ausgewählten Zeitschriften (Auflage und Preise 1999 MA)
(Seitenpreise 4farbig in DM, MA 1998)

Zeitschriften (Auswahl)	Auflage	1/1 4-farbig
Bild am Sonntag	2.545.000	119.817
Bunte	602.000	52.440
Focus	771.000	73.000
Der Spiegel	949.000	87.137
Stern	1 090.000	92.000
Hörzu	2.319.000	80.500
TV Hören und Sehen	1.832.000	60.108
TV Movie	2.662.000	87.819
Brigitte	880.000	91.400
Freundin	563.000	61.000
Für Sie	631.000	46.040
Cosmopolitan	296.000	44.950
Elle	194.000	38.700
Vogue	77.000	39.290
Eltern	466.000	53.520
Bravo	1.109.000	77.250
Micky Maus	656.000	39.900
Popcorn	284.000	21.500
Schöner Wohnen	345.000	51.500
Essen + trinken	271.000	36.250
Fit for fun	301.000	39.000
MAX	198.000	31.800
Playboy	213.000	33.991
Auto Bild	770.000	58.500
Auto Motor Sport	460.000	62.650
ADAC Motorwelt	12.412.000	180.000
ÖKO-TEST-MAGAZIN	86.000	11.300
Bild der Wissenschaft	117.000	20.564
GEO	428.000	66.656
Merian	145.000	28.970
Psychologie heute	67.000	11.307
PC-Welt	287.000	23.600
Wirtschaftswoche	190.000	33.990
Capital	313.000	53.244
Impulse	143.829	28.020
Manager Magazin	113.000	31.123
Süddeutsche Zeitung Magazin	526.415	32.200

Quelle: GWA

Die genannten Auflagezahlen sind die für den ausgewiesenen Zeitpunkt (1998) garantierten Druckauflagen. Die Seitenpreise sind Bruttopreise. Auf dieses Anzeigenbrutto werden Rabatte eingeräumt, die sich an der Häufigkeit der Insertion innerhalb eines Kalenderjahres richten. Große Unternehmen mit mehr als einem beworbenen Produkt pflegen mit den Verlagen so genannte Konzernrabatte auszuhandeln, die die Rabattierung erhöhen.

Die Seitenpreise errechnen sich aus der Auflage, aus der Nutzungsdauer und der Kompetenz eines Titels sowie aus den qualitativen Daten seiner Leserschaft (Bildungsgrad, Kaufkraft, Meinungsbildnerschaft).

Auflage und Mediakosten von überregionalen Tages- und Wochenzeitungen.
(bei Tageszeitungen verkaufte Auflage montags bis freitags,
Seitenpreise in DM, MA 1998)

Titel	Auflage	1/1 Seite s/w	1/1 Seite 4c
Frankfurter Allgemeine Zeitung	379.078	52.908,98	84.268,80
Frankfurter Rundschau	176.720	32.801,60	45.052,80
Süddeutsche Zeitung	387.668	57.984,96	82.262,40
Die Welt	215.763	37.635,84	48.871,68
Handelsblatt	141.434	42.936,96	69.622,08
Neues Deutschland	65.220	14.490,00	—
Die Zeit	473.381	49.156,80	77.246,40
Die Woche	137.581	19.930,00	24.870,00
die tageszeitung	60.964	12.688,20	18.194,40
Rheinischer Merkur	111.647	17.971,20	19.843,20

(s/w schwarzweiß, 4c vierfarbig)
Quelle: GWA

Kosten von 30 Sekunden im Fernsehen (Jahresdurchschnitt)
(Preise in DM)

	6–9	9–13	13–17	17–20	20–23	23–1	1–6 Uhr
ARD	—	—	13.171	38.313	—	—	—
ZDF	—	—	8.657	35.122	—	—	—
RTL	2.258	5.522	13.842	35.803	75.149	16.745	1.817
SAT 1	2.188	5.946	13.228	32.776	52.782	19.040	1.076
PRO 7	1.831	5.000	12.301	25.563	48.315	16.383	1.646
VOX	139	695	2.467	5.162	9.268	3.348	500
RTL 2	579	1.386	2.982	4.930	14.386	4.975	649

DSF	von 3–3 Uhr	2.263
n-tv	von 3–3 Uhr	1.960

Nutzung von Fernsehen in Minuten pro Tag
(Erwachsene 14–49)

Monat	1992	1993	1994	1995	1996	1997	1998
Januar	160	169	169	174	187	192	190
Februar	152	160	172	162	181	181	184
März	138	144	152	161	171	171	175
April	131	134	145	160	154	162	163
Mai	114	128	136	142	158	150	147
Juni	113	127	134	147	154	145	159
Juli	115	124	119	124	145	144	150
August	120	124	125	134	143	138	142
September	124	136	137	154	161	157	159
Oktober	143	150	149	164	166	166	168
November	152	159	147	170	176	175	175
Dezember	156	161	145	182	186	182	180

Quelle: GWA

A. Deutschland

Agentur	Sitz	Gross Income (TDM)
1 BBDO-Guppe Deutschland BBDO Düsseldorf GmbH Werbeagentur Königsallee 92, 40212 Düsseldorf Tel. 0211-13790, Fax 0211-1379621 E-Mail: bbdo@bbdo.d.eunet.de, www.bbdo.de Kunden: Dr. Oetker, BMW, Advance Bank, Dunlop, Aral, Allianz, Knorr	Düsseldorf	384.056
2 Grey-Gruppe Deutschland Grey GmbH & Co KG GWA Corneliusstraße 12-36, 40215 Düsseldorf Tel. 0211-38070, Fax 0211-3807367 E-Mail: info@grey.de, www.grey.de Kunden: AOL, BAT, Deutsche Bank 24, e-plus, Karstadt, Licher, Veba, Hugo Boss	Düsseldorf	200.973
3 Publicis-Gruppe Deutschland Publicis Werbeagentur GmbH Walther-von-Cronberg-Platz 6, 60594 Frankfurt Tel. 069-154021, Fax 069-15402200 E-Mail: info@publicis-frankfurt.de www.publicis-frankfurt.de Kunden: British Airways, Deutsche Renault, L'Oréal, Maggi, Nestlé, Qantas	Düsseldorf	188.491
4 Young & Rubicam Young & Rubicam Gruppe Kleyerstraße 25, 60326 Frankfurt Tel. 069-750601, Fax 069-75061430 E-Mail: interactive@eu.yr.com www.yr.com Kunden: Ford, Lufthansa, Bosch, American Express	Frankfurt	136.278
5 Ogilvy & Mather Ogilvy & Mather GmbH Werbeagentur Hainer Weg 44, 60599 Frankfurt Tel. 069-962250, Fax 069-962251555 E-Mail: s.speckamp@ogilvy.de, www.ogilvy.de Kunden: American Express, Bausparkasse Schwäbisch Hall, Dresdner Bank, IBM, Kodak, Siemens, WWF	Frankfurt	127.577
6 McCann-Erickson McCann-Erickson Deutschland GmbH Großer Hasenpfad 44, 60598 Frankfurt Tel. 069-605070, Fax 069-60507666 E-Mail: mccann-erickson@mccann.de www.mccann.de Kunden: Opel, Esso, Bertelsmann, arte, Jade, Microsoft, Camel, Nestlé, United Parcel Service	Frankfurt	112.332

7	Springer & Jacoby Springer & Jacoby Werbung GmbH Poststraße 14-16, 20354 Hamburg Tel. 040-356030, Fax 040-35603344 E-Mail: webmaster@sj.com, www.sj.com Kunden: Mercedes-Benz, Telekom, TUI	Hamburg	108.653
8	Scholz & Friends Scholz & Friends GmbH Hanseatic Trade Center Am Sandtorkai 76, 20457 Hamburg Tel. 040-376810, Fax 040-376811 E-Mail: hamburg@scholz-and-friends.com www.scholz-and-friends.de Kunden: Europcar, Coca-Cola, Brauerei König, Reemtsma, Tchibo, Deutsche Telekom, Lufthansa	Hamburg	103.320
9	J. Walter Thompson J. Walter Thompson GmbH Schwedlerstraße 6, 60314 Frankfurt Tel. 069-405760, Fax 069-40576414 E-Mail: jwtffm@jwt.com, www.jwt.net Kunden: Kellog, Kraft Jacobs Suchard, Warsteiner, Jaguar, Mazda, Rolex	Frankfurt	96.760
10	Ammirati Puris Lintas Ammirati Puris Lintas Mittelweg 177, 20146 Hamburg Tel. 040-414410, Fax 040-41441289 E-Mail: Hamburg@Hamburg.aplnet.com, www.ammitratipurislintas.de Kunden: Coca-Cola, Continental, Flötotto, Langnese Iglo, Lego, Montblanc, Otto, Union Deutsche Lebensmittelwerke	Hamburg	96.111
11	DDB Germany DDB Deutschland Vagedesstraße 19, 40479 Düsseldorf Tel. 0211-49610, Fax 0211-4961128 E-Mail: mwimmers@dus.ddbn.de www.ddbn.de Kunden: AXA Colonia, Henkel, Schwarzkopf & Henkel, Volkswagen, Sony, Henkel	Düsseldorf	92.285
12	Michael Conrad & Leo Burnett Michael Conrad & Leo Burnett GmbH Werbeagentur Alexanderstraße 65, 60489 Frankfurt Tel. 069-780770, Fax 069-78077700 E-Mail: info@leoburnett.de, www.leoburnett.com Kunden: Air Plus, Boston Consulting, Focus, Coca-Cola Classic, DG Bank, Fiat, Kellog's, Philip Morris, Procter & Gamble, Walt Disney	Frankfurt	75.927
13	DMB&B	Frankfurt	75.591

14	TBWA Deutschland	Frankfurt	75.285

TBWA Deutschland
Hansaallee 30-32, 60322 Frankfurt
Tel. 069-1521346, Fax 069-1521192
www.tbwa.com
Kunden: Apple, Beiersdorf, Lego, Michelin,
Nissan, Seagram, Sony

15	Borsch, Stengel, Körner, Bozell	Frankfurt	64.733

Borsch Stengel Körner Bozell
Werbeagentur GmbH
Eschersheimer Landstraße 60-62, 60322 Frankfurt
Tel. 069-15403123, Fax 069-15403183
E-Mail: rbugiel@frankfurt.fcb.com,
www.borsch-stengel-koerner-bozell.de
Kunden: Bonduelle, Bundesanstalt für Arbeit, CMA,
Ferrero, REWE, Sony

16	ServicePlan	München	53.500

ServicePlan Marketing GmbH Werbeagentur KG
Prinzregentenstraße 50, 80538 München
Tel. 089-237220, Fax 089-23722100
E-Mail: b.hoock@serviceplan.de, www.serviceplan.de
Kunden: Bonne Maman, Henninger, Ergee, MCM, Steiff,
WMF, ZDF, Schering

17	Heye & Partner	Unterhaching	52.117

Heye & Partner GmbH
Ottobrunner Straße 28, 82008 Unterhaching
Tel. 089-6653200, Fax 089-66532112
E-Mail: info@heye.de, www.heye.de
Kunden: Bosch, Buena Vista, Burda, Campari,
Dallmayr Kaffee, Löwenbräu, McDonald's,
Premiere World, Schöller, Südzucker, Bebe Young Care

18	EURO-RSCG	Düsseldorf	51.000

EURO RSCG Gruppe Deutschland
Kaiserswerther Straße 135, 40474 Düsseldorf
Tel. 0211-99160, Fax 0211-9916271
E-Mail: mailcenter@euroscg.de, www.euroscg.de
Kunden: American Express, Citroën, CMA, Intel,
Mars, Peugeot, Philips, Vichy

19	Spiess Ermisch & Andere	Düsseldorf	45.170

Düsseldorfer Straße 70-74, 40545 Düsseldorf
Tel. 0211-57750, Fax 0211-576648
www.sea.de

20	FCB / Wilkens	Hamburg	42.000

FCB Deutschland
An der Alster 42, 20099 Hamburg
Tel. 040-28810, Fax 040-28811277
E-Mail: tkramer@wilkens-direct.com
www.fcb-wilkens.de
Kunden: amazon.de, Beiersdorf, Lindt & Sprüngli,
Olympus, SAT 1, Triumph

| 21 | Saatchi & Saatchi | Frankfurt | 41.924 |

Saatchi & Saatchi GmbH Werbeagentur
Wiesenau 38-40, 60323 Frankfurt
Tel. 069-71420, Fax 069-7142284
E-Mail: info@saatchi.de, www.saatchi.com
Kunden: Audi, Beck's Bier, Commerzbank,
Hewlett-Packard, Procter & Gamble, Sony,
Viag Interkom, Visa

| 22 | Jung von Matt | Hamburg | 41.165 |

Jung von Matt Werbeagentur GmbH
Glashüttenstraße 38, 20357 Hamburg,
Tel. 040-43210, Fax 040-43211113
E-Mail: email@jvm-elbe.de, www.jvm.de
Kunden: Bild-Zeitung, BMW, Deutsche Bahn,
Deutsche Post, Jever, n-tv, Sixt, Handelsblatt,
Wella, DEA, Minolta

| 23 | B/W Werbeagentur GWA | Düsseldorf | 40.500 |

Kennedydamm 1, 40476 Düsseldorf
Tel. 0211-498780, Fax 0211-4987814
E-Mail: contact@tw-advertising.de
www.bw-advertising.de
Kunden: Aiwa, Warsteiner, Suzuki, Samson,
Clarion, Ernesto & Julio Gallo

| 24 | Lowe & Partners | Frankfurt | 38.819 |

Lowe Deutschland Holding
Hamburger Allee 45, 60486 Frankfurt
Tel. 069-794040, Fax 069-79404224
www.lowe.de
Kunden: Avis, Hörzu, Bacardi, Esso, Ferrero,
Helaba, Henkel, Thomy, Opel, Saab, Zanussi

| 25 | K,N,S,K | Hamburg | 37.657 |

K,N,S,K Werbeagentur GmbH
Alte Rabenstraße 1, 20148 Hamburg
Tel. 040-4418901, Fax 040-44189100
www.knsk-slagman.de
Kunden: B.A.T. (Lucky Strike), Die Woche, Mannesmann
o.tel.o, Nordsee, Süddeutsche Klassenlotterie, SPD

| 26 | Rempen & Partner | Düsseldorf | 33.236 |

Rempen & Partner Werbeagentur GmbH
Neuer Zollhof 2, 40221 Düsseldorf
Tel. 0211-83950, Fax 0211-8395111
E-Mail: inf@rempen.de, www.rempen.de
Kunden: Alcatel, Dresdner Bank, Gerling,
Microsoft, RWE, Siemens, Uniroyal, Vitra

| 27 | MSBK, TEAM | Hamburg | 30.197 |

MSBK, TEAM Dialogmarketing GmbH
Dorotheenstraße 64, 22301 Hamburg
Tel. 040-278520, Fax 040-27852110
E-Mail: kontakt@msbk-team.de, www.msbk-team.de
Kunden: Allianz, BfG:Bank, Effem, EKD,
Mannesmann, o.tel.o, WestLotto

| 28 | Economia | Hamburg | 28.691 |

Economia Gesellschaft für Marketing und Werbung mbH
An der Alster 35, 20099 Hamburg
Tel. 040-284220, Fax 040-28422110
E-Mail: u.reimers@economia.de, www.economia.de
Kunden: Beiersdorf, Eduard Dressler,
Jägermeister, Philips, Steilmann, Mövenpick,
Philips

| 29 | Heller & Partner | München | 28.001 |

Possartstraße 14, 81679 München
Tel. 089-457100, Fax 089-474069
E-Mail: h@heller-partner.de, www.heller-partner.de
Kunden: Bayerische Landesbank, BMW,
Bosch, LBS, Salamander, Zweckform

| 30 | Select Communications | Koblenz | 28.000 |

Sonneneck 16, 56077 Koblenz
Tel. 0261-972610, Fax 0261-9726111
www.select.de
Kunden: Davidoff, Cool Water, Bogner,
JOOP!, rococo, Aktion Mensch

Quelle: Deutscher Fachverlag / GWA

Diese Angaben betreffen die nach offiziellen Angaben 30 größten deutschen Werbeagenturen. Sie folgen den Web-Sites der Agenturen zum Zeitpunkt des Redaktionsschlus-
ses dieses Buches. Etatwechsel sind jederzeit möglich, deshalb erfolgen die Angaben zu
den Kunden mit Vorbehalt. Bei Agenturen ohne nähere Angaben wurden keine Web-
Sites gefunden oder aber die Web-Sites machten keine näheren Angaben zur Agentur.

B. Schweiz

	Agentur	Sitz	Gross Income (SFr)
1	Publicis Gruppe Schweiz	Zürich	34.206

Theaterstraße 8, CH-8001 Zürich
Tel. 0041-(0)1-2653111
Fax 0041-2625780
Kunden: Coca-Cola, British Airways Zürich,
Nescafé, Neue Zürcher Zeitung

| 2 | Young & Rubicam-Gruppe Schweiz | Genf | 32.740 |

2, Rue Thalberg, CH-1201 Genf
Tel. 0041-(0)22-908-4000
Fax 0041-(0)22-908-4040
www.yr.com

| 3 | McCann-Ericksson | Zürich | 28.534 |

Rigistraße 9, CH-8006 Zürich
Tel. 0041-(0)1-3684242
Fax 0041-(0)1-3684240

4	Wirz Werbeberatung Uetlibergstraße 132, CH-8045 Zürich Tel. 0041-(0)1-457-5757 Fax 0041-(0)1-457-5750 E-Mail: office@wirzad.ch www.wirzad.ch	Zürich	25.135
5	Weber, Hodel, Schmid Seestraße 513, CH-8030 Zürich Tel. 0041-(0)1-4855454 Fax 0041-(0)1-4855455	Zürich	24.500
6	Seiter DDB Gruppe		24.020
7	Euro RSCG Switzerland Gruppe Gutstraße 73, CH-8055 Zürich Tel. 0041-(0)1-46667-77 Fax 0041-(0)1-46667-22 E-Mail: mailbox@eurorscg.ch www.eurorscgpartner.ch Kunden: Bally Schweiz, Bayer, CREDIT SUISSE, Danone, Evian, Kraft Jacobs Suchard	Zürich	17.342
8	Impuls@TBWA Freihofstraße 22, CH-8700 Küsnacht Tel. 0041-(0)1-9133131 Fax 0041-(0)1-9133132 Maulbeergasse 8, CH-3011 Bern Tel. 0041-(0)31-3888383 Fax 0041-(0)31-3888384 E-Mail: impuls@tbwa.ch www.tbwa.ch Kunden: Beiersdorf AG, Coop Schweiz, Hertz AG, Michelin, McDonald's	Küsnacht, Bern	13.100
9	Lowe/GGK Talstraße 80, CH-8001 Zürich Tel. 0041-(0)1-2159111 Fax 0041-(0)1-2159114	Zürich	11.200
10	Grendene, Ogilvy & Mather Bergstraße 50, CH-8032 Zürich Tel. 0041-(0)1-268-6363 Fax 0041-(0)1-252-7942 www.ogilvy.com	Zürich	10.209

Quelle: Deutscher Fachverlag GmbH

C. Österreich

	Agentur	Sitz	Gross Income (MioDM)
1	Demner, Merlicek & Bergmann (DM&B) Lehárgasse 9-11, A-1161 Wien Tel. 0043-(0)1-58846-0 Fax 0043-(0)1-58846-49 E-Mail: mailbox@dmb.at www.dmb.at	Wien	35,25
2	Lowe, GGK Bezirk, Hietzinger Hauptstr. 45 A-1030 Wien Tel. 0043-(0)1-8760575 Fax 0043-(0)1-8782237 www.lowe.de	Wien	33,83
3	BBDO Austria Garden Palais Liechtenstein Alsenbachstraße 16, A-1090 Wien Tel. 0043-(0)1-313-140 Fax 0043-(0)1-310-2665 E-Mail: bbdo@bbdo.at www.bbdo.com	Wien	33,40
4	Saatchi & Saatchi Mantlergasse 30-32, A-1130 Wien Tel. 0043-(0)1-878870 Fax 0043-(0)1-8788740 E-Mail: beatrix_kerbler@saatchi.at www.saatchi-saatchi.com	Wien	27,86
5	Ogilvy & Mather Reisnerstraße 55-57, A-1030 Wien Tel. 0043-(0)1-90100-123 (Petra Baumgartner) www.ogilvy.at Kunden: American Express, Ford, Lauda Air, IBM, Jacobs, Raiffeisenbank, Shell	Wien	25,30
6	Wirz Gottfried-Keller-Gasse 2, A-1030 Wien Tel. 0043-(0)1-7122691-0 Fax 0043-(0)1-7122691-11 E-Mail: office@wirz.at www.wirz.at Kunden: Storck AG, Bacardi-Martini GmbH, SAT 1 Österreich, Mitsubishi Motors, Praktiker	Wien	24,31
7	Ammirati Puris Lintas Bezirk, Prinz-Eugen-Straße 8, A-1040 Wien Tel. 0043-(0)1-501120 Fax 0043-(0)1-50112270 www.ammiratipurislintas.de	Wien	23,20

8	Young & Rubicam	Wien	20,47

Marc-Aurel-Straße 4, A-1010 Wien
Tel. 0043-(0)1-53117-44
Fax 0043-(0)1-53117-43
www.yr.com

9	TBWA Group Austria	Wien	15,78

Porzellangasse 4, A -1090 Wien
Tel. 0043-(0)1-31600-0
Fax 0043-(0)1-31600-10
E-Mail: office@tbwa-tell.com
www.tbwa-tell.at
Kunden: Henkel Waschmittel, Ferrero Österreich,
Dell Computer, Microsoft, Nissan Österreich

10	Grill & Thompson	Wien	15,63

Bezirk, Muthgasse 109, A-1190 Wien
Tel. 0043-(0)1-939990
Fax 0043-(0)1-9399999

Quelle: Deutscher Fachverlag GmbH

Am 17. Juni 1999 gab der Gesamtverband Werbeagenturen eine Pressemitteilung heraus mit den Ergebnissen einer Umfrage, die unter Agentur-Geschäftsführern durchgeführt worden war. Gefragt worden war nach den bevorzugten Ausbildungsstätten (Hochschulen, Fachhochschulen, Akademien) für den kreativen und den beratenden Nachwuchs in Deutschland.

Hier das Ergebnis:

Beratung:

1   Uni Münster
     Westfälische Universität Münster
     Marketing Centrum Münster (MCM)
     Am Stadtgraben 13-15
     48143 Münster
     Tel. 0251-8322931
     Fax 0251-8328356
     E-Mail: meffert@uni-muenster.de
     www.fh-muenster.de

2   Uni Mannheim
     Universität Mannheim
     Fakultät für Betriebswirtschaftslehre
     Schloss, L 5,6
     68131 Mannheim
     Tel. 0621-1811467
     Fax 0621-1811471
     E-Mail: annh@dekbwl.bwl.uni-mannheim.de
     Internet: www-uni-mannheim.de

3   Uni Köln
     Universität zu Köln
     Seminar für Allgemeine Betriebswirtschaftslehre,
     Handel und Distribution
     Albertus-Magnus-Platz
     50923 Köln
     Tel. 0221-4704220 (Sekretariat)
     Fax 0221-4705191
     E-Mail: handel@wiso.uni-koeln.de
     geller@wiso.uni-koeln.de
     www.wiso.uni-koeln.de/handel

4   Fachhochschule Pforzheim
     Hochschule für Gestaltung, Technik und Wirtschaft
     Fachbereich Marketing-Kommunikation
     Tiefenbronner Straße 65
     75175 Pforzheim
     Tel. 07231-286040 (Studentensekretariat)
     Fax 07231-287940
     www.fh-pforzheim.de

5   Uni Saarbrücken
     Hochschule für Technik und Wirtschaft
     des Saarlandes
     Fachbereich Betriebswirtschaft
     Waldhausweg 14
     66123 Saarbrücken
     Tel. 0681-5867519/5867558
     Fax 0681-5867507
     E-Mail: rantes@utw.uni-sb.de
     www.uni-saarland.de

6   Hochschule der Künste Berlin
     Künstlerische und wissenschaftliche Hochschule
     Postfach 12 05 44
     10595 Berlin
     Tel. 030-31852142/31852116
     Fax 030-31852680
     E-Mail: lutzhuth@hotmail.com
     www.hdk-berlin.de/index

7   Uni München
     Ludwig-Maximilians-Universität München
     Leopoldstraße 13
     80802 München
     Tel. 089-2180-2209/-2216
     Fax 089-2180-3891
     E-Mail: studentenkanzlei@verwaltung.uni-muenchen.de
     www.uni-muenchen.de

8   Bayerische Akademie für Werbung und Marketing
     Orleansstraße 34
     81667 München
     Tel. 089-48090910
     Fax 089-48090919
     E-Mail: info@baw-online.de
     www.baw-online.de

9   European Business School Oestrich-Winkel
     Private Wissenschaftliche Hochschule
     Schloss Reichartshausen
     65375 Oestrich-Winkel
     Tel. 06723-690
     Fax 06723-69133
     E-Mail: info@ebs.de
     www.ebs.de

10   Fachhochschule Stuttgart
     Hochschule für Druck und Medien
     – Fachbereich 2 Wirtschaftsingenieurwesen –
     Diplomstudiengang Werbetechnik und Werbewirtschaft
     Universitätsgelände Vaihingen
     Nobelstraße 10
     70569 Stuttgart
     Tel. 0711-685-8348 (Studienbüro)
     Fax 0711-685-2966
     E-Mail: koch@hdm-stuttgart.de
     www.hdm-stuttgart.de/main

Kreation:

1   Hochschule der Künste Berlin
    Anschrift siehe vorher

2   Fachhochschule Düsseldorf
    Fachbereich 2: Design
    Georg-Glock-Straße 15
    40474 Düsseldorf
    Tel. 0211-4351201
    Fax 0211-4351203
    E-Mail: design@fh-duesseldorf.de
    www.fh.duesseldorf.de

3   Akademie U5 München
    Einsteinstraße 42
    81675 München
    Tel. 089-475056
    Fax 089-475558

4   Fachhochschule München
    Fachbereich Gestaltung
    Studiengang Kommunikationsdesign
    Lothstraße 34
    80335 München
    Tel. 089-12652801
    Fax 089-12651490
    E-Mail: beratung@fh-muenchen.de
    imma-amt@fh-muenchen.de
    www.fh-muenchen.de

5   Fachhochschule Pforzheim
    Anschrift siehe vorher

6   Kunstakademie Stuttgart
    Staatliche Akademie der Bildenden Künste
    Am Weißenhof 1
    70191 Stuttgart
    Tel. 0711-25750
    Tel. 0711-2575106/107 (Studentensekretariat)
    Fax 0711-2575225
    www.abk-stuttgart.de

7   Fachhochschule Hamburg
    Fachbereich Gestaltung
    Armgartstraße 24
    22087 Hamburg
    Tel. 040-428633-24/-25/-26
    Fax 040-428633-763
    www.fh-hamburg.de

8   Fachhochschule Wuppertal
    Bergische Universität
    – Gesamthochschule Wuppertal –
    Fachbereich 5 , Design, Kunst- und
    Musikpädagogik, Druck
    Haspeler Straße 27
    42285 Wuppertal
    Tel. 0202-43910
    Fax 0202-4392901
    E-Mail: zsb@uni-wuppertal.de (Zentrale Studienberatung)
    www.uni-wuppertal.de

9   Fachhochschule Darmstadt
    Fachbereich Gestaltung
    Olbrichweg 10, Gebäude E31, Raum 9
    64287 Darmstadt
    Tel. 06151-168331
    Fax 06151-168940
    www.fh-darmstadt.de

10 Fachhochschule Augsburg
    Fachbereich Gestaltung
    Henisiusstraße 1 (Eingang Unterer Graben)
    86152 Augsburg
    Tel. 0821-5586401
    Fax 0821-5586422
    E-Mail: fb-g@rz.fh-augsburg.de
    www.fh-augsburg.de

Text:

1   Hochschule der Künste Berlin
    Anschrift siehe vorher

Für Österreich und die Schweiz folgt eine Auswahl von Ausbildungsstätten:

1   Werbeakademie WIFI Wien
    Währinger Gürtel 97
    A-181 Wien
    Tel. 0043-(0)1-50105-3573/3574
    Fax 0043-(0)1-50105-253
    E-Mail: WFleit@wk.wifi.at (Institutsleitung)
    www.wifi.at

2   Karl-Franzens-Universität Graz
    Sozial- und wirtschaftswissenschaftliche Fakultät
    Universitätsplatz 3
    A-8010 Graz
    Tel. 0043-(0)316-380-3260
    Fax 0043-(0)316-380-9400
    E-Mail: inge.mayer@kfunigraz.ac.at
    www.kfunigraz.ac.at

3   Leopold-Franzens-Universität Innsbruck
    Institut für Handel und Marketing
    Universitätsstraße 15
    A-6020 Innsbruck
    Tel. 0043-(0)512-507-7201/-7202
    Fax 0043-(0)521-507-2842
    E-Mail: marketing@uibk.ac.at
    www.uibk.ac.at

4   Johannes Kepler Universität Linz
    Institut Handel, Absatz und Marketing
    Altenberger Straße 69
    A-4040 Linz
    Tel. 0043-(0)732-2468-0
    Fax 0043-(0)732-2468-310
    www.uni-linz.ac.at

5   Fachhochschule Wien
    Studiengang Marketing & Sales
    Lothringer Straße 6
    A-1040 Wien
    Tel. 0043-(0)1-5036477
    Fax 0043-(0)1-503647720
    E-Mail: sekretariat@fh-fonds.at
    www.fachhochschule.at

6   Wirtschaftsuniversität Wien
    Augasse 2-6
    A-1090 Wien
    Tel. 0043-(0)1-31336-0 (Studien- und Prüfungsabteilung)
    Fax 0043-(0)1-3136-740
    www.wu-wien.ac.at

7   Akademie der Bildenden Künste
    Schillerplatz 3
    A-1010 Wien
    Tel. 0043-(0)1-58816-0
    Fax 0043-(0)1-58816-137
    www.akbild.ac.at

8   Universität für angewandte Kunst
    in Wien
    Oskar-Kokoschka-Platz 2
    A-1010 Wien
    Tel. 0043-(0)1-71133-0
    Fax 0043-(0)1-71133-2289
    www.hsak.ac.at oder www.uni-ak.ac.at

9   Universität Basel
    Wirtschaftswissenschaftliches Zentrum (WWZ)
    Lehrstuhl für Marketing und Unternehmensführung
    Petersgraben 51
    CH-4003 Basel
    Tel. 0041-(0)61-267-3222
    Fax 0041-(0)61-267-2838
    www.unibas.ch/marketing

10 Universität Bern
    Rechts- und wirtschaftswissenschaftliche Fakultät
    Institut für Medienwissenschaft
    Hochschulstraße 4
    CH-3012 Bern
    Tel. 0041-(0)31-631-4840 (wirtschaftswissenschaftliche Abteilung)
    Fax 0041-(0)31-631-8590
    E-Mail: rita.haesler@rwwdek.unibe.ch
    www.unibe.ch

11 Universität Freiburg
    Wirtschafts- und sozialwissenschaftliche Fakultät
    Misericorde
    CH-1700 Freiburg
    Tel. 0041-(0)26-300-7034
    Fax 0041-(0)26-300-9703
    E-Mail: press@unifr.ch
    www.unifr.ch

12 Université de Genève
    Wirtschafts- und sozialwissenschaftliche Fakultät
    102, Bd. Carl-Vogt
    CH-1211 Genève 4
    Tel. 0041-(0)22-7058-111
    Fax 0041-(0)22-7814-100
    www.unige.ch

13 Universität St. Gallen
    Hochschule für Wirtschafts-, Rechts- und
    Sozialwissenschaften
    Dufourstraße 50
    CH-9000 St. Gallen
    Tel. 0041-(0)71-2242-111
    Fax 0041-(0)71-2242-816
    www.unisg.ch

14. Université de Neuchâtel
    Rechts- und wirtschaftswissenschaftliche Fakultät
    Avenue du 1er mars 26
    CH-2000 Neuchâtel
    Tel. 0041-(0)32-7181-200
    Fax 0041-(0)32-7181-201
    www.unine.ch
    E-Mail: Secretariat.Faculte@droit-seco.unine.ch

Ausbildungsmöglichkeiten für gestalterische Berufe in der Schweiz sind zu erfragen über
www.berufserfahrung.ch

Weitere Anregungen zu Studiengängen und Ausbildungsstätten in Deutschland,
Österreich und der Schweiz können dem Ratgeber „Studium Werbung" aus der edition
ZAW entnommen werden. Studierende können das Buch vom Verlag edition ZAW,
Postfach 201414, 53144 Bonn, Fax 0228-357583, anfordern, gegen – wie es heißt –
Sonderkonditionen plus Porto.

Zeitschriften und Informationsdienste

brand eins
Schauenburger Straße 21
20095 Hamburg
Tel. 040-323316-0
Fax 040-323316-20
www.brandeins.net
Erscheint 10-mal jährlich

form
Hanauer Landstraße 161
60314 Frankfurt
Tel. 069-509597-0
Fax 069-509597-310
E-Mail: form@form.de
www.form.de
Erscheint 10-mal jährlich

Horizont
Zeitung für Marketing, Werbung
und Medien
Mainzer Landstraße 251
60326 Frankfurt am Main
Tel. 069-7595-0
Fax 069-7595-2999
E-Mail: info@B2B-Online-GmbH.de
www.horizont.net
Erscheint wöchentlich

jetzt
Das Jugendmagazin
der Süddeutschen Zeitung
Sendlinger Straße 8
80331 München
Tel. 089-2183-8410 (Verlag)
Tel. 089-2183-8426 (Redaktion)
Fax 089-2183-8415 (Verlag)
Fax 089-2183-8529 (Redaktion)
www.jetzt.de
Erscheint montags

Der Kontakter
Der Nachrichtendienst für
die Werbebranche
Karlstraße 41
80333 München
Tel. 089-54852-05
Fax 089-54852-520
www.kontakter.de
Erscheint wöchentlich

kressreport
Intensiv-Information für Medien
und Werbung in Deutschland
kressverlag GmbH
Im Breitspiel 5
69126 Heidelberg
Tel. 06221-3310-0

Fax 06221-3310-222 (Verlag)
Fax 06221-3310-333 (Redaktion)
E-Mail: post@kress.de
www.kress.de
Erscheint wöchentlich

MAX
Redaktion Max
22786 Hamburg
Tel. 040-4131-3509
Fax 040-4131-2058
E-Mail: service@max.de
www.max.de
Erscheint monatlich

Novum
Orchideenstr. 43
90542 Eckental
Tel. 09126-25700
Fax 09126-257070
E-Mail: info@novum.de
www.novum.de

textintern
Informationsdienst für Print, TV,
Hörfunk, Werbung, PR
Text Verlag
Postfach 106124
20042 Hamburg
Tel. 040-22926-0
Fax 040-22786-76
E-Mail: verlag@textintern.de
www.textintern.de
Erscheint wöchentlich zweimal

Wallpaper
PO Box278
Sittingbourne ME9 8AH, UK
www.wallpaper.com
Erscheint 10-mal jährlich

WIRED
PO Box 55689
Boulder Co. 80322-5689 USA
Tel. 001-415-276 5000
Fax 001-415-276 5150
E-Mail: info@wired.com
www.wired.com/wired
Erscheint monatlich

w&v
werben & verkaufen
Das Wochenmagazin für Marketing,
Kommunikation, Medien
Karlstraße 35-37
80333 München
Telefon 089-548520
www.wuv.de
Erscheint wöchentlich

Literatur- und Informationsempfehlungen

Es gibt eine ziemlich unüberschaubare Vielzahl von Veröffentlichungen zu Werbung, Marketing, Graphic Design, Fotografie und Typografie. Vieles davon ist nicht unbedingt empfehlenswert, weil mit sehr enger Perspektive verfasst. Allerdings gibt es eine ganze Reihe von Verlagen, die sich dem Thema mit viel Sorgfalt widmen. Die Verlage Hermann Schmidt, Mainz, und Hatje Cantz tun dies vor allem unter ästhetisch-visuellen Aspekten, die Verlage Campus und Westdeutscher Verlag unter wissenschaftlichen Vorzeichen. Auch die Veröffentlichungen des Deutschen Fachverlages und von Econ haben in der Regel eine akzeptable pragmatische Herangehensweise zur Basis.

Unverzichtbar für jeden, der sich der Werbung als einem möglichen Beruf nähern will, sind die Annuals, zu Deutsch die Jahrbücher der Art Directors Clubs aus den USA, Groß-britannien und natürlich vom deutschen Art Directors Club. Sie sollten Jahr für Jahr sorg-fältig gesichtet werden, daraus werden die Trends der Print-Werbung sichtbar. Außerdem sei jedem Interessierten empfohlen, sich regelmäßig Lürzer's Archiv zu kaufen. Diese Zeitschrift gibt alle drei Monate einen kompetenten und differenzierten Einblick in die aktuelle internationale Werbeszene. Und falls dies noch der Erwähnung bedarf: SAT 1 und RTL 2 bieten mit den Sendungen *www. Die witzigsten Werbespots der Welt* (SAT 1, freitags) und *Die dicksten Dinger* (RTL 2, sonntags) auf meist ziemlich qualifizierte Weise Unterhaltsames aus der Wunderwelt der internationalen Fernsehwerbung. Gesamtnote: sehenswert. Schließlich, inzwischen längst ein Hit in den Kinos, die alljährliche Cannes-Rolle mit den preisgekrönten TV-Spots der wichtigsten Werbefilm-Festivals.

Die nachfolgend genannte Literaturauswahl ist natürlich subjektiv; sie soll vor allem helfen, aktuelle Themen zu vertiefen. Sie enthält auch einige Klassiker. Natürlich ist jede Leserin, jeder Leser aufgerufen, selbst eigenen Interessen nachzugehen. Dies ist, mithilfe des Internets, heute in jeder Hinsicht möglich.

Gabrielle Bieber-Delfosse, Kinder der Werbung, Einflüsse einer mediatisierten Gesell-schaft auf das Aufwachsen der Kinder, Pro Juventute 1999

BIWAK II - Besser informiert über Werbung, Ausbildung und Kontakte, eine Publikation des Gesamtverbandes Werbeagenturen GWA

Breaking the Rules in Graphic Design, Nippon Shuppan Hankai 1995

Neville Brody, Die Grafiksprache des Neville Brody, Bangert 1994

David Carson, The End of Print, Band I, Bangert 1995, Band II, Bangert 1997

Jerry Della Femina, Flauschig weich wird selbst die Leiche, Frontberichte aus dem Werbe-krieg, Lorch Verlag 1971 (vergriffen, aber vielleicht noch in Bibliotheken erhältlich)

Ralf Dulisch, Schreiben in Werbung, PR und Journalismus, Zum Berufsbild des Texters für Massenmedien, Westdeutscher Verlag 1998

Ulrich Eicke, Die Werbelawine, Angriff auf unser Bewusstsein, Knesebeck 1991

Ganz kreativ, Kampagnen, Köpfe, Agenturen, Die Trends in der deutschen Werbung 1998, Verlag Moderne Industrie 1998

George Lois, Die zündende Idee, Mit Frechheit werben, Campus 1993

Howard Luck Gossage, Ist die Werbung noch zu retten? Hörzu-Reprint 1987 (ebenfalls vergriffen, allerdings sehr lesenswert)

Matthias Horx, Peter Wippermann, Wie Waren zu Ikonen werden, Econ 1995

Michael Jäckel (Hrsg.), Die umworbene Gesellschaft, Analysen zur Entwicklung der Werbekommunikation, Westdeutscher Verlag 1998

Barbara Hölscher, Lebensstile durch Werbung? Zur Soziologie der Lifestyle-Werbung, Westdeutscher Verlag 1998

Bernd Kreutz, Ich glaube, Strom ist gelb, Über die Kunst, Konzerne Farbe bekennen zu lassen, Hatje Cantz 2000

Lothar Leonhard (Hrsg.), EFFIE, Effizienz in der Werbung, 40 erfolgreiche Werbe-kampagnen, Eine Publikation des Gesamtverbandes Werbeagenturen GWA, Deutscher Fachverlag 1999

Jay C. Levinson, Guerilla Marketing, Offensives Werben und Verkaufen, Campus 1996

Das Medium, 50 Jahre Werbung im Stern, Gruner + Jahr 1998

Esther Mikus, Berufe in Werbeagenturen, Econ Verlag 1989

Melissa Müller, Die kleinen Könige der Warenwelt, Kinder im Visier der Werbung, Campus 1997

David Ogilvy, Ogilvy über Werbung, Econ 1994

David Ogilvy, Geständnisse eines Werbemannes, Econ, Neuauflage 1996

Neil Postman, Wir amüsieren uns zu Tode, S. Fischer 1988

Rambow Studenten / Rambow Students, 5 Jahre Grafik-Design an der Staatlichen Hoch-schule für Gestaltung, Karlsruhe, Hatje Cantz 1997

Jörg Reich, Marktplatz Internet, Das Internet als strategisches Instrument für Marketing und Werbung, Microsoft Press 1996

Gerhard Schulze, Die Erlebnisgesellschaft, Campus 1992

Oliviero Toscani, Die Werbung ist ein lächelndes Aas, S. Fischer 1997

Susanne Vieser, Slogans, Spots und Strategien, Die erfolgreichsten Werbeagenturen und ihre Kampagnen, Heyne Business 1997

Zeit-Blicke, 30 Jahre Fotografie in Deutschland, Hatje Cantz 1999

Dankeschön. Dieses Buch hatte während seiner Entstehung viele Helfer. Meine Freunde Klaus Mättig und Mike Schwarz, Volker Düsberg und Robert Kuhn, die mir mit ihrer Erfahrung und mit ihrer unbedingt freundschaftlichen Kritik zur Seite standen („Jetzt mach das verdammte Buch endlich fertig, damit man mit dir wieder normal reden kann!"). Meine Co-Autoren und Gesprächspartner Kristin Ulbricht, Achim Szymanski und Hermann Vaske, welch letzterer mir in Sachen Film ein hilfreiches Privatissimum gegeben hat. Hansjoachim Dietrich, meinen Lieblings-Art Director (mit dem ich noch immer so gern arbeite wie damals bei TBWA, wo wir uns 1974 kennen, schätzen, beleidigen und wieder vertragen lernten), der in der ihn ganz eigenen, von allerlei Brummtönen begleiteten Art das Buch gestaltet, bebildert und typografiert hat. Gerd Stroucken und Achim Brück, die die Technik beisteuerten. Thomas Koch, der mich mit den notwendigen Mediadaten versorgte. Alexis Rondeau, den jugendlichen Helden des Internet-Designs, der mir die Website zum Buch und die CD-ROM entwarf. Ursula Pauler, die Grafikerin, die sie realisierte. Uwe Bendixen, Julian Franke-Ruthel und Christopher Franke-Gricksch, die mit ihrer Münchener Produktionsfirma CMP die CD-ROM durch alle Schwierigkeiten hindurch vom virtuellen in den realen Zustand überführt haben. Uwe-Michael Gutzschhahn, Christiane Thielmann und Saskia Heintz vom Verlag, die mich Tag für Tag ertragen mussten und trotzdem meistens nett mit mir umgegangen sind. Dazu die vielen Freunde, Kollegen, Respektspersonen aus den Jahren gemeinsamer Arbeit, die mir mit nicht unbeträchtlichen und auch nicht völlig selbstverständlichen mildtätigen Zuwendungen von echtem Geld ermöglicht haben, die

276

besagte CD-ROM zum Buch zu produzieren und auf diese Weise auch die neuen elektronischen Medien ausführlich zu dokumentieren.

Herzlichen Dank dafür, auch vonseiten des Verlages, lieber Wolfgang Blöck, Peter Goldammer, Rolf Homann, Werner Knopf, noch einmal Thomas Koch, Bernd Kreutz, Uwe Lang, Lothar Leonhard, Hubertus von Lobenstein, Michael Preiswerk, Jörg Puphal, Matthias Quadflieg, Thomas Rempen, Willi Schalk, Heimar Schröter, Manfred Schüller, Stefan Schwarz, Helmut Sendlmeier, Paul Steentjes, Jürgen Stöhr, Sebastian Turner und Reini Weber.

Herzlichen Dank auch an die durch euch repräsentierten Agenturen Michael Conrad & Leo Burnett, DDB-Needham, FCB/Wilkens, GPP, Impiric, K,N,S,K, Thomas Koch Media, Kreutz & Partner, Lowe, Lintas & Partners, McCann-Erickson, Ogilvy & Mather, Rempen & Partner, Saatchi & Saatchi, Scholz & Friends, Scholz & Friends, Berlin, Springer & Jacoby, Stöhr/DDB, TBWA und Weber, Hodel, Schmid. Herzlichen Dank meinem alten Freund, Weggefährten und Messebauer Burkhardt Leitner, der sich auch nicht dreimal bitten ließ. Danke auch dir, lieber Rolf Schmidt-Holtz und deinen Kollegen von Bertelsmann-Sonopress, dass ihr mir die CD-ROM in großer Auflage zu freundschaftlichen Niedrigstpreisen gebrannt habt. Und nicht zuletzt herzlichen Dank dir, lieber Jürgen Knauss, dass du mich dem Hanser Verlag als Autor anempfohlen hast.

Ich hoffe, Ihr erkennt euch und uns alle auf diesen Seiten halbwegs wieder.

Die Autoren

Rainer Baginski, geboren 1939, hat ein Vierteljahrhundert als Texter in der Werbung gearbeitet und Kunden wie Alfa Romeo, den Bundesverband der Deutschen Zeitungsverleger, Dunlop, Hennessy, Heidsieck Monopole, IBM, die Landesbank Rheinland-Pfalz, Minox, Moskovskaya, Peter Styvesant, Saab, den Spiegel und Volkswagen betreut. Lebt und arbeitet als Unternehmensberater und Autor in Frankfurt am Main und in Königsberg in Bayern. bagomago@hotmail.com

Hansjoachim Dietrich, geboren 1938, Studium der Gebrauchsgrafik an der Werkkunstschule Wuppertal. Buchveröffentlichungen: 1961 über Pop Art (erste Buchpublikation in Deutschland), u.a. mit Diter Rot und Nam June Paik; 1965 über Happenings; 1969 über Electronic Art. Seit 1961 in verschiedenen Agenturen tätig. Für zahlreiche Kampagnen vom Art Directors Club ausgezeichnet. Arbeitet heute als freier Art Director in Frankfurt. hansjoachimdietrich@t-online.de

Alexis Rondeau, geboren 1978, lebt als New Breed Cross-Media Creative abwechselnd in New York, in München, im Cyperspace, in Oberursel. Arbeitet seit 1995 mit Künstlern und Künstlergruppen; hat Website und CD-ROM für dieses Buch gestaltet. www.i-tank.de

Achim Szymanski, geboren 1959 im Rheinland, Studium der Germanistik und Kunstgeschichte in Aachen, Redakteur der *Titanic* in Frankfurt, Texter und Creative Director bei Heye & Partner in Unterhaching, dort unter anderem für McDonald's. Heute mit eigener Agentur in München, Mitglied des ADC, zahlreiche Auszeichnungen für seine Funkspots. www.achim-szymanski.de

Kristin Ulbricht, geboren 1971, Studium der Psychologie in Mannheim. Arbeitet seit 1997 als Texterin vor allem für Hamburger Agenturen, bisher für Kunden wie BMW, die Hamburgischen Elektrizitätswerke, die Berliner Zeitung, McKinsey und Burda. Kristin.ulbricht@gmx.de

Hermann Vaske, geboren 1956, Kreativer, Produzent, Regisseur. ADC-Gold, Golden Clio Cannes, Golden Award of Montreux. Grimme-Preisträger für die Fernsehdokumentation "The A to Z of Separating People From Their Money". Entwickelt und produziert TV-Spots für Agenturen und Unternehmen. www.emotionalnetwork.com

278

Inhalt